理想国

论正义，政治的

（古希腊）柏拉图◎著
黄　颖◎编译

典藏版
精装

中国华侨出版社
北京

图书在版编目（CIP）数据

理想国：典藏版 /（古希腊）柏拉图著；黄颖编译 .—北京：中国华侨出版社，2019.9

ISBN 978-7-5113-7878-1

Ⅰ.①理… Ⅱ.①柏… ②黄… Ⅲ.①古希腊罗马哲学 Ⅳ.① B502.232

中国版本图书馆 CIP 数据核字（2019）第 120719 号

理想国：典藏版

著　　者：（古希腊）柏拉图

编　　译：黄　颖

责任编辑：刘晓燕

责任校对：孙　丽

经　　销：新华书店

开　　本：880 毫米 ×1230 毫米　1/32 开　印张：12　字数：331 千字

印　　刷：河北省三河市天润建兴印务有限公司

版　　次：2019 年 10 月第 1 版

印　　次：2024 年 2 月第 2 次印刷

书　　号：ISBN 978-7-5113-7878-1

定　　价：68.00 元

中国华侨出版社　北京市朝阳区西坝河东里 77 号楼底商 5 号　邮编：100028

发 行 部：（010）64443051　　传　　真：（010）64439708

网　　址：www.oveaschin.com　　E-mail：oveaschin@sina.com

译者引言

柏拉图（约公元前 427—公元前 347 年），古希腊最伟大的哲学家之一。柏拉图师承大哲学家苏格拉底(公元前 469—公元前 399 年)，后继承发展，承前启后，同时他也是另一位古希腊史上很重要的哲学家亚里士多德的老师。他出身贵族，一生致力于哲学研究，以哲学为人生最高理想。古希腊人热爱哲学，热爱科学，并认为科学哲学为一学，合二为一并无区别，柏拉图也不例外，在亦师亦友的苏格拉底影响下，他提倡哲学家不应闭门造车，应当走到现实生活中来，学以致用，付诸实践，如此哲学是为哲学，在这方面，他自己身先士卒，他把高深的哲学理论探讨与现实中的知识追求结合在一起，这使得他的理论在很多生活问题上的应用中显得那样地生动，《理想国》一书就体现了他这方面的主张。《理想国》虽为一部哲学著作，却无论是主题还是语言上都深入浅出，生动活泼，细读后更会发现，全书段落逻辑缜密，博古通今，其中对辩精彩但一点不显艰涩，读来趣味横生。

全书讨论的大多数问题都和日常生活密切相关，譬如优生学问题、节育问题、家庭解体问题、婚姻自由问题、独身问题、宗教问题、道德问题、文艺问题、教育问题（包括托儿所、幼儿园、小学、中学、大学研究院以及工、农、航海、医学等职业教育）加上男女平权、男女参政、男女参军等问题，几乎都是普通人一生中会遇到的各种问题，可见，柏拉图的学说较之苏格拉底综合性、实用性更为突出。

柏拉图一生以继承苏格拉底哲学研究大业自任，前后共著对话体著作 25 篇。本书《理想国》成于柏拉图壮年时期，影响最为深远。柏拉图的这些著作当中除最晚的《法律篇》之外，其他 24 篇的主要对话者都是苏格拉底。虽然这些著作后人经考证有些是伪作，但也足以见得柏拉图对苏格拉底的敬重以及对他的离世的痛惜之情。因此，即便是苏格拉底一生不著一字，柏拉图这位西方哲学史上留有大量著作的人却借苏格拉底之口表达了自己的哲学立场。

《理想国》中的主要人物也是苏格拉底，但真正表达意见的却是柏拉图，柏拉图站在苏格拉底理论的基础上，针对当时希腊统治者和贵族的观点和想法提出抨击，他痛心的是雅典贵族堕落为寡头，没有好好治理自己的国家，而农民、工人、商人只是物质财富的生产者和推销者，他们是不可能也不必要去担负行政上的许多事务。活动只是领导阶层的专职，是领导阶层义不容辞的一种道德责任。在柏拉图看来，领导与群众必须严明分工，领导阶层主要是受工农商的供养来尽全力来治理国家，给工农商办好教育、治安和国防。事实上他所提出的这种合作结构要实现起来难度很大，但柏拉图并不因此失去信心，他认为只要国家好好培养下一代的年轻人，希腊还是很有希望的。于是，《理想国》中他执意建造了一个他理想中的国度，这乃是这位哲学家心目中理想的治国计划，他希望能给当时雅典的统治者一些建议，让希腊重新恢复到有序的治理当中。他的这一观点在本书中体现得淋漓尽致。

柏拉图的《理想国》对于研究西方哲学而言有很强的启发性，在西方哲学界也是一部经典。但这一书中的有些观点现在看来只能是见仁见智，存乎其人了。所谓百家争鸣，细细品读以后，也会有所收获，切勿断章取义，那就有可能误解了大师的深意。

此书的译本众多，其中有吴献书译本，向来在学界享有盛誉，但其中的语言相对艰涩，读起来不容易为现在的年轻人所理解，本书译者参照原本（Loeb 古典丛书本希腊原文和牛津版 Jowett & Campbell 的希腊原文，并参考 Jowett，Davies and Vaughan，Lindsay，Shorey，Cornford，Lee，Rouse 新旧英译本七种）和吴译本，重新翻译，将语言进一步简化，希望让现在的年轻人也能读懂柏拉图的经典之作，但翻译过程中难免有不妥之处，或是错译，望读者指正。

目 录

001　第一卷
041　第二卷
075　第三卷
115　第四卷
153　第五卷
195　第六卷
231　第七卷
265　第八卷
299　第九卷
329　第十卷
362　注　释
373　附：柏拉图年谱与大事记
377　简明参考书目

第一卷

第一卷

1

（**苏格拉底：**一天，阿里斯同的儿子格劳孔和我一起去比雷埃弗斯港[1]参加当地的女神[2]献祭活动，还在现场观看了赛会。当地居民在赛会活动中热情很高，有可能是因为头一次在这样的节日举行这样的赛会的缘故，在我看来，比色雷斯人的赛会活动好得多。我们参加完祭献活动，看完表演后打算回城，此时，克法洛斯的儿子玻勒马霍斯正巧在远处看见了我们俩，玻勒马霍斯便打发家奴先追上来挽留我们。家奴拉住我的披风，说："我家主人请两位留步。"我转身问道："你家主人呢？"家奴回答："两位稍等，主人马上就到。"听罢，格劳孔说："那我们就等等他吧！"

过了片刻，玻勒马霍斯赶了上来，同行的还有其他几位，有格劳孔的弟弟阿得曼托斯，尼客阿斯的儿子尼克拉托斯和几个陌生的朋友，看得出来他们也都是刚刚看完表演赶过来的。）

玻勒马霍斯（以下简称玻）：苏格拉底，看来你们正打算回城去啊。

苏格拉底（以下简称苏）：正有此意！

玻：你看看，我们这儿有不少人呢。

苏：是的，看见了。

玻：那这样吧，要不你们留下来，要不就和我们较量一下。

苏：难道没有比这更好的办法吗？我婉言劝说你们让我们回去，岂不是两全其美。

玻：你们确定有信心劝下我们吗？我们可不是轻易被说服的人。

格劳孔（以下简称格）：我们自然是没有这么大的能耐。

玻：那就劝你们尽早放弃说服我们的想法，我们可不是那么好说服的人！

阿得曼托斯：你们不知道今晚这里有火炬赛马比赛吗？

苏：骑马吗？这听起来挺有意思的，骑在马上手持火炬接力，还是指其他的什么新鲜玩意儿？

玻：就是你说的那个，比赛完还有庆祝活动，值得留下来看看。吃完晚饭我们还可以一起去逛逛街，还能和这里的年轻人会会面，我们也可以好好聊聊。就这么着了，留下吧！

格：这么说的话，我们非留下不可了。

苏：既然这样，那么我们只好留下了。

（**苏格拉底：**说罢，玻勒马霍斯带着我们俩到了他的家里，在那里我们见到了他的兄弟吕西阿斯和欧若得摩，还有卡克冬地方的色拉叙马霍斯，派尼亚地方的哈曼提得斯，阿里斯托纽摩斯的儿子克勒托丰。我们还拜见了玻勒马霍斯的父亲克法洛斯。因为太久没见过克法洛斯了，现在的他看起来有些苍老。那天他头戴花圈，静静地坐在带靠垫的椅子上，他看见我走过来，立刻向我打招呼。）

克法洛斯（以下简称克）：亲爱的苏格拉底，你怎么不常来比雷埃弗斯港看看我们呢？我的身体如果能和以前一样硬朗的话，一定会常常进城看你去的，就不用你这么老远地过来见我。可惜你看我的样子，现在只好拜托你过来了。我这年纪大了，物质享受方面的要求降低了，现在，我更热衷和别人机智地清谈，且越来越喜欢了，所以，你应该经常来我这儿。别见外，就在这儿和年轻人交交朋友，聊聊天。

苏：克法洛斯，我很感激有你们这样上了年纪的人愿意和我聊天，因为你们才是有了漫长人生经历的人。而这条长长的路，我们才走了一小段，未来路崎岖与否，我们应该虚心向你们请教才是。您看，您的年纪已经到了诗人所描绘的“老年之门”，我想问问您晚年的生活对您来说是痛苦还是其他的什么感受呢？

克：我愿意和你们一起分享我的感受。亲爱的苏格拉底，古人常说，同声相应，同气相求，我和几个与我同龄的人经常碰面，一旦回想起从前的日子时，就一起抱怨。只要一说起年轻时那些物质享受的日子，就好像失去了最好的时光一般，总觉得现在的日子和过去一比实在让人提不起精神来。有朋友总埋怨，自己因为上了年纪就容易被亲戚朋友遗忘了，所以总认为他们生活中的痛苦归根结底是因为年纪大了。但在我看来，年纪大不是根本原因。如果我也和他们一样的想法，那么像我这般年纪的人，日子过得就遭罪了。事实上，我见过很多并没有这样想法的人，譬如诗人索福克勒斯[3]。有一次我和他在一起的时候，正巧碰上别人问他："索福克勒斯，你一把年纪了还在谈情说爱吗，还敢向女人献殷勤吗？"他听了之后说："甭提了，我早就不干这些事情了，已经不做这些事情的我就仿佛从一个狠毒的疯主人那里逃走一般自由解脱啊！"听了他的话我当时就觉得十分在理，现在回想就更同意他的看法了。人上了年纪，会变得比从前更清心寡欲、心平气和。到了这个阶段，不似从前年轻时那样日日绷紧了神经，日子过得平和了，心态好了就好像是索福克勒斯说的那般境界，像是从一个凶狠至极的奴隶主子那里逃脱了一样。苏格拉底，我上面给你说的那些人的抱怨，包括亲人朋友的冷落等诸多痛苦，实际上都来源于人本身的性格，而不能一味怪罪年纪变大。如果他们一直都能保持心胸坦荡，心态平和，那么年龄的增长不会给他们的生活带来更多的痛苦；反之，即便是年轻人，日常生活也避免不了各种烦恼和痛苦。

（**苏格拉底：**听完克法洛斯的话以后，我深受启发。不过，我还想让他再多讲讲，接着我有意刺激了他一下。）

苏：那么，亲爱的克法洛斯，我想很多人听了你的话以后会不以为然的。在他们看来，你尽享天伦之乐，是因为你家资雄厚，和你的性格没多大的关系，他们会告诉你钱可以给人痛苦的生活很多安慰。

克：他们说得也对。他们有不同看法，我可以理解。只不过，他们言过其实了。如果他们这么说，我也可以告诉他们，就像是色弥斯托克[4]回答塞里福斯人的问题那样。塞里福斯人总以色弥斯托克勒的雅典贵族身份否定他的功绩，否定他的名气，尽管如此，你知道色弥斯托克勒是怎么应对这些诽谤的吗？色弥斯托克勒应答道："假如我是塞里福斯人，我是难以成名。但就算你们是雅典人，你们同样也成不了名。"同理，对于那些不认同我观点的人，我也可以用相同的方式来回答他们。性格好的人到了年老的时候，即便贫苦，他一样乐天知命，反倒是那些性格不好的人，就算是家财万贯，年纪大了以后他们也难以获得平静的生活，因为他们的内心是无法满足的。

苏：那么，冒昧问一下，您那富足的财产是通过自己努力获得的还是继承获得的？

克：说实话，我自己赚的钱确实不如我的祖父，但在我父亲之上。我的祖父克法洛斯，他也继承了和我差不多数量的财产，但这些财产在他的手里又翻了好几番。到了我的父亲吕萨洛斯时，他所有的财产已经减了许多，甚至还不如我现在的多。对我来说，能留下给我的后代的家产只要不比我当时继承的来得少，最好是还可以多一点点，我就感到很满足了。

苏：我之所以这么问您，是因为您看起来不太像是执着于钱财的守财奴。这世上的人，若钱财不是自己努力赚来的，大多不贪财；但凡钱财是自己赚来的人中总会有固执的守财欲。这就如同诗人爱自己的诗作，父母疼爱自己的子女一样，赚钱者也同样偏执地守护自己的财产。钱财的价值固然是个人愿意，更重要的是，他们将这份钱财视同己出。我不赞同这种人的做法，毕竟他们从来不赞美钱以外的事物。

克：不错，你说得有理。

苏：另外，我还有一个问题想请教您一下，就您的经验，如果一个人拥有丰厚的家资，那么他从中获益最大的是什么？

克：说到获益，也许有很多人不愿意相信这一点。苏格拉底，你想想，一个人即将走到生命的尽头时，自然而然地会有一种未曾有的恐惧感。尽管年轻时并不相信任何的鬼神、地狱之说或是阴阳轮回报应的传说等，但到了这个阶段，想起来都会让人感到莫名地害怕，人也开始渐渐变得不安起来，慢慢会相信这一切可能是真的。不论是年龄一步步增长，还是自己离另一个世界越来越近，都会让人们更清晰地认识自己的人生，平添了不少的恐惧和焦虑。随后，他们会不断问自己，是否在什么地方做过害人的事，害过什么人，等等。一旦他们发现自己做了许多错事，就会常常在夜里被噩梦惊醒，像孩子一样被吓坏。但是如果活得坦荡，那晚年的生活就会如品达[5]所说的那样："晚年的伴侣心贴着心，永存的希望指向光明。"品达概括得已经很准确了，你问我钱财给人带来的好处兴许就在于此。但并非人人都如此，我是针对通情达理的人来说的，有了钱财可以让他们不再故意或是被迫骗人，而当他去到另一个世界时，同样也不用担心会因欠了神的献祭或是拖欠他人债务而心惊胆战了。我总是这么想，纵然钱财有种种好处，两相比较，对通情达理的人来说，上面我说的这些或许才是他此生最大的获益。

苏：克法洛斯，您说得太精彩了。那么正义呢，什么才能称作正义？实话实说，欠债还钱就能算是正义吗？以这样的标准定义正义是否准确，会不会有的时候做到实话实说或是欠债还钱也仍然是不正义的呢？就比如，您向一个朋友借了一把锋利的武器，那时候他思维清晰，一切正常，不久后他疯了，这时他找你要回那件武器，你周围的朋友都不同意你将武器还给他，而你还是坚持还给了他，对一个疯子实话实说也算不上是正义吧？

克：你说得没错。

苏：您的意思是，仅仅实话实说、有借有还还不完全算得上是正义。

玻突然插话说：如果大家还相信西蒙尼得[6]的话，那么这已经可以称得上是正义的完整定义了。

克：太好了，这个话题就交给你们俩了，这会儿我该去给女神献祭上供了。

苏：那我就把玻勒马霍斯当作您的人喽！

克：没问题，当然可以。（克法洛斯笑着离开去献祭了。）

苏：我们接着谈吧，玻勒马霍斯，你刚才说西蒙尼得的话，那么他关于正义的定义究竟是什么？

玻：西蒙尼得说过“欠债还债就是正义”。我觉得他说得没错！

苏：的确。西蒙尼得是个有大智慧的诗人，没有理由地随随便便怀疑他说的话是不对的。可是，他这句话究竟有什么深意呢，或许你已经明白了，但我仍然有些困惑。他说的这句话和我们刚才讨论的那个问题似乎并不是一个意思——刚才我说到的故事中的物主已经头脑不清楚了，我们还一定要把借来的锋利的武器还给他吗，不论它危险与否，只因为借物也算是一种欠债行为，是这样吗？

玻：那当然不该还啦！

苏：依你所说，西蒙尼得的这句话，应该是另有他意。

玻：嗯，这确实另有所指。他的原意应该是指朋友相处时，要善待他人，勿与人为恶。

苏：我知道了，照他的意思就是说，双方是朋友的情况下，如果还债或是还物会对其中的任何一方产生危害，那都不能算是真正意义上的还债了，是吗？你看，这样的说法和西蒙尼得的说法是否一致？

玻：是的。

苏：再问一个问题，那欠敌人的钱或物要不要归还呢？

玻：当然还是要还的。我认为欠敌人无论什么应该都与心灵善无关，这样才符合常理。

苏：其实西蒙尼得也和大多数诗人一样，在正义的定义上界限模糊不清。他所说的正义本意应该是指给予不同的人不同分量的报答。这才是他所谓的“欠债还钱”的真正含义吧。

玻：那么，你的意思是？

苏：好吧！你说如果我们这样问西蒙尼得：医术是给予什么的报答呢？这报答应该给予什么人，具体给什么呢？你想想他会怎么回答我们？

玻：他的回答自然会是，医术给予人药品、食品和饮品，等等。

苏：同样地，我再问你，烹饪术给予的是什么？给予什么人呢？

玻：当然是将美味给予食物啊！

苏：那好，再问你正义呢，它又是给予什么的报答呢？给予的是什么，给予什么人？

玻：苏格拉底，按此前我们的逻辑，正义就是给予友人善，同时给予敌人善和恶。

苏：这是西蒙尼得的本意吗？

玻：我认为是这样的。

苏：好，那有人生病的时候，谁才是最能给予朋友善又能给予敌人恶的人呢？

玻：是医生。

苏：航海过程中，遭遇风险时呢？

玻：舵手。

苏：那照你的说法，一个拥有正义的人，在何种目的下，做何种活动时，最能损敌利友呢？

玻：战争，在战争中与友人联盟攻敌的时候。

苏：好的，亲爱的玻勒马霍斯，那我能不能说，假使人们都不生病，医生也就百无一用了。

玻：是的。

苏：人们不航海的话，舵手也同样毫无用武之地了。

玻：对。

苏：那就是说，只要不打仗，正义的人们不是也一样毫无用处。

玻：不是。

苏：你的意思是正义在除战争以外的时间也有它的用处？

玻：没错。

苏：种田也是有用的，是吗？

玻：是的。

苏：种田是为了收获庄稼，是吗？

玻：是的。

苏：鞋匠做鞋也有用，对吗？

玻：对。

苏：你一定会告诉我，它的用处在于做成鞋子。

玻：那是当然。

苏：好的，那你再说说，正义平时又是在哪些事情上，满足哪些需要方面上是有用的？

玻：在双方订立契约合同这事上是有用的，苏格拉底。

苏：你是说订立合同中的合伙关系，还是指的别的？

玻：当然说的是合同中的合伙关系。

苏：下棋的时候，你怎么定义一个优秀且有用的伙伴呢？是所谓的正义的人还是下棋高手？

玻：当然是下棋高手。

苏：还有，在砌砖砌瓦这些工作上，找什么样的人当工作搭档更好更有帮助呢？选正义的人是不是比瓦匠更合适？

玻：不是。

苏：演奏音乐时，依你上面的观点，琴师也应该比正义的人更合适作为合作伙伴。那我就想问问你，在哪种情况下，哪种关系中，正义的人会比琴师更合适作为好的合作伙伴？

玻：那恐怕是在金钱关系上。

苏：好，玻勒马霍斯，我们先不考虑怎么花钱的问题。比方说，马匹交易时，马贩子也应该是较好的合作伙伴吧。

玻：是这样。

苏：那船舶买卖时，和造船的工匠或是舵手合作更好吧？

玻：应该是这样。

苏：那与他人合伙发生金钱关系的话，究竟什么时候，正义的人才会更合适呢？

玻：当你需要妥善保管钱财的时候。

苏：照你的话说，不是花钱的时候，而是存钱的时候，对吗？

玻：没错。

苏：难道是用不到钱的时候正义才有其真正的用武之地？

玻：似乎是这样的。

苏：那么，当你在保管修枝刀的时候，正义无论于公还是于私应该都是有用武之地的，而当你用它来修剪树枝时，正义的作用就不如花匠的技术来得重要了，是不是？

玻：是的。

苏：那你是不是也可以同样这么说，武器和琴在保管的时候，正义的人是有用处的，而当它们被使用的时候，军人和琴师的功效就更明显了。

玻：当然了。

苏：这么说，世上几乎所有事物皆如此吗？当它们被使用时，正义就显得百无一用，只有他们不被使用的时候，正义才发挥它的效用吗？

玻：听起来是这样的。

苏：亲爱的玻勒马霍斯，假如在你看来，正义只针对无用的事物才能发挥效用的话，那正义也就没有什么特殊的价值了。我们换个角度再来思考这个问题吧。两人打架，不论赤手空拳对打，还是拿家伙对打，是不是善攻的人都善守？

玻：那是自然。

苏：同理，是不是擅长预防疾病的人也同样最容易患病呢？

玻：我觉得是这样。

苏：战争中，不论敌方布局多么周全巧妙，只要是善于守住我方阵地的人就是擅长偷袭对方的人吗？

玻：也是的。

苏：好，那我可以说一个能很好管钱的人也就善于偷钱了吗？

玻：照理说，可以这么说。

苏：就这么推理，正义的人最后成了小偷了。玻勒马霍斯，你的理论是从荷马那里学来的吗？我知道，荷马一直把奥德修斯[7]的外公奥托吕克斯塑造成个背信弃义，吃里爬外，过河拆桥的小人，甚至已经到了无以复加的地步，只因为荷马很欣赏他。而亲爱的，你上面所说的那些，依据荷马和西蒙尼得两人的意思，就是说正义如偷盗这类行为一般。只是，这种正义的偷盗的目的是以善报答友人，以恶还敌罢了。你说，你是这个意思吗？

玻：我的天！我是这个意思吗？不是的。我已经被你说得弄不清楚自己在说什么了。但是，无论如何，我还是认定了损敌利友的行为确实是正义的行为。

苏：你提到的朋友到底是那些外表看上去正人君子的人，还是真心好的那些人呢？还有你提到的敌人是不是也是那些外表看上去很坏的人，还是看上去很和善，实际上坏透的人呢？

玻：这还用问吗？通常情况下，爱自己的人会被认同为好人，反之，恨自己的就是坏人啦！

苏：一般情况下，大家都不会认错好人和坏人了是吗？

玻：也不是，把好人坏人认错的情况是会出现的。

苏：那这样的话，就是拿好人当敌人了，而坏人却成了朋友了。

玻：是这样的。

苏：好吧，那正义不免就要成了善待坏人，损害好人了。

玻：好像是这样的了。

苏：但是，好人总是正义的人啊，他们从不干不正义的事情。

玻：没错。

苏：可照你这么一说，正义就成了伤害那些不干不正义事情的人了。

玻：不是的，不是这样的。苏格拉底，你这样说就不对了。

苏：善待坏人，损害好人的行为还能不能算是正义？

玻：你这么说要比刚才的说法听起来更合理一些。

苏：玻勒马霍斯，对于分不清好歹的人而言，正义反倒是伤害朋友，帮助敌人，只因为他们有些朋友是坏人，有些敌人却是好人。从而我们得到的观点恰恰与西蒙尼得的说法背道而驰。

玻：真的吗？结论是这样吗？那我们还是重新来一次，兴许是我们对敌人和朋友的定义还不够准确。

苏：不过我们刚才哪儿错了？

玻：错就错在我们把所谓可靠的人都定义为好人了。

苏：那现在我们该怎么更准确地定义敌人和朋友这两个词呢？

玻：朋友指的是那些外表和本质都可靠的人。有些人看上去可靠，但不一定就真心可靠，这样的人通常只能作为表面上的朋友，算不上真朋友。同理，敌人的定义也应该是如此。

苏：你重新给出的定义是说，好人才是朋友，坏人就都是敌人了？

玻：是的。

苏：我继续补充，最初，我们说到正义就是以善待友，以恶报敌。看来，现在还需要补充一条，当朋友是好人时，善待之；敌人是坏人的人，当报之以恶。这样才算得上是正义的完整定义吧？

玻：是的，我认为这样的解释才是完整的定义。

苏：你先别急，我再问你，正义的人可以伤害其他人吗？

玻：为什么不可以？对于敌人，他同样可以抵抗。

苏：就举马的例子吧，一匹受过伤的马，是变好了，还是变坏了呢？

玻：变坏了。

苏：这是因为马之所以为马才变坏的，还是因为狗之所以为狗才变坏的呢？

玻：是因为马之所以为马。

苏：换言之，受伤的狗，也是因为狗之所以为狗而变坏的是吗？

玻：这还用说吗，道理一样啊！

苏：好，那顺着你的逻辑，我们可不可以说，人受伤了以后，也因人之所以为人而变坏，是人的品德性情变坏了？

玻：可以这样说。

苏：那正义算不算人的品德的一种呢？

玻：毋庸置疑。

苏：玻勒马霍斯，既然这样，人受到伤害后，由于品德变坏了，因此也就难免会变得不正义了，是吧？

玻：应该是这样的。

苏：再举个例子，音乐家能用他们的技巧谱出使人们不能理解的音乐吗？

玻：不能。

苏：骑手能否使他人变成不会骑马的人吗？

玻：也不能。

苏：我顺着往下问玻勒马霍斯，正义的人能不能用他的正义让他人变得不正义呢？也就是说，好人用自己的美德使人变坏，可能吗？

玻：当然不可能。

苏：在我看来，使物体变冷不是热的功效，反而应该是相反的功效才是。

玻：是的。

苏：潮湿也同样不是干燥的功效，而是与之相反的功效。

玻：当然。

苏：伤害他人也不应该是好人能做的，而应该是坏人所做的事情。

玻：应该没错。

苏：不是说正义的人都是好人吗？

玻： 当然是啊！

苏： 玻勒马霍斯，伤害朋友也好，伤害任何人都好，都不是正义者做的事情，而应该是非正义的人的所作所为。

玻： 苏格拉底，你的分析很充分。

苏： 假设有人说，正义是欠债还债，那这还债的行为就是利友损敌的行为，我总认为这样的说法不够智慧，不论伤害什么人都应该是一种不正义的做法。

玻： 我同意你的看法。

苏： 如果他们认为他们的观点来自西蒙尼得，或是毕阿斯[8]，还是皮塔科斯[9]，或是其他圣贤的理论，那我觉得咱们有必要联合起来反对这种主张了。

玻： 我会准备好参加战斗的。

苏： 正义就是利友损敌，这样的说法，你知道是谁的观点吗？你猜猜看，我会认为是谁的？

玻： 你说是谁呢？

苏： 我认为应该是佩里安德罗，或是佩狄卡，也可能是泽尔泽斯，或是忒拜人伊斯梅尼阿，或是另外一些更有钱并自认为有势的人的主张。

玻： 你说得太对了！

苏： 嗯，那既然这个定义已经被证明不成立了，那谁还能给出更为准确的定义呢？

（**苏格拉底：** 就在我们两个谈话的时候，色拉叙马霍斯好几次也插话进来，但始终都叫其他人给叫住了，原因是这些人都希望早点知道我们讨论的结论。等我们的谈论暂告一段落的时候，色拉叙马霍斯再也忍不住了，他精神抖擞地冲了过来，颇像一只凶猛的野兽，把谈论中的我们两个吓了一跳。）

随即，**色拉叙马霍斯（以下简称色）**大声地说：见鬼了，苏格拉底，你们究竟在谈些什么玩意儿，两个人你吹我捧的。苏格拉底，你真是精明得过分了！你要真想知道正义是什么，就别用这种办法，一边向他人提问题一边又驳倒别人的回答，这算是什么本事。谁不知道，提出问题要远远比回答问题容易得多，要不你也来回答看看，究竟什么是正义？说什么正义是责任感，权宜之计，或者是好处利益，还或许是得到的报酬什么的都是无稽之谈。我们不想听你再多啰唆了，你就直截了当地告诉我们正义究竟是什么。

（**苏格拉底：**我不得不说，听完他的一番话，我确实有些胆战心惊，甚至害怕直视他的眼神。若不是一开始我就看到他在那儿，真要被他给吓呆了。幸好他一开始发火插进我们俩谈话的时候，我就直视着他，这才勉勉强强能开口应付他提出的问题。）

苏小心翼翼地说：亲爱的色拉叙马霍斯，你的话至少应该给我们个台阶下吧。刚才我们俩讨论了多个回合，不免有些差错，但我们都绝非有意。我们是绝不会因为互相吹捧而忘记讨论最初的目的，那就因小失大了。我们需要关于正义的答案，我们怎么忍心仅仅为了互相讨好对方就放弃追求这么有价值的东西？我的朋友，请相信我们的诚意，尽管我们有些力不从心，但我们俩已经尽力在寻找答案了。像你这般有智慧的人怎么会如此苛刻地批评我们呢？

（**苏格拉底：**色拉叙马霍斯听了我的解释，突然一阵大笑。）

色：赫拉克勒斯[10]可以帮我作证！你分明刚才用的是著名的苏格拉底式的反语法。这方法我领教过，也跟在场的诸位介绍过，你从不会轻易答复别人抛给你的问题，反而用讥讽或是藏拙的办法，避免正面回答他人的问题。

苏：我亲爱的色拉叙马霍斯啊！你果然很聪明。如果你问别人怎么能得到数字12，然后再跟他说，不准回答2乘以6、3乘以4或者是6乘以2、4乘以3这些，你不接受这些答案什么的，我想你心里也明白，这么问摆明了就不会有人回答得上来。但是这时，如果这人突然反问你："色拉叙马霍斯，你是不让我回答你说过的那些吗？你什么意思啊？假如你说的那些其中就恰好有一个正确答案，我也要明知是正确答案却放弃，而用错误答案回答你吗？你到底想干什么，你是成心不让我答对吗？”你该怎么回答他呢？

色：它们是一回事吗？

苏：你凭什么说它们是两码事。即便它们是两码事，被提问的人如果认为你说的当中有正确答案，我们就堵住他的嘴不让他说吗？

色：你真打算这么干吗？你非要在我禁止回答的答案里挑一个来回答吗？

苏：我这么做有什么值得大惊小怪的吗？只要我认为我该这么做，我就会去做的。

色：那好。我也给你一个更高明、更不同的正义的定义，看看你会不会受到什么惩罚。

苏：无知自然是要接受惩罚啦！不过，接受这惩罚能使我受益，我可以从中向智者学习啊！

色：你真的很天真，确实需要好好学习一下。我重申一下，钱还是要罚的。

苏：有钱的话我甘愿受罚！

格：放心吧，色拉叙马霍斯，你不用操心罚他钱的事情，照你说的，我们愿意帮苏格拉底一起分担。

色：看看，苏格拉底他又玩这一套把戏了。自己不回答问题，别人回答了，他还来驳斥。

苏：高明的朋友色拉叙马霍斯，你说这种情况下，该如何回答？首先，他不懂，也承认自己不懂；其次，他想说的话也让另一个比他更有权威的人用话给拦住了。所以，你来讲不是比我讲合适得多。毕竟你说了你懂，还很肯定地说有答案，那务必请你不吝赐教，对我们这些人多多指教，我更是感激不尽。

2

（**苏格拉底：**我说到这里时，格劳孔和在场的其他人也纷纷请色拉叙马霍斯给大家说说。他原本就一副信心满满，跃跃欲试，胸有成竹的模样，但他始终要求我先讲，直到在场所有人极力邀请，最后才肯先说。）

色：苏格拉底着实精明，自己不但不愿意教别人，还到处跟人学，学完却连一声谢谢都没有。

苏：色拉叙马霍斯，你说我到处向人家学习，这是真话。可你说我不曾向人表示感谢，这是在污蔑我啊！我很努力地在向人家表示谢意，但我这一文不名的身份，也只能口头对人表示称赞。我很乐意称赞一个回答很精彩的人，只要你肯回答我的提问，你立刻就会受到我的称赞，因为我对你的回答很有自信。

色：那你就好好听着，我所认为的正义不是其他的什么，而是强者的利益。你怎么还不拍手叫好呢？你是不愿意吧！

苏：不是的。至少我要明白你所说的意思才能发表意见啊，只可惜我现在仍旧是一头雾水。你说的正义是对强者有利吗？我亲爱的色拉叙马霍斯，你这究竟是什么意思呢？难道说浦吕达马斯是运动员，他比我们都强壮，他天天吃牛肉对他身体好，就说这是正义吗？而我们大家因为不够强壮，是弱者，所以吃牛肉就不算是正义吗？

色：苏格拉底你真坏，你是故意的吧，故意在我们的辩论中捣乱。

苏：我绝对没这意思，色拉叙马霍斯，我就是想让你把你的意思说得更清楚一点罢了。

色：你难道不知道各国的统治者里既有平民也有贵族吗？

苏：我当然知道。

色：政府是某一国家或城邦的统治者，是吧？

苏：是的。

色：难道统治者不都是相对的强者吗？统治者总是通过制定法律来为自己的利益服务，换句话说，也就是政府制定法律。他们通过法律来告知天下百姓：但凡对政府有利的即正义的。任何不遵守法律的人，都是犯罪，也就是非正义。所以我想说的是，在任何一个国家里，正义其实代表了统治者和政府的利益。因此，对正义的定义唯一合理的解释是：不论在什么国家，正义代表强者的利益。

苏：我终于听明白了，但是不是准确，我还需要好好研究一下。色拉叙马霍斯，照你刚才自己说的，正义是利益，可是你却不让我这么说，只不过因为你在“利益”前面加上了“强者”两个字。

色：这不是个十分必要的条件。

苏：是不是必要姑且不论，显然我们更应该讨论一下你说的是否正确。众所周知正义是利益，我也同意这一观点。只是你加上了“强者”这个条件后，我就颇有些困惑了。

色：你可以好好再想想！

苏：你刚才说过，服从统治者意志的就是正义，是吗？

色：是的。

苏：任何一个统治者的做法一贯正确还是难免犯错呢？

色：那自然免不了犯些错误。

苏：那好，他们所制定的法律，是不是也都是正确的，还是偶尔也有错？

色：我想这也是在所难免的。

苏：那立对的法是有利于他们的自身利益的，反之所谓立错了的法是对他们不利的，你说是吗？

色：是的。

苏：那么，不论他们制定出什么样的法律，人民都必须遵守，这是你刚才阐述的正义的解释，是不是？

色：没错。

苏：好，那就照你的观点，人民不论是遵守对统治者利益有利的法律还是不利的法律都是正义喽？

色：你这话是什么意思？

苏：我不过重复你的意思又解释了一遍罢了，我看还是有必要让大家都再仔细考虑一下这问题。一方面，统治者向百姓发号施令时，不免也要犯些错误，结果反倒是伤了自己的利益；另一方面老百姓必须听从统治者的号令，因为只有这样才是正义。你同意我这么说吗？

色：是的。

苏：那就再请你考虑一下这个问题：你刚才已经承认，正义有时也是会损害统治者，即强者的利益，也就是说，百姓只有遵守统治者制定的法律才称得上是正义，但统治者制定的政策有可能会无意中损害自己的利益。那么，最智慧的色拉叙马霍斯啊，这不是明显背离了你最初关于正义的解释吗？这明摆着是所谓的弱者受强者的命令去伤害强者吗？

玻：苏格拉底，你解释得很清晰。

克勒托丰（以下简称克勒）插嘴说：玻勒马霍斯，既然这样，你在这里干脆做个见证好了。

玻：有这个必要吗？色拉叙马霍斯自己都同意统治者制定的法律中难免有损害自己利益的部分，而且正义就是命令百姓遵守这些法律啊。

克勒：我亲爱的玻勒马霍斯啊！色拉叙马霍斯他只说过，正义是遵从统治者的意志。

玻：你说得没错，克勒托丰！但他也说过，正义是强者的利益。他不但提到了这两个观点，他还承认：有时强者也会命令弱者，就是命令城邦里的百姓去做对自己利益不利的事情。照他这么说，正义不仅仅是强者的利益，也可能会损害到强者的利益。

克勒：色拉叙马霍斯说的强者的利益，是那些强者认为对自己有利的，也是弱者必须遵从的意志。

玻：他似乎没这么说过。

苏：没事。但如果色拉叙马霍斯现在这么说，我们就姑且当是他的本意。色拉叙马霍斯，你说的正义应该是强者自我认定的利益吧，不管你刚才是不是说过，可不可以认为这就是你的观点？

色：绝对不可以，你认为我会把会犯错且正在犯错的人称为强者吗？

苏：可是，我觉得你就是这么想的，毕竟你已经承认统治者并不时时正确，也会犯错误，这一观点就包含了这个意思。

色：苏格拉底，你确实是个诡辩家！医生在治病过程中会犯错，你该不会就因为他会犯错而称他为医生吧？再有会计师记账也会犯错，你是不是也因为他犯错且正在犯错的时候称呼他为会计师？我想应该不会吧。我所说的是一种笼统的说法，即使他们犯错，也还是医生、会计，或作家。事实上，严格从职业意义上讲，他们是不能出错的。同样严格的标准来衡量的话，按你喜欢的严苛的标准，无论是艺术家还是艺人工作也不容许有错。大家都知道，犯错是相关知识的缺失造成的。错到什么程度，就名不副实到什么程度。工匠、圣贤是这样，统治者亦然。统治者作为统治者，他制定的种种让百姓遵守的规章制度和法律总是为了自己利益服务的，很显然这不会有错。所以，我刚才说的和现在想说的是同样一句话，正义还是强者的利益。

苏：很好，色拉叙马霍斯，在你看来我就是个诡辩者，是吗？

色：太像了。

苏：你认为，我之所以问那些问题只是想故意为难你，对吗？

色：苏格拉底，我已经看透你了，你别想糊弄我、劝服我，从我这儿你捞不到好处的。

苏：我的天，我怎么会干那种事。不过为了避免日后不必要的麻烦，你还是解释得更明确一点吧。你所说的弱者维护强者利益中的强者，或统治者，究竟是一般意义上的强者或统治者，还是你刚刚说的严格意义上的？

色：我说的是最严格的意义上的。任凭你再要什么心思诡辩，你都不会成功的。

苏：你看我是疯了吗？我怎么敢斗胆班门弄斧，在你色拉叙马霍斯[11]面前诡辩呢？

色：你刚才企图这么做，但后来失败了！

苏：不啰唆这些了。我还是想请你明确地告诉我，根据你说的最严格的定义，所谓医生到底是挣钱的人，还是治病的人？请听好，我问的是真正严格意义上的医生？

色：医生自然是治病的人。

苏：好，那舵手呢？严格意义上的舵手是水手的领袖，还只是普通的水手？

色：水手领袖。

苏：我们称一个人为水手，并不考虑他此时是否在水上，并不只因为他在船上我们才称其为水手。之所以叫他舵手，是因为他航海的技能，能够在航海的过程中领导船上的水手，而不仅仅因为他在船上。

色：这话没错。

苏：每一项技能都有属于自己的利益，是吧？

色：是的。

苏：掌握每一项技能天然地就是为了追求这些利益。

色：是。

苏：那所谓的技能的利益是不是只要求它本身尽可能的完美，除此以外还有别的要求吗？

色：你这个问题是什么意思？

苏：就好比你问我，人的身体是不是就仅仅作为身体独立存在吗，还是也有求于其他事物？我会回答，当然是会求于其他事物。

就比如医术的起源，是因为人的身体总是不那么尽善尽美的，仅仅靠身体无法保证身体全方位的利益，因此才产生了医术，你说我说得对吧？

色：很对。

苏：那再说说医术是不是也一样有所欠缺呢？换言之，世上任何一项技能是不是都不够完美，或多或少地欠缺某方面的功能？举个例子，比如眼睛失去视力，耳朵失去听力，那势必要对这方面的缺欠进行利益上的补充。那补充这些利益的技能本身是否也存在缺陷，它也需要其他技能对其进行补充，这里补充上的技能是不是还需要更多的补充技能呢？以此类推是不是必然无穷无尽呢？究竟每一项技能都是在寻求各自的利益呢，还是在寻求自己利益的过程中根本不需要其他技能加以补充呢？其实，每一项技能的本身都是完美的，技能只需寻求其对象的利益，其他任何事物的利益与它无关。严格意义上的技能，应该是完全符合其本质的，没有缺憾的。你说呢？毕竟我们都是根据你提出的严格意义上的角度来考虑问题的。

色：应该是这样。

苏：照这么说，医术寻求的应该是它的对象人体的利益，而不是它自己本身的利益。

色：是的。

苏：骑术也应该是为了马的利益，而非其本身。那可以说，因为技能对其他事物没有诉求，所以任何一项技能都只为它的对象服务，而不是它本身。

色：看起来应该是这样的。

苏：不过，色拉叙马霍斯，技能往往是在支配它的对象，统治它的对象的。

（色拉叙马霍斯很勉强地表示了同意。）

苏：我想，不会有哪门科学或是哪种技能只顾它所支配的强者的利益，而舍弃其中弱者的利益。

（色拉叙马霍斯尽管一开始想辩驳，但还是同意了。）

苏： 当一个医生作为医生时，他所追求的利益是病人的，还是他自己的呢？事实上，我们前面已经提到，严格意义上的医生应该是支配人体的，而不是只图钱财。这个观点我们是不是达成一致了？

色： 没错。

苏： 舵手与普通的水手有所区别，他应该是水手们的领导，是吧？

色： 是的。

苏： 那舵手作为领导，他所要追求的利益就应该是他的部下的，即水手们的，也不是他自己的利益吧。

（色拉叙马霍斯依然很勉强地同意。）

苏： 亲爱的色拉叙马霍斯！无论什么样的政府，统治者当他是统治者的时候，他如果只是想着自己的利益，而不顾百姓死活的话，那他的每一项举措还能都是为了百姓的利益吗？

（**苏格拉底：** 话题说到这儿，在场的人一下子都明白了，原来正义的定义已经反过来了。此时，色拉叙马霍斯不但不回答，还向我问道。）

色： 那请你告诉我，你有奶妈吗？

苏： 奇怪了！你不回答你该回答的问题，怎么突然问了个风马牛不相及的问题了呢？

色： 似乎你流鼻涕了她也不管，也不帮你擤鼻涕，还不告诉你羊和牧羊人的区别。

苏： 你怎么突然说这种话？

色： 因为在你的观念里，放牧的人把他们的牛羊喂养得肥肥壮壮的只是为了牛羊，而不是为了他们自己的利益，甚至你还认为统治者在他们统治期间，并没有将百姓视为你上面说到的牛羊，你还认定他们夜以继日地劳心劳力并不专为他们自己的利益。苏格拉底，你要真正理解正义和非正义，正义的人和非正义的人的定义还有好长的路要走呢。你竟然不了解，不论是正义，还是正义的人，它只为强者或是统治者服务，它是不可能为那些被统治的吃苦受罪的老百姓效劳的。反之，非正义恰恰是用来约束管制老实正义的好人的。百姓为了当官的人的享受快活拼命效力，到头来自己却一无所得。苏格拉底啊，我只能说你想得过于简单了，难道你不要再考虑看看吗？与非正义的人相比，正义的人总占不到便宜。就说做生意吧，如果碰上正义的人和非正义的人合伙的情况，分红的时候，只见过正义的人少分一份的，却不曾见过他们多分到一分钱。工作也是如此，如若两个人收入相当，可总是正义的人交的税多，而非正义的人交得比较少。有利可图时，绝大多数钱财还是落入非正义的人口袋里，正义的人总在这时分文未得。再说说担任公职，你总会发现正义的人即便没有在别的方面吃亏，自己的事业也会由于无暇顾及而发展得不尽如人意。他们总会受正义观念的影响不愿假公济私，不免得罪亲戚友人，而非正义的人却恰恰相反，他们的事业总发展得顺风顺水。我要讲的就是刚才提到的那些总有占大便宜能耐的人。你只要想想这种类型的人，你就能很清楚地明白，比起正义来，非正义可以给人带来更多的利益。因此，苏格拉底，做了最大的非正义的事，常常会比正义来得更有力、更气派。一开始我就说过，正义是为强者的利益效力的，但对于个人而言，非正义反倒更有利益可图。

（**苏格拉底：**色拉叙马霍斯就像是澡堂里的伙计，他的话突然往我们身上劈头盖脸地浇下来。说完以后，他就打算离开了。但在座的都不赞成他离开，要求他继续为他的观点辩护。我也恳求他再留下来。）

苏：多么高明的色拉叙马霍斯啊！承蒙你刚才发表了你的高见。不过，你的意见是不是准确，你还没证明，我们也还没辩驳，你就打算离开了吗？你刚才说的那些你觉得是区区小事吗？它已经涉及普通人的人生方向的问题了，到底选择做哪种人更有利？

色：你以为我不知道它的重要性吗？

苏：你似乎对我们并不太关心。在如何做人这个问题上，我们总不能够如你一般智慧，所以总在什么算好，什么算坏的问题上困惑不已。可你似乎对此事不是太在意。烦请你开导开导我们，你做了好事定会有好报。我想我还是先说说我的意见，因为我一直都没被你说服。我不认为一个人为所欲为地把非正义的事做到了极致就可以比正义来得对自己更有益。我的朋友！你要让人多干坏事，让人用骗术或强权多行不义吧。我一直都没法认同这样做比正义更有利。我想在座的人也有和我一样想法的人吧。拜托你还是好好开导一下我们吧，至少充分证明正义比非正义更有利的想法确实有错。

色：你说我该怎么说服你，我的话你一句都没听进去。你打算叫我怎么做，把我的理论强加给你吗？

苏：不，当然不是。我只是希望你不要偷换概念，就算是要换，也需光明正大地说出来。色拉叙马霍斯，再从头理理我们刚才的辩论。最初你对严格意义上的医生下了定义，但紧接着，你又说不要对严格意义上的牧羊人下定义。你说牧羊人不用考虑羊群本身，他们只需要喂饱羊群，然后像个贪食鬼一样，一门心思地想着羊肉的美味，或者像个贪财者绞尽脑汁思考怎么从羊身上赚取更多的钱。当然我也认为，放牧的技能还是在于如何最大可能地让羊群获得利益，毕竟追求技能的日臻完美就是为了让其为对象提供更多的利益。但我想，我们有必要认同这样的一个观点：无论什么样的统治者在他统治时期，不管是公事还是私事，他势必都要考虑一下他的子民们的利益。在你看来，真正在统治国家的人他们会干这种事吗？

色：自然是不愿意啦，这点我知道。

苏：色拉叙马霍斯，为什么呢？不知道你是否注意到，通常情况下，大家都不愿意承担管理职务，除非有很高的酬劳。他们的理由很简单，担任公职不是为自己的利益服务，是在为被统治者的利益在工作。色拉叙马霍斯，麻烦你再回答我另一个问题，各种技能是否因为各自功能不同而彼此区别？我的朋友，请你实话实说，否则我们的辩论就再也进行不下去了。

色：是的，技能的区别就在于此。

苏：那是不是就因为它们向我们提供了不一样的利益需求呢？例如，医术给予我们健康，而航海术给予我们航程安全等。

色：当然是的。

苏：挣钱技能的特殊功能就应该是给予我们钱，是吗？还有，能不能把医术和航海术视为同类的技能？因为依据你所说的，严格地说，一个舵手因为航海而变得更加健康了，那此时能否把航海术也视为医术呢？

色：那当然不行。

苏：再如一个人因为赚钱身体变得健康了，那我想你也不同意把这赚钱的技能称作医术吧。

色：当然不会。

苏：又如有个人通过行医而得到报酬，你会把他的医术视为挣钱技能吗？

色：不会的。

苏：那好。显然，我们已经意见一致了，不是吗？每种技能的利益都是各不相同的，是吗？

色：是的。

苏：假设大家都在享受来自某种技能的同一样利益的话，那只可能是这些不同的匠人使用的都是同一种技能，不可能是通过他们各自特有的技能获得的。

色：似乎是这样。

苏：那我们就可以这么说，匠人获取的报酬，实际上是在他们运用各自特殊技能以外，还使用了相同的赚钱技能才获得的。

（色拉叙马霍斯还是很勉强地同意。）

苏：严格来说，任何技能并不能通过自身获得报酬，而是通过获得报酬的技能来获得。就像虽然医术能使人健康，但只有赚钱的技能才能让医生获得报酬，其他行业也统统如此，各项技能在生活工作中各司其职，让其受施的对象从中获益。如果不运用赚钱的技能，匠人们的本职技能能否也让他们从中获得利益呢？

色：看来不能。

苏：没有报酬的工作对匠人们来说，岂不是就没有实际的利益可言了？

色：确实没有利益。

苏：色拉叙马霍斯，这个问题终于弄清楚了。任何技能包括统治术都如我们刚才提到那样，一切运用部署只谋求其受施对象(弱者)的利益，而并非为了他们本身的利益，也就是说不是为了强者的利益。因此，我刚才才会说，自愿做一个统治他人还兜揽他人是非的人总是不多的。作为统治者，他必须获得报酬，因为他在运用统治术时，仅仅是靠这种技能来为他所统治的对象服务，他的全部努力并不是为自己。那么，谁愿意担任这份工作，不论名还是利，就该给相应的报酬，谁不愿意干，他得到的报酬就是惩罚。

3

格：苏格拉底，你这话是什么意思？我知道有名利的报酬，我从来没听说过惩罚也算是一种报酬。

苏：难道你不知道把惩罚作为报酬可以为领导职务选拔出最优秀的人才吗？贪图名利的人常常被视为可耻之人，难道你不知道这样的人事实上真的很可耻吗？

格：我知道。

苏： 好人往往不愿为官是因为不想被名利所苦，他们不愿低声下气地靠职务便利谋取钱财，更不愿意暗箱操作，中饱私囊，被人称作小偷。因为他们对名利没有野心，所以他们也不为名利所动，要让他们甘愿当官就只好采用惩罚这种强制手段了，人们总看不起那些不被强迫就自愿当官的人也就难怪了。好人自己不当官，那给予他们最大的惩罚就是只好让比他们坏得多的人来管他们了。这样一来，好人迫于这种惩罚的压力才会勉强出任，但他们只是迫于无奈，迫于实在找不到比他们更合适这个职位的人才出任的，绝不是因为贪图富贵名利。可以想想，如果一个国家里的人都是好人的话，绝不像现在这样大家都抢着当官，显然不会有人愿意当官。到那时候，国家的统治者才真正谋求的是百姓的利益，绝非贪图一己之利。有识之士可授惠于人却不愿受人之惠。所以，我始终没法认同色拉叙马霍斯关于正义是强者的利益的观点。这个问题我们以后还可以细细再谈。只是他刚才说的非正义的人总比正义的人生活得好，我觉得这才是个比较严重的问题。格劳孔，你觉得谁的观点更行得通，你同意谁的观点呢?

格： 我认为正义的人生活得更有意义。

苏： 你难道刚才没有听到色拉叙马霍斯说的种种关于非正义的优势吗?

格： 我听是听到了，不过我不信。

苏： 那我们再找个办法来说服他好了，也让他认识到自己的错误。

格： 好的。

苏： 我们刚才的辩论方法，自己又是辩论的人又是最终裁定的人，彼此互相承认对方的观点，势必讨论不出什么来。但如果当色拉叙马霍斯说完了以后，我们再跟他一样先正面提出主张，接着补充论证正义的有利之处，他来回答，我们辩驳，然后双方都把自己说的有利方面总结一下，相互比较，找一个公正的公证人做出裁定，怎么样?

格：你说得没错。

苏：你更倾向哪一种方式辩论？

格：第二种。

苏：好，色拉叙马霍斯，请你再从头回答我的问题。你刚才说过，极致的非正义要好过正义，是吗？

色：我是这么说过，我还提出了自己的理由。

苏：你在这个问题上的观点究竟是什么？你该不会认为正义和非正义之分就是善恶之分吧。

色：这个道理很显而易见啊。

苏：你的意思是正义是善，非正义就是恶？

色：我的朋友啊，你的心肠真好啊！我既然说了非正义比正义更有利，那我会这么认为吗？

苏：那你会怎么说？

色：恰恰相反。

苏：也就是说，正义才是恶？

色：也不是，在我看来，正义应该是天性善良敦厚，单纯天真才是。

苏：那照你的意思，非正义就是天性阴险刻薄吗？

色：不是。非正义应该是精明。

苏：色拉叙马霍斯，你还是一直觉得非正义的人既聪明又能获利吗？

色：那是自然。至少那些窃国的极端非正义者确实如此。难道你认为我说的非正义者就是所谓的鸡鸣狗盗之徒吗？不过即便是这些个小偷小摸的人，虽不能和大窃国贼的利益相比，但只要不被逮住，也会有相应的利益不是。

苏：你的意思我并没误会。让我吃惊的是你居然把非正义算进了美德的范畴，而正义恰好相反。

色：我是这么分类的。

苏：我的朋友，你把话说得这么不留余地，我还怎么跟你说下去！假使你还能跟大家一样承认非正义是一种恶，尽管它能够谋利，兴许我们的讨论还能继续下去。但你现在极力主张非正义是美德的一种，你居然还把非正义划入道德的范畴中，我们实在无法认同你把我们以往认为是正义的属性都让给了非正义。

色：你的感觉实在是太敏感了。

苏：随便你怎么说都成。只要你确实是由衷地说这些话，我也不会躲躲闪闪，我会同你继续辩论下去。色拉叙马霍斯，看得出你说的不是玩笑，确实是自己的真实想法。

色：我是不是由衷地说这些话，和你有关系吗？你现在能驳倒这个观点吗？

苏：话虽如此，不过我能不能再问你一个问题，你觉得一个正义者，他有没有胜过他人的想法？

色：当然没有，要不然正义者就算不上是单纯的好人了。

苏：那他有没有胜过其他正义行为的想法？

色：没有。

苏：他会不会有胜过非正义的想法，还会不会自行认定某种行为是正义的呢？

色：他会，他还会尽自己的努力去做，只可惜他成功不了。

苏：我正好想问你他能否成功的问题。我想问你，所谓正义者是不是只想胜过非正义者，而不是胜过其他的正义者？

色：是的。

苏：反过来，非正义者呢？他是不是也想胜过正义者和正义的行为呢？

色：当然。你要知道，非正义者可是什么都想战胜的呢！

苏：那他还需不需要胜过其他的非正义者和非正义行为，从而让自己获益最大？

色：需要。

苏：好，那我们就能得出这样一条结论：正义者只求胜过异类，不求胜过同类；而非正义者则想战胜一切同类和异类。

色：说得很对。

苏：所以说非正义者很有智慧，正义者却是又坏又笨的人了。

色：也没错。

苏：那我可不可以说，非正义者和聪明的好人同属一类，正义者则不属于这个范畴？

色：是啊。质同则同类，质不同则异类。

苏：同类的人都同质是吗？

色：难道不是吗？

苏：很好！色拉叙马霍斯，你能说有些人“是音乐的”，而另一部分人是“不是音乐的”吗？

色：可以啊。

苏：哪一类人是“聪明的”，哪一类人是“不聪明的”呢？

色：那些有“音乐的”就是“聪明的”，“不是音乐的”就是“不聪明的”。

苏：那你说一个人聪明的地方就是优点，不聪明的地方就是缺点吗？

色：是的。

苏：医生这个职业也是如此吗？

色：是的。

苏：在你看来，有哪个音乐家在调弦定音时会比其他音乐家更在意琴弦的松紧吗？

色：这倒未必。

苏：那他有心在这方面胜过一个不是音乐家的人，是吗？

色：那是一定的。

苏：医生呢？是不是也有医生想在规定病人饮食方面胜过别的医生和他们的医术呢？

色：当然没有。

苏：可是他却想胜过一个不是医生的人，是吧？

色：那当然。

苏：让我们一起整理一下刚才的讨论吧。你觉得有知识的人，究竟是想在一言一行各方面超过其他有知识的人，还是会彼此之间趋同呢？

色：那必然会彼此相似。

苏：那没有知识的人呢？他不会想既超过聪明人同时又赢过比较笨的人吧？

色：我想会的。

苏：那有知识的人比较聪明吗？

色：是的。

苏：聪明的人就是好人吗？

色：是的。

苏：一个聪明的好人是不愿胜过与自己同类型的人，却总愿意胜过与自己不同类且相反类别的人，是吗？

色：应该是的。

苏：相反地，一个不聪明的坏人他想的是胜过所有人，包括同类和不同类，是不是？

色：是的。

苏：色拉叙马霍斯，你刚才是不是提到过非正义的人也一样想超越所有人？

色：我是讲过。

苏：你还说过正义的人只求胜过异类而非同类，是吗？

色：是的。

苏：还有，正义的人和聪明的好人类似，非正义的人与又笨又坏的人类似，是吧？

色：似乎是这样。

苏：好的，我们刚才似乎认同了一个观点，相类似的人是同质的，是吧？

色：是的，意见一致了。

苏：那现在一切都明朗了——正义者是聪明的好人，又笨又坏的就是非正义者了。

（**苏格拉底：**其实，色拉叙马霍斯认同我上述这些话可不如写出来的这些文字如此简单。他始终很勉为其难地接受，还不断地辩驳。当时正是盛夏时节，辩论时的他汗流浃背，还涨红了脸，这是我从未见过的。在我们都认可了正义就是善，是智慧，非正义是恶是愚昧之后，我接着又说道。）

苏：这个问题解决了。不过色拉叙马霍斯你还记得我们刚才还说过，非正义是强有力的。

色：我当然记得。可我还是不太赞同你的说法，我自己有自己的说法。不过只要我一说，你必定说我大放厥词。现在要不然我就按我的意思说，要不然就你来发问，你总是希望我来回答问题嘛。这样的话，我就很敷衍得像老太婆一样，不管问什么都点头或者摇头说好。

苏：我不勉强你认同你不想认同的观点。

色：既然你不许我主动发表意见，那就悉听尊便了，你还有什么要求吗？

苏：没有了。你决定要回答问题，那我就提问了。

色：你继续问吧。

苏：为了再继续探讨我们前面说过的关于正义和非正义的优劣问题，我首先要复述一下前面说过的问题。前面一再提到非正义比起正义更强有力，眼下正义是智慧善良，非正义是愚昧卑劣的观点也已经被充分证明了。就这么说的话，很明显更强更有力的应该是正义才是。只不过，我不想只是这样简单地结束这个问题，我还想问你，你觉得这世界上有没有那种不讲道义的城邦用很不正义的方式征服他国，接着奴役统治他所征服的所有城邦？

色：当然有了。非正义到了极致的城邦最喜欢做这种事情，不可否认的是它也是最好的城邦。

苏：这一观点是你的理论我知道。不过我现在想弄明白的问题是这样的城邦在征服他国的势力究竟源于正义还是非正义呢？

色：就按照你说的正义是善良智慧，那它的势力势必要依靠正义，但如果是我说的，那需要的就是非正义了。

苏：色拉叙马霍斯，我很庆幸你不只是敷衍着点头摇头，你很好地回答了我的问题。

色：这么做是图你开心。

苏：你的情我心领了，不过还得再请你回答个问题，权当叫我再高兴一次吧。一座城邦，一支军队，或者一伙盗贼，任何一种相类似的组织，假使他们不但在相处当中缺乏正义，还一同做非正义的事情，这有可能会成功吗？

色：成功不了。

苏：那他们采用正义的方式彼此相处的话，会不会好一点？

色：当然。

苏：色拉叙马霍斯，是不是正义让他们团结友好，非正义却做不了，它只会使他们内部分裂，彼此仇恨造成的？

色：我不想为难你，就姑且这么说吧！

苏：感激之至。你能不能告诉我，是不是无论自由人还是奴隶他们都会因为非正义方式的相处而导致仇恨、分裂、对立而无法统一行动呢？

色：当然！

苏：比如两人彼此之间存在非正义，那他们就会吵架对立，并成为正义的公敌，是吗？

色：是的。

苏：高明的朋友啊！你觉得如果非正义存在在个人身上，那这种非正义的能力是会保留还是会丧失呢?

色: 姑且算是保留着吧!

苏: 看来非正义的作用似乎是，它先让任何一个城邦、军队、家庭以及其他各种团体里的人无法行动统一，随后，它再让各个成员内部彼此仇视、对立，与自己的对立面为敌，还与正义者为敌。是这样吧?

色: 确实是这样。

苏: 我想，非正义存在个人身上是不是也会同样发挥他的作用呢? 例如，首先，他本人内部冲突，矛盾让他拿不定主意，无法执行行动，随后，使他与己为敌，最终与正义为敌，是这样吗?

色: 是的。

苏: 我的朋友，诸神是正义的吗?

色: 姑且算是吧。

苏: 色拉叙马霍斯，那诸神的朋友就只能是正义者，而非正义者就是他们的敌人了。

色: 照你的意思讲吧，我不会扫大家兴地与你辩驳的。

苏: 请你好事做到底，和刚才一样继续回答我的问题吧! 大家很容易就会发现正义者无论智慧和能力都高过非正义者，非正义者很难与之合作。如果一定要说非正义者也可以团结起来行动一致的话，实在太过名不副实。非正义者在做非正义的事情时非得内讧不可。他们之所以能够不内讧一致对敌，只能说明在他们彼此之间还存有一些正义，才不至于做出的事情都没有好的结果，与此同时，他们身上的非正义因素多多少少有些制约。事实上，绝对意义上的非正义者是任何事情都做不来的。这就是我和你原来说的不一样的看法。再来看看另一个问题，你提出的关于正义者是否能生活得比非正义者快乐的问题。依照刚才讨论的结果，这个问题的答案是显而易见的。这事关人们该选择何种更好的生活方式的大事，还是应该慎重对待一下，这可不是一件小事。

色：请便！

苏：我还在思考当中。请你先回答我，马有马的功能吗？

色：有。

苏：所谓马的功能，或者其他任何事物的功能，可不可以认为是非它不可，非它不能的一种特性，是吧？

色：这个我不懂。

苏：那好我问你，没有眼睛你看得见东西吗？

色：不行。

苏：没有耳朵你能听吗？

色：不能。

苏：那我们就可以说，看和听就是眼睛和耳朵的功能了，是吗？

色：是的。

苏：我们剪葡萄藤的时候，可以用短刀或凿子或其他工具吗？

色：为什么不行？

苏：可是我总觉得还是专门修剪树枝的剪刀来得更便利些。

色：也对。

苏：那我还能不能说剪刀的功能就是剪葡萄枝呢？

色：可以啊。

苏：我想，我问你这个问题的目的就在于问你，任何一件事物的功能是否就是那个事物专有的性能，你现在应该知道了吧。

色：我知道了，我同意你的说法。

苏：好的。那在你看来是不是但凡每一种有功能的事物都必须有属于它自身的特性？就举刚才的例子吧，眼睛是有功能的是吧？

色：是的。

苏：那眼睛也应该有它自己的特性？

色：有。

苏：那耳朵呢，它也有功能吧？

色：有。

苏：那它也有自己的特性是吗？

色：有。

苏：一切事物皆是如此吗？

色：是的。

苏：那好，我再问你假如眼睛有的不是特性而是特殊的缺陷的话，那眼睛它还能正常发挥它的功用吗？

色：怎么会有这种情况呢？你想说的是看不见而不是看得见吧。

苏：我们现在暂时不考虑广义上的特性问题。我想问的是，事物发挥其功用是不是由于它具有的特性使然，反之，事物特有的缺陷是不是影响其功用的发挥呢？

色：你说得没错。

苏：就好比耳朵失去了自己特有的属性后，就无法发挥自己的功用了，是吧？

色：是的。

苏：这个结论适用于其他事物吗？

色：应该没问题。

苏：那再考虑一个问题，心灵是不是也有属于它自身不可替代的特性？例如管理、指挥、计划，等等。可不可以说管理就是心灵所独有的特性，也只有心灵可以发挥这种特有的功能呢？

色：是的。

苏：那生命呢？它是不是也是心灵所发挥的功能吗？

色：当然是的。

苏：人的心灵有特性吧？

色：有。

苏：色拉叙马霍斯，要是心灵要完整地发挥自己的功用，是不是一定不能失去它的特性？

色：不能。

苏：好的心灵的指挥管理功能一定好，反之坏的心灵的这些功能就一定差，是不是?

色： 应该是这样。

苏： 我们不是早就一致同意，正义是心灵的特性，那非正义也是吗?

色： 是的。

苏： 正义的心灵让正义者获得幸福的生活，非正义也让非正义者过得不好，是不是?

色： 依你的观点，是这样。

苏： 那生活过得幸福的人一定快乐，生活过得不幸福的人就一定不快乐。

色： 很显然是这样。

苏： 因此正义者是快乐的，而非正义者是痛苦的。

色： 暂时先这么说吧!

苏： 相较于痛苦，快乐才是利益吧!

色： 是的。

苏： 高明的色拉叙马霍斯啊! 就这么说的话，非正义怎么可能会比正义更有利呢?

色： 苏格拉底，你就当是享受了一场朋迪斯节的盛宴吧!

苏： 我对你还是满怀感激的，色拉叙马霍斯，你已经不对我发脾气让我难堪了。我只能怪我自己没能好好享受你给我的这场盛宴，这一切与你无关。我总是心猿意马，眼前的美味还没来得及品尝就急着去抢新上的菜品，就如同馋鬼一样。刚才的讨论就是这样，辩论当中在最初提出的关于正义的定义这一问题上我们渐行渐远，始终没有最终的结论，反倒是去考虑正义是智慧还是愚昧的问题，随后非正义和正义谁更有利的问题又出现了，我又忍不住辩驳了一番。回过头想想，还是一无所获。我既不知道究竟什么可以称之为正义，更无从知晓正义是否是一种特性，拥有正义的人究竟是快乐还是痛苦。

第二卷

1

（**苏格拉底**：我原本以为我把该说的话都已经说完了，没承想一切才刚刚开始呢！格劳孔一向性格刚硬，喜欢打抱不平，色拉叙马霍斯轻易就认输让其很不以为然。）

格：苏格拉底，你到底是诚心诚意想说服我们相信正义总强于非正义，还只是装模作样在劝说我们呢？

苏：你让我在这两个答案中选择一个的话，我想我是很有诚意地在说服你们。

格：你想是想了，却没有付诸行动。现实当中总有一种善，我们只关心它本身，却没有去关注它的结果，例如欢乐和无害的娱乐，它们本身就不存在什么实质性的结果，因为它们本身就只有快乐。这点你同意吗？

苏：对，我同意有这种情况存在。

格：还有另一种善的本身和结果都为我们所欢迎的。譬如明白事理，视力好，身体健康，等等。我们之所以青睐这些美好的东西，很明显这两方面都起了作用。

苏：是的。

格：除这两个以外，你知道还有没有第三种善呢？例如医术。人们受伤生病总要求医，医术由此诞生了。总而言之，赚钱的技能都归类于这种善。这一类善我们欢迎它仅仅是为了它所带来的利益和报酬，与它本身没太大关系，虽说它们能带来利益，但不得不承认它们都是些苦差。

苏：是，就算是有第三种那又能怎样呢？

格：我想问你正义属于第几种？

苏：要我说，正义当然是其中最好的那种。人们想要得到快乐就必须爱它，既因为它本身，又因为它的结果。

格：通常人都不会这么想，他们总觉得正义也是一件苦差。他们是为了名和利才会去拼命去做，而对于正义本身人们是避之唯恐不及的。

苏：我知道通常大家都会这么想。色拉叙马霍斯就是彻底明白这事才会贬低正义，索性去称颂非正义的，但我总没有同他一样的智慧也这么做。

格：那看你是不是认同我接下来说的。我觉得色拉叙马霍斯太快被说服了，多半是已经被你的提问搞得晕头转向了，就好比是突然间被一条蛇缠住了似的，不过我还是不太满意你刚才关于正义与不正义的论证，我想搞清楚的问题是：正义是什么，非正义呢？[12]它们的力量在心灵上能起多大的作用？[13]我首先主张姑且不考虑正义和非正义所能带来的利益和报酬。如果你同意的话，我们就重新开始论证吧。我想把色拉叙马霍斯的论证按以下几个方面再复述一遍：首先，我要说说通常意义上大家认定的正义的本质和起源；其次，我想再次强调一下，任何人在做正义的事情时总是迫于无奈的，而非自愿而为之；第三，我说，他们看待正义的观点也不是完全没有道理的，就像他们刚才所说的那样，似乎非正义者的生活并不比正义者差多少，反而好了不少。苏格拉底，你别误会，你要知道这不是我提出的观点，是我总会听见有其他人这么议论，不论是色拉叙马霍斯也好，还是其他形形色色的人也好，他们的意见一致，我也总觉得为难。反倒是没什么人据理力争地说过正义的好话，或是证明正义比非正义好。说实话，我也想听听有人这么说，看来我也只好指望你了。我极力称颂非正义者生活得好为的是让你来辩驳我，贬低非正义来赞美正义。你同意这么做吗？

苏：我实在太高兴了！没有什么使我更高兴的了。能有什么比一个话题被智慧的人重复多次讨论更让人兴奋的呢？

格：好极了。那就先说刚才说的第一点吧——正义的本质和起源。人们常说，非正义为之为利，非正义受之为害，而且，因为非正义而遭受的伤害要远远超过实施非正义行为人所获得的利益。人们在彼此交往中不但会尝到实施不正义行为的甜头，也会吃非正义的苦头。正因为尝过了两种不同的味道后，那些不能只尝甜头不吃苦头的人们觉得有必要订立契约，使得大家既不会得非正义的惠，也不会吃非正义的亏。也就从那时开始，他们彼此之间订立契约，制定法律，他们把遵守这些契约和法律的行为称作合法的、正义的行为。这应该才是正义的本质与起源。正义的本质实际上介于最好和最坏之间，我说的最好，是指做了坏事儿而不受罚；最坏说的是遭了罪却没法报复。所以，人们接受作为最好和最坏的折中的正义，只是因为他们受到契约的约束做不了非正义的事情，并不是正义本身的真善美感召他们的。要知道，敢作恶的人除非他疯了，要不然他是不会同他人订什么契约的，协议既不害人也不受害。苏格拉底，通常意义上的正义的本质和起源就是这样。

再来说说第二点。那些有正义举动的人也都非自愿而为之，只是因为他们害怕约束作不了恶。这个观点是很显而易见的。我们可以这么想，如果现在有两个人，一个是正义者，另一个是非正义者，让他们有可以随心所欲做事的权力，我们可以看看，在他们各自欲望的指引下，他们变成什么样子了。我们很快就会发现，正义者也开始有非正义的举动。人不为己，天诛地灭嘛！任何人都是迫于法律和契约的制约，才会有正义的举动。我这里提到的随心所欲，是像吕底亚人古各斯的祖先那样所拥有的一项权力。据说他当时是一个牧羊人，在吕底亚的统治者手下做事。有一天，一场暴风雨又紧接着一场地震之后，他放羊的地方的地壳裂开了，裂出了一道深渊。那一刻他被吓到了，但还是坚持继续走下去。关于他的故事是这样的，据说他当时在那道深渊里发现了很多很奇特的玩意儿，最特别的是一匹空心的铜马，马身上还带着很多小窗户。他偷偷往里瞥了一下，看见里面有一具尸体，个头比普通人大，手上戴着一枚金戒指，身上再没有其他的了。于是，他取下了金戒指就出来了。当时的牧羊人有个规矩，一个月要聚在一起开个会，向国王汇报自己放养的羊群的情况。这一次他带着他发现的这枚戒指去开会了。谁知道，在开会的时候，他无意中把戒指上的宝石往自己的手心转了一下，忽然间大家都看不见他了，都以为他已经不在了。他自己也感到十分惊讶，再把宝石往反方向转一下，大家又都看见他了。从那以后，他为了测试自己是否有隐身的本领多次试验，结果屡试不爽。宝石往里转，他就隐身了，再往外转，他又现身了。自从他知道自己有这个本领后，他就费尽心思当上了国王的使臣，接着又在国王的身边勾引王后，还和王后一起谋害了国王，最后夺取了王位。就这个故事来看，假如当时有两枚相同的戒指，正义者和非正义者各戴一枚，在这种情况下，很难说会有谁还可以克制自己的欲望不去盗取他人财物，继续坚持正义的原则做正义的事情。如果正义者在市场里可以随意地穿墙越户，不受约束，想要什么就拿什么，还能随意调戏妇女，甚至是杀人劫狱都不被约束，全然像全能的神一般可以随心所欲的话，那他的行为和非正义者还会有什么区别呢？所以，这个故事充分证明了一个事实，没有什么人会心甘情愿地认为正义是对自己有利的事，总是迫于某种压力才会去做正义的事情，勉强去做。任何场合下，只要不限制他干坏事，他就会去干。大家心里都明白，非正义能比正义给个人带来更多的利益。相信每个认同这个观点的人都能说出一大套道理来。哪个掌权者如果不做点坏事，不霸占他人钱财，很快就会被人称作大傻瓜，尽管大家当着他的面还不断地赞美他，也这绝不是因为他好，而是大家迫于他的权力，怕自己吃亏才这么说的，所以总是这么彼此欺骗。好了，这点就先告一段落。

如果我们最正义的生活和最不正义的生活两相对照就能对这两种生活作出比较公正的评价。那怎样才能清楚地对照呢？我们可以这么做，我们让非正义者削弱他非正义的一面，也让正义者减少正义的部分，总之就让他们行其事，尽其能就好。

首先，让非正义者拥有某项专门技能，例如像最好的舵手或最好的医生那样。在他发挥他的技能时，他分辨出什么可能，什么不可能，再取其能而弃其不能。即便偶尔犯错，他也会想着如何挽救回来。你看着吧！他定会把坏事做到滴水不漏，没有人能发觉得了。假使他让人给发现了，就权当他是个蹩脚的货色。非正义的至高之境就是金玉其外败絮其中，既然这样，我们就给予非正义的人完全非正义上的肯定，还要把最为正义的名誉给予恶事做绝了的人，就算是有了破绽也要让他有补救的可能，假使他的行为受到了谴责，也要让他发挥自己的口才来说服其他人，毕竟他既有自己的勇气和力量，也有财团和朋党的支持。

与此同时，还要在这个非正义者的身边塑造一个朴素正直的正义者的形象，这就像是诗人埃斯库罗斯曾经说的“一个不是看上去好，而是真正好的人”。只不过我们要将他话里的“看上去”几个字去掉就是了。如果大家都将他视为正义之人，那他自然是名利双收了。这样的话，我们就很难判断他正义举动的目的是为了正义本身还是奔着名利去了。因此，我们要清除一切表象，只留下正义，把他和上面提到的那个名为好人，实则坏人的非正义者对立。还叫他不为非作歹却背着骂名，让正义经受考验。尽管人人喊打，他还能保持仍正义凛然，鞠躬尽瘁，死而后已，甘愿为正义冒天下之大不韪，牺牲自己坚持正义。只有用这种将正义和非正义置于两个极端的方式才能帮助我们更好地判断哪种人的生活来得更幸福。

苏：我的天！我亲爱的格劳孔，塑造这两个仿佛雕塑艺术品一般的形象你该花多大的气力和工夫啊！

格：我只能是尽力去塑造。我觉得，搞清楚两者的本质了以后再去探讨两种不同的生活就会容易许多。我要接着往下讲了。苏格拉底，如果你听着听着觉得我说的过于粗鄙的话，千万别认为那是我的口吻，我是在用贬低正义称赞非正义的人的口气在跟你说。我想他们会这么说的：朴素正直的正义者在为正义牺牲时，会受到种种非难和折磨，严刑拷打，戴着镣铐，烧瞎眼睛，等等，最后他还可能被钉在十字架上。直到死的前一刻，也许他才明白应该做个伪正义者而不是真正的正义者。埃斯库罗斯的诗句好像更适合描述非正义者，人们常说务实且不贪慕虚荣的人是非正义者——他不要做伪君子，而要做真实的人，他的心田肥沃而深厚；老谋深算从这里长出，精明主意生自这心头[14]。他背着正义的名号，先是当官，随后统治整个城邦；再来他要跟他中意的官宦之家的女儿结婚，他的子女也必须同他选中的贵族联姻；他会选择适合的搭档来合伙经商，在这一过程中赚取各种利益。他之所以能做这一切都只因为不惧怕他人给他非正义的骂名。而且人们总觉得即便是诉讼，非正义者无论公事私事都能轻松获胜，扬长而去，随之财富不断增加。他还能让自己的朋友得利，自己的敌人受害。另外，他祭奉诸神，讲究排场，祭品丰富。像他们这种人，只要他们愿意，敬神待人总要比正义者强过许多，你说，神明不多照顾他们一点可能吗？于是人们就会说，苏格拉底呀！神也罢，普通人也罢，他们都会让非正义者的生活过得比正义者好过许多啊！

（**苏格拉底：**格劳孔说完以后，正当我想说点什么的时候，他的兄弟阿得曼托斯又插了进来。）

阿得曼托斯（以下简称阿）：苏格拉底，你觉得这个话题已经完全结束了吗？

苏：还有什么可以补充的吗？

阿：最需要阐释的地方几乎只字未提呢。

苏：我明白了。人们常说："兄弟一条心！"格劳孔刚才漏掉的部分你来替他补上好了。对我而言，他的一番话足以让我无力辩驳，即便是我再坚定地支持正义也怕是徒劳无功。

阿：废话少说，先听我继续讲下去。我觉得，想要进一步地理解格劳孔刚才的意思，就有必要把称赞正义批判不正义的理由先理一理。一切负有教育责任的人们都像父亲告诫儿子一般告诫他人，为人必须正义。不过，他们的谆谆教诲只称颂正义带来的名誉，对正义本身他们却不提倡。这是因为名声好的人，不但可以身居高位，与世族通婚，还能获得种种利益，而这些利益均由刚才格劳孔提到的非正义者从名誉中获取。关于名誉，人们还有不少其他的说法。譬如人们总认为神明会把大量的赏赐赐予名声好且虔诚的人。这一点在诗人赫西俄德和荷马的话里就有所体现。赫西俄德的诗作中就提到神明让橡树为正义的人开花结果：

树梢结橡子，树间蜜蜂鸣，

树下有绵羊，羊群如白云。[15]

赫西俄德的作品里还有其他关于正义的美好描写。诗人荷马也不约而同地提到这些：

英明君王，敬畏诸神，

高举正义，五谷丰登，

大地肥沃，果枝沉沉，

海多鱼类，羊群繁殖。[16]

比起前面提到的两位诗人，默塞俄斯和他的儿子的作品在描绘诸神为正义赐福的方面更为精妙。他们在作品中提到诸神将正义者带到冥界，设筵款待，并终日请他们斜倚长榻，头戴花冠，一觞一咏，以此度日。这么看仿佛报答美德的最佳方式仅仅是饮酒作乐而已。另外，他们还认为上天回馈美德的方式还能荫及子孙。虔诚且诚信的人多子多福，子子孙孙绵延数代，而那些亵渎神明和非正义者则被打入阴间，还会被强迫用竹篮打水，劳而无功。这种说法指出就应该让非正义者在世时，身背骂名，同时受到严厉的惩罚，就如同格劳孔列举的那些关于正义者被误认为非正义者所遭受到的那些。诗人们对非正义的阐释就只有这些了，那么，我就正义者和非正义者的赞扬与批判也先说到这儿吧！

苏格拉底，还是烦请你再好好琢磨一下诗人们和世人关于正义和非正义的另外一种观点。他们一再意见一致地指出虽然正义是美好的，但要坚持正义总太辛苦。相反，纵欲和非正义则愉悦得多。他们也会指责非正义是不顾礼义廉耻，但也不过流俗之见的空谈罢了，他们终究还是觉得非正义强过正义。于是，他们当众和私底下都十分敬重这些有钱有势的坏人，并祝贺这些人很有福气。对于穷人和弱者，虽说他们心里很清楚，这些穷人和弱者比那些富裕的坏人要好得多，但他们仍免不了欺侮蔑视穷人和弱者。而这些当中最让人觉得不可思议的是他们关于神明和美德的看法。他们通常认为神明给予好人的是种种不幸和多舛坎坷的人生，坏人获得的却是幸福。他们往往通过祭司和巫人奔走游说富庶人家，要主人们相信，只要他们肯诚心诚意地用献祭和符咒的方法，就可以为他们消除他们或是他们的祖先犯下的错误，用乐神的赛会消除罪孽，同样可以获得神明的赐福。如果需要打击敌人，也只需花上点小钱，念念符咒，读读咒文，就能让鬼神为他们所用，去伤害他们想要伤害的正义者或是非正义者。甚至他们还引用诗句来论证自己的观点，这些诗句里大多描写了为恶之易以及恶人的富足，还有就是从善之人的艰难和苦痛：

名利多作恶，举步可登程，

恶路且平坦，为善苦登攀。[17]

还有些人引用的是荷马的诗句来说明神明与凡人间的关系，例如：

众人获罪莫担心，逢年过节来祭神，

香烟缭绕牺牲供，诸神开颜保太平。[18]

他们为此出版发行了众多默塞俄斯和俄尔甫斯的书籍。依照他们说的，默塞俄斯和俄尔甫斯是月神与文艺之神的后代。紧接着他们再用书中写到的关于祭神礼仪等篇章，说服政府和百姓都相信只要用献祭和赛会，就可以消除自己曾经犯下的罪孽，为自己赎罪，而且一些特殊的仪式还能让死者在阴间免于惩罚。因此，任何忽视祭祀供神的人将永世不得超生。

亲爱的朋友苏格拉底！他们提出的神和人都关心的关于善恶的种种论断，对于听者的心灵产生多大的作用，尤其是那些可以从中进行自我推理的聪明的年轻人？这些年轻人听完以后，是不是对自己将来要走的路，要做什么样的人，怎么有意义地走完自己的人生都有了更清晰的想法呢？我想，他们大多会用品德的问题来反问自己："是用堂堂正义，还是靠阴谋诡计来步步高升，安身立命，度过一生？"想要成为正义者自然是要吃亏吃苦，除非是伪正义的虚名。如果自己并非正义者，却得了正义之名，那该是多幸运的一件事啊！先贤已经说过，伪正义不但可以带来幸福的生活，还远远强于真正的正义。那为何不努力做到貌似正义？他们告诉自己可以像是智慧的阿尔赫洛霍斯笔下的狐狸一般狡猾，躲在正义名号的光环之下。有人说过，行不义之事却不被发现太过困难。可知道，这世上有哪些伟大的事情是那么简单就可以达成的。如果想要生活得幸福别无他法，只有这么做。前面的一切证据都表明了这一观点。为了非正义的行为不被发觉，我们可以拉宗派、搞团体；还有辩论大师教授说话的艺术，在议会法庭上演说，软硬兼施，为的就是让我们可以只获益却不受罚。

有人说，我们既不能欺骗神明，也不能逼迫它。为什么不可以？如果没有神，或者就算有神，神也不关心凡间的人和事，那么做了坏事就不怕被神发觉。但如果神确实关心凡间的一切，那我们所能了解的神的一切，也都只能从故事和诗人们的神谱里获取这些知识。

那些人还会告诉我们神明是可以收买的，用祭祀、祷告、贡献祭品的方式就可以做到。这些诗人的话，假使全盘接受，不做怀疑，那就放心大胆地去做非正义的事情吧，再分出一份不义之财用来设祭献神。但如果全然不信的话，那就必须拒绝任何不正当的获益，当然神明也不会惩罚我们。一旦我们做了非正义的事情，同时还想保证自己的既得利益，保证不受惩罚安然无恙，就别忘了做完以后向神明祷告献祭求情。

只要有人说，这没错，人生在世，恶事做多了必然是会恶有恶报的，不管是报应在自己身上还是在子孙身上。精明的人就会这样告诉他们，放心吧，这里有一种众所周知的方式能够帮你减轻你罪恶的方式，可以用祭祀和其他一些特别的仪式来请求神明对你的赦免。另外，我们还有诸神之子，那就是诗人们和神的代言人，这些智者会向我们透露一切关于真理的消息。如果是这样的话，我们还有什么理由不选择极端的非正义，非得坚持艰苦的正义呢？其实，我们只要带着正义面具，看起来正义凛然，那无论生前死后，对人对神皆可左右逢源，又怎么会无利可图呢？

苏格拉底，权威的智者和普通人都认同这个道理，就凭上面说到的这些理由，你又如何说服一个既有聪明才智，又有身份地位和财富的人，还去辛苦地坚持正义呢？要知道，这样的人总会对你称颂正义的说法嗤之以鼻。照这么看，就算有人不认同我提出的这些观点，就算他还很心悦诚服地、坚定地相信正义是至善，那么也不至于恼怒非正义者，他会觉得这类人的行为是可理解的。谁都清楚，不会有人甘愿将正义付诸实践的。还懂得并坚持弃恶从善的人就只有那些生性耿直，疾恶如仇，或者困学而知的人。要不就是生性懦弱，老弱、病残，或是有什么弱点逼迫他不得作恶，最后这种人不作恶只因他被限制作恶。道理已经很明白了，这样的人只要掌权，必然作恶多端，为非作歹，原因我刚才已经跟大家都提过了。苏格拉底呀！说来也奇怪，你们这些自诩称颂正义的人，古往今来，从历史上的英雄到近代的普通人，居然没有一个人是真正意义上赞扬正义驳斥非正义的，即便有也很容易发现还是离不开从名誉、功名、利禄这些个角度来歌颂或是谴责的。至于正义和非正义的本质是什么，它们本身的力量又是什么，它们私下对人的心灵会起什么作用，等等，这些问题，反而在诗人的诗作里还是人们茶余饭后的聊天中大多被忽略，无人提及，几乎没人肯定地说正义就是至高无上的美德，非正义就是世间最大的罪恶。要是一开始大家就这么认为，那么人和人之间又何必互相时时提防，只要从年轻时开始就如此告诫自己，做好自己的守护者就好了。大家都怕做完恶事还在身上留下恶名啊。苏格拉底，色拉叙马霍斯和其他的人在讨论正义和非正义不但会这么说，还有可能比这更激烈一些呢！虽然我也觉得，事实上已经颠倒了正义和非正义的真实价值。就我个人而言，坦白地告诉你，为了能让你更好地辩驳，我已经尽力把自己的看法说得清楚明白了。你要是只辩驳说正义价值高于非正义是不够的，你必须说清楚，正义和非正义对正义者和非正义者到底有什么样的影响，是好还是坏才可以。就像格劳孔说过的那样，我们要去除一切表象。如果你只是称赞某个表象，而不看真正的本质的话，那我们只能说你赞扬的只是正义的表象，绝非正义本身，同样地，你谴责的也不是实质上的非正义，而是非正义之名。你的做法仅仅是为非正义遮掩自己的恶行找了个理由罢了。那你和色拉叙马霍斯的想法有什么不同吗？正义的对象是他人，强者的利益，只有非正义获益的才是自己，它是对弱者的伤害。你说正义是世间最善的、最好的事物之一。最好的事物除了结果好外，它本身的特质好才最重要。像视力、听力、智力、健康等，被称为美好的东西是因为它们就能让人觉得美好，而非虚名。

我想听到你所称颂的正义也应该如此，正义本身就能给予正义者福祉，非正义祸害非正义者。别人去称赞那名不副实的正义可以，但你不行，我不愿从你那儿听到这样的说法，任何关于接受这种赞美或嘲笑名誉、报酬的说法从你那儿来我都不接受，你是终生致力于研究这个问题的人啊，除非你下命令让我这么做。请你在辩驳我的时候别只说正义价值高过非正义，还请论证一下它们各自本质是什么，正义对正义者，非正义对非正义者的影响又各有哪些？在这样的影响下，即便无人知晓的情况下，正义者因何为善，非正义者因何为恶？

（**苏格拉底：**我一向都钦佩格劳孔和阿得曼托斯的天赋，但一直以来都没有像今天听到他们说这些话这么高兴过。）

苏： 人常说，有其父必有其子，你们兄弟俩果然不是浪得虚名。格劳孔的好朋友曾经有一首歌颂麦加拉战役你们俩赫赫战功的诗，现在看来诗的前两句形容得确实十分贴切。

2

名门之子，父名“至善”，[19]

难兄难弟，名不虚传。

你们一方面不承认非正义强过于正义，另一方面又竭尽全力地为非正义辩护，这中间如有神助。据我对你们品格的了解，我实在不相信你们会认同你们自己说的那一套理论。仅仅听你们的论证，我很难不怀疑。可是我如果不怀疑的话，我却不知道该怎么办。因为我的确没有这方面的能力，我不清楚要怎么去帮你们。我认为我对色拉叙马霍斯说的一番话已经充分论证正义强于非正义了，但你们没有认同，我总会忍不住想去帮你们的忙。当正义遭受诽谤，如果我有能力辩解却始终袖手旁观的话，那对我而言，就是这一生中最大的耻辱，保卫正义的上策应当是挺身而出。

（**苏格拉底：** 格劳孔和其他人请求我一定别放弃辩论，无论如何要帮他们的忙，他们要我刨根究底地搞清楚正义和非正义的本质以及二者的利益是什么。于是，我就把我想的说了一下。）

苏： 我觉得，现在我们进行的这场辩论非同寻常，参与辩论的人非得有敏锐的目光才行。可惜大家都不够聪明，所以还是换下面这种方式的讨论会更合适一些。假设有人让我们念远远地写着的小字，可是我们视力不太好，幸好这时发现别的地方还有用大字写着相同内容，那我们先念大字，再对照它和小字的区别。

阿：没错，但是这个跟正义有什么关系吗?

苏：我只是想告诉你正义有个人的，也有整个国家的。

阿：当然。

苏：好的！国家要大过于个人，是吧?

阿：大得多!

苏：这么说也许你更好理解，相比之下，大东西里应该包含更多的正义。你要是同意的话，我们可以先从国家这个大范畴里讨论一下正义的本质，再反观一下个人，这种方法叫作由大见小。

阿：这是个好办法。

苏：正义和非正义的成长轨迹难道不能从一个城邦的成长当中看出来吗?

阿：可以。

苏：如果可以，那我们就可以很轻易地从中找到自己想要的答案了。

阿：不错，是有可能的。

苏：那么，我们现在可以着手做了吗？你可以再考虑一下，这事可不是小事。

阿：可以了，别再犹豫了，就这么干了吧。

苏：那好。我认为，建立城邦的原因在于，任何一个人都无法充分自给自足，我们都需要很多其他的东西。除此以外，你们觉得还有什么其他原因吗?

阿：没有了。

苏：不同的人聚集在一起是为了满足大家不同的需求。正因为我们需要形形色色的东西，我们把这些人聚集在一起，有的是工作伙伴，有的是助手，而大家聚集居住的公共区域，就是城邦，这样说对吗?

阿：没错。

苏：那分点自己的东西给别人，或是从别人那儿拿到一点东西，这样的物品进出交换会让人从中获益。

阿：是的。

苏：我们回过头再来说说看，创建城邦的人创建时究竟需要哪些东西。

阿：好。

苏：粮食应该是排在第一重要的位置的，有了它人才能生存下去。

阿：毋庸置疑。

苏：此外是住房，再有就是衣服和其他的一些必需品。

阿：理应如此。

苏：我接下来要问你，城邦是如何保证这些物品的充分供应呢？我们的城邦怎么才能充分供应这些东西？是不是城邦当中至少要有一名农夫、一名瓦匠和一名纺织工人，或者还需要增加一名鞋匠和一名照顾人身体各种需要的人？

阿：需要。

苏：显然最小规模的城邦也要有四到五个人。

阿：是这样的。

苏：接下来是不是每个成员都要向其他人贡献自己的劳动成果呢？我的意思是，例如农夫要准备4人量的粮食，也就是说，他要为了向其他人提供粮食而花上4倍的时间和劳动，是吗？还是他可以只花1倍的时间和气力为自己准备粮食，再把剩下的时间平均分配在盖房子、做衣服和做鞋子上，自给自足，自我满足需求，与他人无关呢？

阿：应该是第一种方式更为妥当，苏格拉底。

苏：老天爷做证，你这么说不为怪。听你说这话，我就想到每个人生来不同，性格不同，因此适合不同的工作。你说是不是？

阿：是的。

苏：到底一个人是单纯做一项手艺活合理呢，还是包办好几种手艺活合理呢？

阿：只做一种更合理。

苏：另外，我认为还有一点也很明确，那就是无论什么人做什么事，只要错失时机就容易前功尽弃。

阿：是的，这个观点很明确。

苏：依我看，工作是不等人的，不能等到工人有空才来做，应该选择在恰当的时机让工人全身心地投入工作，马虎应付是不行的。

阿：必须要这样。

苏：只有这么做才能保证每一项工作都在合适的时间，由最合适做它的人心无旁骛地来完成。工人们专搞一行，也能保证产品生产的数量和质量。

阿：对啊。

苏：那好，阿得曼托斯，这么说的话城邦就需要更多数量的公民，4个已经无法满足刚才我们说的工作形态了。因为农夫会用犁，但他似乎不会制造犁，还有锄头以及其他耕种的工具的。同样的道理，建筑工人亦如此，织布工人、鞋匠无一例外。

阿：是的。

苏：那城邦里的成员就要增加木匠、铁匠和其他也被需要的匠人们，城邦的规模就随之扩大了。

阿：是的。

苏：不过这样的规模还算不上很大。我们必须把放牧的人再算进来，这样农夫可以有牛犁田，建筑工人和农夫的运输也有牲口帮忙，纺织工人和鞋匠也有了毛革等原材料可用。

阿：城邦这些人要是都有了，规模就不算小了！

苏：还有，城邦要是建在进口不方便的地方，显然也不合情理。

阿：确实有点。

苏：要进口货物的话，就要有人可以派到别的城邦去做这事情。

阿：是的。

苏：既然是进口，难道我们的人就两手空空地去吗？不用和别的城邦交换他们所需的物品吗？如果要避免我们的使者两手空着回来，这一点是必须要考虑的。

阿：我也这么认为。

苏：那我们的城邦里的生产者们生产出的产品就不能仅仅是满足本国人的需求，还要根据别的城邦的需要，生产更多数量，更高质量的产品才行。

阿：是应该这样。

苏：那我们的城邦就需要更多数量的农夫和其他的技工了。

阿：是的。

苏：我想，还需要有人来做进出口的买卖，是吧？

阿：是的。

苏：所以我们需要商人。

阿：当然。

苏：假设生意要延伸到海外，那是否还需要一些懂得对外贸易的人？

阿：确实还需要众多行业的人。

苏：回到城邦内部，众所皆知，刚才我们提到交换是城邦出现的根本目的，那生活在这里的人又该怎么通过交换获得生活必需品呢？

阿：交换肯定免不了买卖。

苏：既然有买卖就会有市场，并且通过货币作为货物交换的媒介进行交换。

阿：当然。

苏：那农夫或其他匠人到市场去交换他的产品时，想要与他进行交换的人迟迟未到，这个农夫在市场等待时岂不是耽误了自己的工作吗？

阿：不会的。一旦发现这种情况，市场里会有专人为他们服务的。治理得当的城邦里，有一部分身体孱弱无法从事其他工作的人，专门在市场上与愿意卖的匠人以钱易物，然后再跟要买的人以物换钱。

苏：那在城邦里，一批店老板因为这种需求应运而生。这些常驻市场做买卖的人，被称作店老板，或是小商人。而往来于不同城邦间做买卖的人，被称作大商人。是不是？

阿：是的。

苏：此外，还有一类人，他们身体强壮，因此专门提供体力劳动服务，尽管他们确实无法胜任其他脑力方面的工作。这类人以一定的价钱出卖体力，这价钱就此称作工资。不知道你是否同意他们是以工资为生的人？

阿：我同意。

苏：那这类人也要补充到城邦里来了。

阿：是的。

苏：阿得曼托斯，请问我们的城邦是否各项配置都成熟了呢？

阿：应该是吧。

苏：那我们城邦里，哪里有正义，哪里有不正义呢？我们上面提到了不同类别的人，他们当中哪些人把正义带进了城邦，又是哪些人把非正义带进来的呢？

阿：苏格拉底，这我可无法判断。不同人之间都或多或少地彼此需要。

苏：你的说法兴许是对的。我们要正视这个问题，不能逃避。第一，我们先思考一下在上述种种安排后，城邦里的人们会以何种方式生活呢？他们要干烧饭、酿酒、缝衣、制鞋这些活吧？第二，他们还要造屋。按常理说，他们夏天赤膊干活，冬天却要穿很厚的衣服和鞋子。他们以大麦片、小麦粉为主食，煮粥，做糕点，烙薄饼，然后放在苇叶或其他干净的叶子上。休息的时候，他们头戴花冠斜躺在铺着紫杉和桃金娘叶子的小床上，和子女们开怀畅饮，高声吟唱颂神的赞美诗。子女虽不多，却不受贫困和战争之苦，阖家美满，其乐融融。

（**苏格拉底：**这时候格劳孔突然插嘴说道。）

格：没有其他的需要了吗？似乎宴会上还缺少一些调味品啊！

苏：对啊，我居然忘了它了。他们当然需要调味品，比如盐、橄榄、乳酪和乡间常常吃的洋葱与蔬菜。他们还要有甜食，像是无花果、鹰嘴豆、豌豆，还在火上烤爱神木果、橡子吃，为了让他们的身体健康，适当地喝点酒，就这样平平安安地过一辈子，直至终老，这样的生活方式代代相传，周转循环。

格：假设这个城邦是个猪的城邦，除你刚才说过的这些，还需要什么别的饲料吗？

苏：格劳孔，还有什么吗？

格：你不觉得还需要些让生活更舒适的东西吗？我觉得，他们需要休息时可以舒服倚靠的躺椅，还要可以置放东西的餐桌和碟子，以及美味的甜食，如同我们现在有的这些。

苏：哦，我明白了。看起来，我们设想的不只是简单的一个城邦的壮大过程，应该是个繁华城邦的成长。这是个不错的主意。通过观察这一过程，就不难从中发现正义和非正义如何在同一国度中成长起来。我觉得真正的国家，应当是个健康的国家，像我们前面所描述的那样。当然如果你想研究一个病态的城邦也未尝不可。至少在场的不少人刚才对我们描述的生活方式并不十分满意啊！开头提到的生活必需品，像房屋、衣服、鞋子什么的显然不够，还要添置躺椅、餐桌及其他的家具，还不能少了调味品、香料、香水、歌妓、蜜饯和糕饼这些东西。那是不是还需要花点时间去绘画、刺绣，千方百计寻找金子、象牙及种种装饰品？

格：是的。

苏：那这个城邦规模需不需要进一步扩大？我们描述的那个健康城邦已经无法满足需求了，还需要往里增加一些必要的人和物，诸如猎人、模仿形象与色彩的艺术家、音乐家、诗人和一大帮助手——朗诵者、演员、合唱队、舞蹈队、管理员，另外还需要制造各种家具和生活用品的人，尤其是做妇女装饰品的工匠，还有大量的佣人也是需要的，这样我们的城邦规模明显也会跟着扩大。说到这儿，我们是不是也需要家庭教师、奶妈、保姆、理发师、厨师，还有牧猪奴之类的人？在城邦建立的初期，因为用不着，这些人是一概没有的。只不过，眼下的城邦扩大了，有了这方面的需求了，你说是吗？此外，我们是不是还要其他的肉类食物呢？

格：对！

苏：如果是这样的生活方式，那我们对医生的依赖是不是强于从前？

格：是的。

苏：从前已经足以满足百姓饮食需求的农产品，现在看来也已经不够了，是吗？

格：对！

苏：这必然导致我们需要更大面积的耕地和牧场，我们只能从邻国那儿抢占一块地了。如果邻国也有此需求的话，那一定也会从我们这里抢占一块地的。

格：肯定会的，苏格拉底。

苏：格劳孔呀！再接下来战争就要爆发了，你说该怎么办？

格：嗯，是要战争了。

苏：且不论战争的结果好坏，到现在为止，我们已经知道了战争的起源了。战争于公于私都会给城邦带来无尽的灾难。

格：是的。

苏：此时我们需要的城邦规模必须是可以容纳全部军队的，这已经是很大规模的城邦了，这样才足以抵挡和驱逐外敌入侵，保卫城邦里的所有人的生命和一切财产的安全。

格：为什么？难道那么多人还不够用吗？

苏：不够。你应该还记得吧，在建立城邦之初，我们一致认为，任何一个人都不能掌握多种技能的。

格：是的。

苏：那好，军队打仗难道不是一种技能吗？

格：是一种技能。

苏：那我们不该像重视做鞋的技能那样重视这项技能吗？

格：那当然不行！

苏：为了让鞋匠专心做鞋，做好鞋，我们不会让鞋匠去当农夫、织工，或是瓦工。其他行业也类似，我们会根据不同人的不同天赋，取其长舍其短，给他们分配工作，让他们全身心精于一门技能，精益求精。对于打仗这门技能就不重视了吗？是因为打仗太容易了，所以就连农夫鞋匠或者是其他工匠随随便便就可以带兵打仗吗？就算是下棋掷骰子这个日常娱乐消遣的活动，如若没有长年累月地练习，也无法获得精湛的技艺的。下棋尚且如此，重武装战争或者其他任何一种类型的战争中，难道只要拿起盾牌或其他兵器，只需一天的训练就能上战场搏杀吗？要知道，没有哪一种工具是可以不经训练，一拿到手就可以用得驾轻就熟、得心应手的。

格：这话不错，否则工具就要价值连城了。

苏：那好，如果我们说军队的工作是最重要的，那他们就应当有更多的时间用于学习和训练，他们就需要有更多的时间。

格：我也是这么想的。

苏：还需要有适合做这一行的天赋吧？

格：当然。

苏：那我们的职责就在于选拔那些有适合守卫城邦天赋的人来守护城邦。

格：是的。

苏：我的天！这个压力也不小，我们要迎难而上，切不可退缩。

格：对，决不退缩。

苏：你认为就保卫工作来说，一条训练有素的警犬和一名同样训练得当的卫兵[20]，二者的天赋才能差异何在？

格：你这是什么意思？

苏：我的意思是，无论是谁，都必须有敏锐的观察力，对敌人要有很强的追捕能力，以及很强的战斗力。

格：是的，这些品质他们都需要具备。

苏：不但要打得了胜仗，还得勇敢。

格：当然。

苏：不管什么动物，马、狗还是其他动物，只要充满生气它们必然十分勇敢。不知道你是否注意到，只要斗志昂扬，它们是何等的不可战胜啊！只要有勇气，就可以所向披靡，无所畏惧吗？

格：是的，我注意到了。

苏：显而易见，卫兵也应当具备这些身体素质。

格：是的。

苏：同样地，他们的精神面貌还应当意气风发。

格：是的。

苏：格劳孔，如果他们具备这些天赋品质的话，那他们如何避免彼此之间的冲突，以及与其他百姓之间的矛盾呢？

格：天啊！那确实很难避免。

苏：所以，他们必须温和对待自己城邦的人，只对敌人凶狠。要不然，在敌人还没消灭他们之前，他们就会先自相残杀了。

格：没错。

苏：那怎么办？哪里有这种性格里矛盾统一了温和和刚烈两种品质的人呢？

格：这两者确实矛盾。

苏：但只要这二者缺一，这个人就永远成不了一名好的卫兵。那既然两者无法兼得，那也就不存在好的卫兵了。

格：确实不存在啊。

苏：那我就不明白了，再回过头重新理理，显然是因为我们忘了自己树立的相反典型，所以现在才犯糊涂了。

格：发生什么事了？

苏：我们竟然都没发现，最初我们认定两种彼此矛盾的特性同时兼得的情况，如今看来其实是存在的。

格：有吗？在哪儿？

苏：别的动物身上就可以同时兼得，尤其是我们刚才拿来与卫兵进行对照的那种动物身上就能够找到。我想你应该还记得我说过训练有素的狗吧。它通常只对熟人非常温和，对陌生人却表现得十分刚烈。

格：我明白了。

苏：所以，这种情况是可能存在的。我们选它作为守卫者可没有违反它本来的天性。

格：看来是没有违反。

苏：在你看来，作为守卫者，他的性格当中既要有刚烈的特性外，还要对智慧有一定的爱好，这样才称得上是个合格的守卫者？

格：怎么还需要这个？你是什么意思呢？

苏：狗的身上其实也能发现这一点。[21]动物也能如此，确实很让人惊讶。

格：“这一点”指的是什么？

苏：狗一看见陌生人就狂吠，即便这人并不曾动手打他；而碰见熟人，它不论此人是否对它表示出好意，它都会摇尾欢迎。你看到这样的事情，没觉得很奇怪吗？

格：我似乎从来没去注意过这类事情。不过，很明显狗确实是这么做的。

苏：这显然是它天性中的一处精细的地方，是爱好智慧的一种典型表现。

格：你这么说有什么依据吗？

苏：我这么说的理由是，狗分辨敌友的标准取决于它是否认识，不认识的为敌，认识的则是友。动物能以凭认识与否辨别敌友，你还能说它不爱学习吗？

格： 当然不能。

苏： 你觉得爱学习和爱智慧是同一回事吗？

格： 是同一回事。

苏： 那是不是我们就可以很有自信地说，对他人温和的人就一定是个天生爱学习和爱智慧的人？

格： 就先这么假设吧。

苏： 那么，我们就可以把温和、爱智慧品质和刚烈、有力这些品质完美地结合在同一个至善的守卫者身上了。

格： 是可以这样的。

苏： 好的，守卫者的基本品质[22]大致成型了。那守卫者还需要接受哪些训练呢？我们不能让我们的辩论又长又臭，叫人提不起兴趣。之所以研讨这问题还是为了协助我们解答最终的问题，正义和非正义究竟是如何在城邦中产生的？

阿： 是的。我也希望讨论这个问题能帮助我们一步步接近最后的答案。

苏： 亲爱的阿得曼托斯，那就请你务必有些耐心，这问题的探讨会长一些，请不要轻易放弃。

阿： 好！我不会放弃。

苏： 那就继续讨论如何训练这群守卫者的问题吧。不妨让我们就同讲故事一般从容地来谈谈这个问题吧。

阿： 是需要用这种方式。

苏： 那究竟要训练什么呢？是用体操来锻炼体格，用音乐[23]来陶冶情操这种方法吗？在我看来，确实很难有其他办法更优于此办法了。

阿： 是的。

苏： 那我们是先进行音乐教育后进行体操训练吗？

阿： 是的。

苏：音乐教育里还包含你说的故事，是吗？

阿：是的。

苏：故事也有真有假吧？

阿：是的。

苏：音乐教育时，两种故事都要使用吧，是不是要先用假的？

阿：我不明白你的意思。

苏：你没听明白吗？在身体进行体操锻炼前，我们用讲故事的方法教育孩子，而这些故事总的来说是虚构的，但其中不乏真实的部分。

阿：是这样。

苏：我说的在体操训练之前进行音乐教育就是这个意思。

阿：十分正确。

苏：要知道，但凡事情的开头总是最重要的，尤其是幼年的教育。人类在幼年时期，人格和个性最容易受到教育的影响，想塑造成什么模样，就可以塑造成什么模样。

阿：没错。

苏：那我们还能不能随随便便给孩子听一些无关之人说的不相干的故事呢，能不能让他们幼小的心灵去接受那些连成年人都不愿接受的观念的熏陶呢？

阿：绝对不行。

苏：所以，在讲故事之前，要先对编故事的人严格把关，只选择那些编审得好的故事进行教育，放弃那些编审不怎么样的故事。另外，还要鼓励孩子的母亲和保姆们也只给孩子们讲经过筛选的好故事，尽可能用这些好故事如同用双手塑造孩子们的身体一样[24]，细致地去塑造孩子们的人格和个性。目前他们讲的大多数故事都必须被摒弃。

3

阿：你说要摒弃的是指的哪一类的故事？

苏：故事有大小之分，但故事不论大小，只要类型一样我想影响也就相当，你说是吧？

阿：是的，但我不知道你说的大故事指哪些？

苏：当然指的是像赫西俄德、荷马以及其他诗人讲的故事。他们编的这些假故事，我们从前听过，现在还依然在听。

阿：你说的是哪一类故事？你在这些故事里发觉什么问题了？

苏：首先这些故事都是丑陋的假故事，这就必须谴责了。

阿：你指的是什么？

苏：一个诗人如果不能用自己的语言描绘出神明与英雄的本质来，就像是画家没把他所画的对象画出来一样。

阿：这是应该好好批评一下的。但是，能不能举些例子来说明问题吧。

苏：最荒唐的像是把伟大的神描绘得面目丑陋不已，像是有这些描述赫西俄德笔下的乌拉诺斯的行为和克罗诺斯报复他的行为[25]，以及克罗诺斯的一举一动和他的儿子对他的所作所为的故事都属于此类。就算这些事是真的，我也不同意给纯真的年轻人讲这些。这些故事最好不要对外说，即使是非讲不可，也只能允许少部分人听，听之前还得宣誓在献祭等仪式后才能听，献祭的贡品还得是很难弄到的庞然大物，一头猪是不够的。这么做为的就是越少人听到这故事越好。

阿：这故事要讲起来还真复杂。

苏：阿得曼托斯呀！我们城邦里这类故事就不应该多讲，一个年轻人听了这故事容易有这样一种想法，他们会认定那种因为自己的父亲犯了错才会不择手段、做尽大逆不道的事情的人是再正常不过的，因为他们只不过是效仿了伟大神明的做法罢了。

阿：天啊！那这些故事是不能随便讲的。

苏：如果还期望我们城邦里的守卫者视钩心斗角、耍弄心计的行为为耻的话，那诸神之间钩心斗角的故事绝不能让单纯的年轻人听到（因为这都不是真的故事）。诸神或巨人之间的斗争，以及诸神与英雄们与亲友结怨的事情都不能作为故事和刺绣的素材。如果我们可以让诗人按照我们的意思去编故事，让老一辈的人从小就一直这么教育孩子，直到长大后还始终这么说，那现在的年轻人一定会相信城邦里的百姓之间从来就没有冲突，即便有也是一种犯罪。至于像赫拉被自己的儿子绑起来的故事，见母亲挨打前去援救的赫淮斯托斯被父亲从天上摔下的故事[26]，还有荷马描述的诸神战争等，无论是否作为寓言来讲，都不能把它们带进我们城邦里来。要知道，年轻人很难辨别哪些是寓言，哪些不是寓言，有些观念一旦在幼年深深烙下了印就很难改变了。所以要特别注意幼年时期的教育，如果要进行美德培养，我们就只能给孩子们讲世上最优美高尚的故事。

阿：是的，你说得很有道理。如果有人问我们什么故事是世上最优美高尚的故事，我们还怎么回答呢？

苏：亲爱的阿得曼托斯，你我都不是诗人，我们不过是建造了这个城邦罢了。作为建造者，我们是不用自己亲自动手编写故事的，只要知道诗人应该怎么编撰他们的故事，监督他们不写出不合规范的东西就好。

阿：很对。那就你说的，诗人正确描写诸神故事的方法或标准应该是什么样的呢？

苏：大概应该是这样的，不管史诗、抒情诗，还是悲剧诗里，都要写出神的本质，也就是神为何为神。

阿：是的，就应该这么写。

苏：神不是至善的吗？那故事里要不要始终将他们塑造成至善的形象呢？

阿：当然要。

苏：那善的东西一定是无害的吧？

阿：我想是的。

苏：无害的事物就应该不会干坏事吧？

阿：是不会的。

苏：那不干坏事也就不会作恶，是吗？

阿：绝对不会。

苏：不作恶的就应该不会成为恶的缘由了吧？

阿：怎么可能呢。

苏：好，那就可以说善的事物是有益的？

阿：是的。

苏：也就是善的缘由了，是吗？

阿：是。

苏：所以只能说善是美好事物的缘由，而不是一切事物的缘由，至少不是恶的缘由。

阿：是这样的。

苏：因此，就像大多数人说的那样，既然神是至善的形象，它也就不可能是一切事物的缘由。世间的恶总是多过于美好的事物，而神却只能是美好的事物的缘由。那对凡人来说，神只能是极少数几种事物的缘由，而不可能成为多数事物的缘由。所以，我们只能到别处去找恶的缘由，神那儿是找不到的。

阿：你说得确实有理。

苏：那荷马和其他一些诗人关于诸神的错误说法我们就无法接受了。例如荷马在自己的诗里说道：

宙斯大堂上，并立两铜壶。

壶中盛命运，吉凶各悬殊。

宙斯混吉凶，随意赐凡夫。

当宙斯把混合的命运赐给哪个人，哪个人就时而遭灾难，时而得幸福。

当宙斯不把吉凶相混，单赐坏运给一个人时，就饥饿逼其人，漂泊无尽途。

我们也不要去相信那种宙斯支配命运的说法：

祸福变万端，宙斯实主之。[27]

我不同意有人说，潘德罗斯是在雅典娜和宙斯的怂恿下违背誓言[28]，破坏停战的。我也不同意是因为宙斯和泰米斯[29]从中作梗，才导致诸神之间的争执和分裂的说法。我觉得年轻人绝不能听到埃斯库罗斯在诗里说的那些：

天欲毁巨室，降灾群氓间。[30]

如果我们一定要禁止诗人们在描写像是尼俄珀的悲痛——埃斯库罗斯就用抑扬格诗描写过的，或是佩洛匹达的故事，以及特洛伊战争和其他别的一些传说时，将其中的痛苦说成神的意愿。如果非要这么说，也一定要说出这么做的道理，像我们努力寻找的那样，应当宣称神做的事是合乎正义的，为的是让那些人从惩罚中获益。无论如何不允许诗人把受罚者的悲惨生活说成神的旨意。但是我们可以允许诗人们这么说，坏人是因为受罚日子才不好过的。神惩罚他们是为了他们好。如果有人说，即使神本身是善的，但还是不免有恶产生啊。听到这样的话，我们要正面反驳，这种话理论本身就是自相矛盾的，它亵渎了神明，对大家只会有百害而无一利。因此，要统治好一个城邦，无论什么人都要少听这样的故事（不论这故事是有韵的还是无韵的）。

阿：我支持这样的说法，我同意你制定这条法则。

苏：很好。那这条法则将是我们关于诸神的若干条法则和标准之一。所有的故事和诗的写作都要遵守这条准则，神只能是善的缘由而非一切事物之因。

阿：这样说已经很到位了。

苏：你认同神是一位魔术师吗？他会在不同时间，按自己的不同意愿，变化自己不同的形象吗？他是会常常乔装变化形象欺骗世人呢，还是始终单一不失本来面貌示人呢？

阿：我一下子回答不了。

苏：那你再好好想想。事物一旦脱离它本来的模样，不就意味着要被自己或是他人改变吗？

阿：这是一定的。

苏：当事物状况最佳时，最不易被其他事物改变或影响。例如，强壮的身体不易受饮食或劳累的影响而发生改变；健康的植物也不易受阳光、风、雨等的影响而发生改变，是吗？

阿：就是这样啊。

苏：人的心灵不也是一样的吗？最勇敢、最智慧的心灵是最不容易受到外界的干扰和影响而改变的。

阿：是的。

苏：同理可证，那些生产出来的产品也应如此。像家具、房屋、衣服，如果质量上乘自然也最不容易受时间或其他因素的影响。

阿：的确是这样。

苏：那世间万事万物都应该是这样吧，只要处于自己的最佳状态（不论是最佳的天然的状态，还是最佳的人为的状态，也可能是两种状态都最好），就难以为他物所改变。

阿：看起来是这样。

苏：神和所有属于神的事物，应该始终处于好得不能再好的状态了吧。

阿：当然。

苏：就这么说，神是绝对不可能有多种形象的。

阿：确实不可能的。

苏：那神变换形象实际上是自己在改变自己吗？

阿：如果他改变了显然只能是被自己改变。

苏：那他会把自己变得更美好呢，还是更丑陋、更恶劣呢？

阿：既然说神是至善的，那他在美和善方面一定是没有缺憾的。如果他要变，就只能变坏了。

苏：你说得对。阿得曼托斯，你说说看，如果是至善至美的，无论是神还是人，谁会愿意把自己变坏啊？

阿：不会。

苏：既然这样，哪怕只是一点点改变自己的愿望神都应该不会有的。看来，因为神和人都是尽善尽美的，所以他们都只能始终保持单一的形象了。

阿：这是必然会得出的结论。

苏：我高明的朋友，我们就不应该允许任何诗人这样说：

诸神乔装来异乡，

变形幻影访城邦。[31]

另外，我们也不许他们编造普罗图斯和塞蒂斯的谎话，不许在一切悲剧和诗篇里，把赫拉扮作尼姑，为由阿尔戈斯的伊纳霍斯河赐予生命的孩子们挨门募化，这一类的谎言是我们所不齿的。母亲们一定不要为这些谎言所蒙骗，说诸神在夜里游荡，装扮成不速之客的荒唐故事给自己的孩子听。我们不但不允许她们亵渎神明，还不允许他们把孩子吓坏，从而变成懦夫。

阿：绝不允许这样做。

苏：既然诸神不会改变，那我们所看到的他们光怪陆离的形态是他们给我们的幻象吗？

阿：也许是吧。

苏：是吗？也就是说神明在欺骗我们，对我们故弄玄虚吗？

阿：我不知道。

苏：你难道不知道，所有的神和人都是憎恨真谎言的吗？——假使这话能成立。[32]

阿：你这话是什么意思？

苏：我想说，谎言是大家在涉及自身最重要的部分[33]，自身最切身利益上最不愿意接受的东西，也是大家最害怕存在的东西。

阿：我还是不明白。

苏：你不懂是因为你觉得我话里总蕴含了什么深意。事实上，我就想说大家最深恶痛绝的就是上当受骗，自己心里总一无所知，还在自己心灵上存有假象。

阿：确实如此。

苏：只是受骗者将心灵上的无知认定是至真的谎言（就像我刚才做的那样），那应该没有错。毕竟，嘴上说的谎言不过是心灵派生出的摹本，那仅仅是形式上的欺骗，而不是欺骗心灵的真的谎言。对吗？

阿：没错。

苏：那所有人都应该憎恶真的谎言。

阿：我也这么觉得了。

苏：那语言上的谎言呢？什么时候用，对谁用，这样人家才会不讨厌呢？对敌人是不是也可以用？谎言是不是也可以作为一种有效的药物，去治疗那些疯了胡闹甚至为所欲为的被我们称为朋友的人呢？它能否有效地阻止他们作恶？刚才讨论中的那些故事，我们都尽可能做到真实，是因为我们并不知道古代的事情，为了达到教育的目的只得用假的传说了。

阿：是要这样。

苏：那什么情形下，谎言对神也有用？他们也不知道古代的事情，会不会也和我们一样以假乱真呢？

阿：这太荒唐了。

苏：诸神之中没有说谎的诗人吧？

阿：我想不会有。

苏：那他们会不会因为害怕敌人而说谎呢？

阿：也绝对不会。

苏：他们会为了阻止疯狂的朋友胡闹而说谎吗？

阿：不会，神怎么会有疯狂而胡闹的朋友。

苏：那就是说神没有说谎的动机。

阿：不存在。

苏：种种事实表明，心灵和神都不会虚伪。

阿：毫无疑问。

苏：因此，神的一言一行均是真实的，面目是单一的，不会改变自己，更不会说谎或是耍这些把戏欺骗世人。

阿：听你这么讲，我也认同你的说法。

苏：那你会不会也同意第二条准则，故事和诗歌在谈及时，切勿将其描绘成随时随地变换的魔术师，在言行举止上，他们也不是会用谎言将人引入歧途的角色？

阿：我同意。

苏：可见，虽然我们总爱称道荷马的作品，但也有一样是不值得颂扬的——就是关于宙斯托梦给阿加门农的说法[34]。与此类似的，我们也不用大肆赞美埃斯库罗斯的一段诗。诗中他提到，塞蒂斯[35]说过在她结婚时，阿波罗唱过这样的歌：

多福多寿，子孙昌盛，

敬畏命运，大亨以正。

当众宣告，胜利功成。

她曾对大家说：

出于阿波罗之神口，预言谆谆。

不欺不诈，信以为真。

孰知杀吾儿者，竟是此神。

神而若此，天道宁论。

不论什么诗人用这种话诽谤诸神，相信大家都不会高兴。我们不允许他们组织歌舞队进行表演，教师希望以美德和人性塑造将来的城邦守卫者，使其敬畏神明的话，就不得以此来教育学校里的年轻人。

阿：无论如何必须这样。我同意你说的这两个准则，我愿意将它们制定成法律或法则。

第三卷

1

苏：上面大概说了关于神的看法。为了让护卫者敬神明，孝父母，彼此尊重，有些故事应当从小就给他们讲，而另外一些故事就不应该让他们知道。

阿：我觉得我们的想法是正确的。

苏：那再接下来呢？要是还要求他们变得勇敢，就不能仅仅到此为止。你觉得如果一个人贪生怕死他还算得上勇敢吗？是不是还需要用正确的说法去教育他们，让他们不再贪生怕死？

阿：当然不能算。

苏：相信地狱存在的且认为它异常恐怖的人，他不会怕死吗，会在打仗的时候视死如归，宁死不屈吗？

阿：不会。

苏：那我们是要严格监督这些写故事的人，要严格要求他们不得信口胡诌，一味恶化地狱的形象，也要称颂一下地狱的生活。因为他们讲的故事如果不够真实，势必会对未来的战士产生不利的影响。

阿：是必须监督他们的写作行为。

苏：那我们就从史诗开始，先删去下面这几节：

宁愿活在人世做奴隶啊
跟着一个不算富裕的主人，
不愿在黄泉之下啊
统率鬼魂。[36]

其次，他担心对凡人和天神
暴露了冥府的情景：
阴暗、凄惨，连不死的神
看了也触目心惊。[37]

其次，九泉之下虽有游魂幻影，
奈何已无知识。[38]
其次，独他还有智慧知识，别人不过幻形阴影，来去飘忽不定。[39]
魂灵儿离开了躯体，他飞往哈得斯的宫殿，
一路痛哭着命运的不幸，把青春和刚气
一起抛闪。[40]
其次，魂飞声咽，去如烟云。[41]
其次，如危岩千窟中，蝙蝠成群，
有一失足落地，其余惊叫飞起：
黄泉鬼魂熙攘，啾啾来去飞鸣。[42]

阿：我坚决同意。

苏：除此以外，诗句所用的词汇当中那些可怕且凄惨的字眼也要被摒弃，如“悲惨的科库托斯河”“可憎的斯土克斯河”，以及“阴间”“地狱”“死人”“尸首”等这些词汇，它们听起来就容易让人毛骨悚然。兴许这些词的存在有它们各自的用处，但我们眼下考虑的是守卫者的教育问题，它们所带来的恐惧会让守卫者软弱无能，无法达到我们所需要的那种坚强。

阿：这方面的担心是应该的。

苏：那么，我们应该摒弃这些词汇吗？

阿：是的。

苏：故事与诗歌里用的词汇应当正好与之相反吧？

阿：显然是的。

苏：那些英雄人物的失声痛哭的部分要不要删去？

阿：和上面那些一样，也要删掉。

苏：好好考虑考虑，这些都删去的做法是否正确？我们的原则是，一个好人绝对不能认为他的朋友，另一个好人的死对他而言是件多可怕的事情。

阿：这是我们的原则。

苏： 那他就不会为他朋友的死而感到悲伤，仿佛遇上了一件可怕的事情。

阿： 他不会。

苏： 我们可以说这种人的特点就是勿施于人且最乐天知命。

阿： 是的。

苏： 因此，他们并不觉得失去一个儿子，一个兄弟，或钱财以及其他种种有什么可怕的。

阿： 是的，丝毫不可怕。

苏： 所以他不会因为任何不幸的降临而感到忧伤憔悴，一切他都可以泰然处之。

阿： 那肯定是这样的。

苏： 那我们应当把那些伟大的作家所写的挽歌通通删去，归罪于妇女（不包括优秀的妇女）和平庸的男子，只有这样才能让我们培养的守卫者，因为看不起他们而不去效法他们。

阿： 应该这样做。

苏： 烦请荷马和其他的诗人不要再把女神的儿子阿喀琉斯形容成这般模样：

躺在床上，一忽儿侧卧，一忽儿朝天，
一忽儿伏卧朝地。[43]
然后索性爬起来
心烦意乱踯躅于荒海之滨。[44]

当然更不能把他形容成两手抓起乌黑的泥土，泼撒在自己头上[45]，也不要像荷马那般说他长号大哭，呜咽涕泣，普里阿摩斯那诸神的亲戚也不能写成这样：

在粪土中爬滚，
挨个儿呼唤着人们的名字，
向大家恳求哀告。[46]

我们尤其请求诗人们不要使诸神号啕大哭，

我心伤悲啊生此英儿，

英儿在世啊常遭苦恼。[47]

诸神的描写尚且如此，那在描绘诸神中最伟大的神时，自然不能把他写得缺乏神的庄严和神圣，甚至于唉声叹气，例如这样是不行的：

哎呀，我的朋友被绕城穷追。

目睹此情景我心伤悲。[48]

还说：

伤哉！最最亲爱的萨尔佩冬

竟丧身于梅诺提阿德之子派特罗克洛斯之手。[49]

所以阿得曼托斯啊！倘若年轻人很认真地听完这些神的故事且不觉得可耻和可笑的话，那么他作为一个凡人，如果也有相类似的举动，就更不会觉得可耻和可笑了，于是，他容易因为一点小事怨天尤人，而学不会自我克制悲伤。

阿：你说得没错。

苏：前面我们说的那些已经证明他们不能变成这样，而且我们要始终坚持这个结论，直到其他人能给出其他更充分的解释。

阿：这些年轻人确实不能这样。

苏：再说，他们还不能总是纵情大笑。一般而言，纵情狂笑容易使人异常激动。

阿：我同意你这个说法。

苏：显然，我们不要轻易相信那些把一个有价值的人描写成尽情大笑而不能自制的形象，如果写的还是神明，那就更不能相信了。

阿：这不用说。

苏：用你的话说，我们就不要接受荷马这些关于诸神的说法了：

赫淮斯托斯手执酒壶，

绕着宴会大厅忙碌奔跑；

极乐天神见此情景，

迸发出阵阵哄堂大笑。[50]

阿：你愿意把这个说法说成我的说法，那就算是吧。不过，我们是不该接受荷马的说法的。

苏：还有，我们要认同真实胜过一切的说法。我们刚才说过，即使谎言在神明那里一无是处，但对于凡人来说，有时还可以作为一种药物使用。所以，虽然一般人不准碰它，但是我们可以将它作为药物仅仅留给医生。

阿：说得很对。

苏：为了国家的利益，统治者有理由使用谎言来对付敌人，有时也可能是公民，但除此以外的人都一律不允许与谎言产生任何关系。我们可以认为普通人对统治者说谎的行为，就像病人对医生说谎，运动员不把身体实际情况告诉教练，水手向舵手谎报船只和水手的情况一样有罪的行为，甚至罪过更重。

阿：说得极是。

苏：那么，城邦的统治者遇上任何人，不管是预言者、医生还是木工，或任何工匠在讲假话，就要惩办他。[51]因为这样的人的行为就仿佛水手颠覆船只一样，足够颠覆整座城邦的。

阿：一旦他的谎言付诸实际的话，他确实会颠覆一座城邦的。

苏：年轻人要不要有自我克制的美德?

阿：当然需要。

苏：显然对一般人来说，自我克制中最重要的是服从统治者；对统治者而言，自我克制最重要的是要做到克制饮食等肉体上享受的欲望。

阿：我同意。

苏：这里，我认为荷马诗里迪奥米特有句话讲得很好：

朋友，君且坐，静听我一言。[52]

还有后面的：

阿凯亚人惧怕长官，

静悄悄奋勇前进。[53]

还有其他类似的几段也说得很好。

阿：说的是很好。

苏：那这一句呢？

狗眼鼠胆，醉汉一条。[54]

你觉得后面的那几行怎么样？还有你觉得其他诗歌散文中描写的庸俗、不堪、无礼的举动怎么样？

阿：不好。

苏：这些诗句如果仅仅是用来娱乐，我并不觉得十分不妥，但用来讲给年轻人听，以致他们失掉自我克制的美德，那是大大的不妥。你觉得呢？

阿：我同意。

苏：再来说，荷马笔下有一位最有智慧的英雄曾有一席话称赞人生最大的福分是：

有侍者提壶酌酒，将酒杯斟得满满的，

丰盛的宴席上麦饼、肉块堆得满满的。[55]

你说，年轻人听了这些话能有益于培养自我克制的美德吗？还有下面这些：

生民最苦事，独有饥饿死！[56]

年轻人若是听了这样的故事：当其他诸神均已入睡，只有宙斯还因性欲炽烈辗转难眠，偶然瞥见赫拉花枝招展，便两情缱绻，迫不及待地露天交合，甚至还对妻子说，此刻胜似他们初次幽会，

背着他们的父母。

于是他将一切谋划顷刻忘怀。[57]

若是还听了赫淮斯托斯因为战神阿瑞斯和爱神阿芙洛狄特的情事，而将两人用铁链绑住的故事，[58]对他们的自我克制又有什么好处呢？

阿：就我说，的确没什么好处。

苏：我们的年轻人倒是应该听一些名人受到侮辱还能自我克制忍受的故事，例如：

他捶胸叩心责备自己：

“我的心呀，你怎么啦？更坏的事情都忍受过来了”。[59]

阿： 可以。

苏： 此外，我们不能允许他们贪污受贿。

阿： 绝对不行。

苏： 也不能向他们朗诵这样的诗句：

钱能通神呀，钱能通君王。

阿喀琉斯的导师菲尼克斯是不值得表扬的，因为是他教唆阿喀琉斯拿了阿凯亚人的钱，就要守卫他们，否则绝不轻饶。[60]我们不应该相信这种说法，认为阿喀琉斯是如此贪财的人，他接受过阿伽门农的礼物；[61]甚至还接受了钱财，才把人家的尸体还回去，否则的话绝不放还。[62]

阿： 不应该，是不应该表扬这些事情的。

苏： 只是为了荷马，我不愿承认这些事情就是阿喀琉斯做的。要是有其他人这么说，我也不会相信，这是对阿喀琉斯的不敬。同样，我也不相信阿喀琉斯对阿波罗神说了这样的话：

敏捷射手，极恶之神，尔不我助！

手无斧柯，若有斧柯，必重责汝！[63]

还有他对河神的凶暴无礼甚至是争吵的行为；[64]以及他说过他将许了愿献给另一河神的一束卷发，转手献给亡友派特罗克洛斯。[65]无数多的这种无稽之谈，我们都不能相信。还有关于阿喀琉斯拖着赫克托的尸首绕着派特罗克洛斯的坟墓疾走，还将杀死的俘虏放在自己朋友的火葬堆上，等等，这些也是不能相信的。我们还不能让年轻人相信女神和佩莱斯（主神宙斯之孙，向来以自我克制闻名）的儿子，并由最有智慧的赫戎扶养成人的阿喀琉斯，他的性格居然如此混乱，而且他的内心还有两种毛病：既卑鄙贪婪又蔑视神和人。

阿： 你说得很对。

苏： 很好，这些胡言乱语不能相信，也不允许有人说海神波塞冬的儿子提修斯[66]和主神宙斯的儿子佩里索斯有掳掠妇女这种骇人听闻的行为，也不能让人用那些无法无天、为所欲为的行动任意诽谤英雄或神明的儿子。我们制止诗人们说出这些事情是神的孩子或者是后裔的所作所为。无论如何，这两者他们都不应该说。不能让年轻人听了他们说的就认为，神明或是英雄比一般人好不到哪里。前面我们都已经说过，像这样的话既不虔诚，也不真实。我相信我们已经证明了，神明不可能为邪恶之源。

阿：当然是不可能的。

苏：再则，听者听了这些荒诞的故事是有害无益的。假如每个人都知道神明的子孙也干过这些坏事，那他就会觉得自己做的恶事没什么，如果现在再做的话，

诸神亲属，宙斯之苗裔兮，

巍巍祭坛，伊达山之巅兮，

一脉相承，尔炽而昌兮。[67]

鉴于以上这些原因的考虑，我们必须要禁止这些故事在城邦里流传，要不然就很可能诱导年轻人作恶犯罪。

阿：那一定要禁止。

苏：好了，在什么样的故事应该讲，什么样的故事不应该讲这个问题上还有什么标准需要制定的呢？关于诸神、神灵、英雄以及冥界的正确标准我们已经讨论出来了。

阿：讨论出来了。

苏：需要制定标准的应该就剩下关于人的说法了吧？

阿：是的。

苏：我的朋友啊，目前还不能给这个问题制定什么标准呢！

阿：为什么？

苏：因为我怕在最关键的点上，诗人和故事的作者，在这个问题上说法有误。他们会举出很多例子证明不正直的人很快乐，而正直的人却很痛苦，还会说只要不被发觉，不正直是有利可图的，反倒是正直只能是损己利人。这些话我们不能让他们说，他们应该歌

颂与刚才说的相反的东西。你同意吗?

阿: 我当然同意。

苏: 你同意的话，我就可以认为你已经承认正在讨论的这个原则了。

阿: 你说得对。

苏: 我们必须先要知道正义究竟是什么，正义给正义者带来什么利益，不管他被认同正义与否。搞清楚这个问题后，才有可能在关于人的问题上看法一致，也就是说哪些故事可以讲，这些故事又该怎样讲。

阿: 说得是。

苏: 好了，故事内容方面的问题先告一段落，接下来要讨论一下故事的形式或风格的问题。这样的话，我们就能把故事的内容与形式，即讲什么和怎么讲的问题通通梳理一番了。

阿: 我不明白你的意思。

苏: 我会让你懂的。也许我这么说你就会明白了。你知道，故事和诗所讲的无非就是过去、现在和将来的事情。

阿: 唔，当然。

苏: 他们讲故事，是简单的叙述，模仿，还是两者兼有?

阿: 我也想弄明白这一点。

苏: 天啊！我还真是个蹩脚的老师啊！我只能一点一点地讲，仿佛那些不太会讲话的人没办法一下子把所有事情都讲清楚一样。《伊利亚特》开头几行里诗人提到，赫律塞斯祈求阿伽门农释放他的女儿，阿伽门农很是愤怒。当赫律塞斯得不到他的女儿时，他便开始诅咒希腊人。你知道这一段诗吗?

阿: 我知道的。

苏: 那么，你也应该知道接下来的几行:

彼祈求全体阿凯亚人兮，

哀告于其两元首之前，

那一对难兄难弟，

阿特瑞斯之两子兮。[68]

这是诗人自己说的话，我们读起来也不像是别人在讲话。可到了后面一段，诗人摇身一变成了赫律塞斯，讲话就已经不是诗人荷马，换成了那个老祭司。特洛伊的故事当中在伊塔卡发生的部分和后来整个《奥德赛》的故事，诗人几乎都是用这种方式进行叙述的。[69]

阿：的确是这样。

苏：所有的道白以及道白之间的叙述，都是叙述，是吗？

阿：是的。

苏：可是他讲道白时，像是换了一个人，那我们是不是就可以说他在讲演时已经完全进入了故事里的某个角色了呢？

阿：是的。

苏：模仿一个角色，应该就是使自己的音容笑貌看起来像另外一个人。

阿：当然。

苏：那这么看，他和别的诗人应该是用了模仿的方式来叙述的。

阿：没错。

苏：要是诗篇里随处可见诗人，他不隐藏自己，那说明他放弃了模仿的方式，他的诗篇必然只是纯粹的叙述。为了避免你再说“我不懂”，我会告诉你这事情要怎么做。例如荷马说：

祭司来了，他带着赎金要把女儿领回，向希腊人尤其是向两国王请求——这样的说法，显然是诗人自己的口吻，而不是赫律塞斯的口吻，这就是纯粹的叙述。叙述大致是这样：（我不用韵，因为我不是诗人）祭司来了，向诸神祷告，让希腊人夺取特洛伊城后就平安回去。因为希腊人都敬畏神明，听了祭司的话就同意他的请求。可是阿伽门农却大怒，不但要祭司离开，还不准他再来，不然连他的祭司节杖和神冠都救不了他。阿伽门农已经做好和祭司的女儿在阿尔戈斯城终老的打算。他喝令祭司，如果想平安回去，就不要惹怒他马上离开。于是老祭司只好在恐惧中，默默地离开了。老祭司离开营帐，他呼唤阿波罗神的名号，求神回忆从前他是如何厚待神明，如何建庙奉祭的，祭司仪式又是如何的庄重，等等。神明本着崇德报功的理念，他认为希腊人必须为自己所犯下的罪行受罚。我的朋友，这就是纯粹的叙述而没有模仿。

2

阿：我明白了。

苏：你也可以假设是另外一种截然不同的文体，对话之间诗人叙述的部分可以全部删去，只留下对话。

阿：悲剧常用这种文体，这个我知道。

苏：你完全听懂了我的意思。从前我做不到，但是现在我可以很明白地告诉你。不论是诗歌还是故事都有两种体裁：第一种是完全通过模仿，就是你刚才提到的悲剧与戏剧；第二种主要用于表达情感，像酒神赞美歌大都是这种抒情诗体；第三种是二者兼有，史诗和其他诗体里经常能看到，如果你明白我的意思的话。

阿：是的，现在我知道你的意思了。

苏：好，我们回想一下刚才说过的话。之前我们说过，关于“讲什么”的问题讨论完了以后，现在要来讨论一下“怎么讲”的问题。

阿：我记得。

苏：现在我想说，我们必须规定，诗人是通过模仿进行叙述，还是一部分通过模仿，一部分不通过模仿呢？那些通过模仿的部分又指的是哪些部分？或者我们根本就该让他们通过模仿来叙述？

阿：我猜你是在考虑有没有必要把悲剧和喜剧引进城邦。

苏：或许是吧。说实话，我自己也不太清楚，兴许要比你说的这个问题意义更重大一些。总之，无论辩论之风把我们吹到什么地方，我们都追随它到什么地方。

阿：你说得对。

苏：阿得曼托斯，从这点上看，我们很有必要留意一下守卫者是不是也应该是个模仿者？用前面得出的结论推测，一个人只能从事一种行业而不能同时从事多个行业，是吧？他如果什么都干，结果只能是一事无成，什么都干不好。

阿：这是毫无疑问的。

苏：那我们讨论模仿问题是不是也适用同样的道理呢？如果一个人模仿许多东西，那他能像只模仿一样东西那样做得同样好吗？

阿：当然不能。

苏：那他肯定不能一边从事一个有价值的行业，一边还是个模仿者且模仿众多不同的东西，何况同一个人同时进行两种或两种以上的模仿是无论如何也做不好的，即便这两种模仿被认为是很相近的模仿，例如悲剧与喜剧。你刚才是不是说它们是两种模仿？

阿：我是这么说的。你说得很对，一个人是不能同时干好两行的。

苏：那同一个人就不可能同时既是好的朗诵者，又是好的演员。

阿：是的。

苏：喜剧演员和悲剧演员虽然不同，但这些人都是模仿者，是吧？

阿：是的。

苏：阿得曼托斯，人性就好比是铸成的许多很小的钱币，一个人既不可能同时做好多项事情，也不可能成功地模仿多个东西。任何一种模仿都只不过是对事物本身的临摹罢了。

阿：说得很对。

苏：如果我们一定要坚持最开始提出的那些准则，那么所有的护卫者都必须集中精神，专心致志地做好自己在城邦里的本职工作，要放弃其他工作，不参加或模仿其他一切事物，不三心二意。如果他们想模仿，那要从小让他们模仿那些具备他们专业所需的品质，例如勇敢、节制、虔诚、自由的这类人物。而那些不符合自由人的标准的事情，就不要让他们参与了，如果是极恶的事情就更不应该叫他们模仿或参与了，要不然一旦弄假成真，就是真的恶了。不知道你有没有注意，一个人要是从小到大一辈子都在持续模仿，最后自然而然地就成了习惯，习惯成了他的第二天性，那他日后的一举一动，言谈举止会不会受到影响？

阿：会。

苏：只要是我们细心培养的人或是期待成为好人的人，我们就应该反对他们模仿女人，不论什么年龄的女人经常和丈夫争吵，不敬鬼神，容易得意忘形，男人去模仿女人的话，如遇不幸，就容易悲伤憔悴，终日哭泣，更别提去模仿那些病中、恋爱中或分娩中的女人了。

阿：是不应该。

苏：另外，我们也要反对他们模仿奴隶（不论男女），去做奴隶做的事情。

阿：也不应该。

苏：还有，他们也不能去模仿坏人，模仿鄙夫，不能去做类似吵架、互相挖苦，无论清醒还是酒醉都随意说一些不堪入耳的坏话的举动。像这种人，对不起别人，也对不起自己，实在不值得一提。因此，在我看来我们所培养的人在言行举止上绝对不能养成疯子一样的恶习。他们必须认识到什么是疯子，什么是坏的男人和女人，不要像疯子一般装疯卖傻，为非作歹。

阿：是的。

苏：那模仿铁匠或是其他工人，还有战船上的划桨人、划桨人的指挥以及其他类似的人们可以吗？

阿：那怎么可以？就连这些事情都不允许他们花太多的精力。

苏：那马嘶、牛叫、大河咆哮、海潮呼啸或雷声隆隆等这一类事物能不能模仿？

阿：也不行。我们已经反对他们不要自己做疯子，那就也不能模仿别人做疯子。

苏：如果我没理解错的话，你的意思应该是，有一种叙述体是真正的好人当他讲话的时候用的，还有另一种叙述体无论是性格还是教育都不好的人用的。

阿：你说的这两种文体到底是什么？

苏：依我看，在叙述过程中正直的人他会喜欢扮演另一个正直的人的那些正派的一言一行，并且尽可能模仿得惟妙惟肖，就像融入角色一般，丝毫不以为耻，尤其是叙述中的这个好人坚定而明事理的举动他最愿意模仿。要是这个人不幸患病，或性情暴躁，或酩酊大醉，或遭遇灾难，他就不那么愿意去模仿他了，要不然即便去模仿了也是极其为难。如果这个角色与他本身相差太大，那他肯定不愿意去扮演一个不如自己的角色，因为他自己是看不起这种人的，即使角色本身有一些值得模仿的优点，他也只是偶尔为之，并且还总觉得很是不好意思。模仿这种人，他不但缺乏经验，而且这一举动还会让他憎恨自己，毕竟以坏人坏事为自己的范本的他会感觉到耻辱。除非是演戏，他打心眼里是鄙视这种角色的。

阿：很可能是这样的。

苏：那么我们刚才从荷马诗作里总结出来的那种叙述方法，既叙述，又模仿，而且叙述的成分远远多于模仿的方法，他采用的是这种方法吗？你同意我的说法吗？

阿：我同意。所有说故事的人都要以此为模板。

苏：但是还有一种说故事的人，他无所不言。他品性越差就越肆无忌惮，他认为什么东西都值得去模仿，于是他什么东西都模仿。他绞尽脑汁，无所顾忌地在大庭广众之下模仿各种东西，包括我提到的雷声、风声、雹声、滑轮声、喇叭声、长笛声、哨子声等各种乐器的声音，他还会模仿狗吠、羊咩、鸟鸣。总之，他所采用的题材是彻头彻尾的声音的模仿，叙述的部分极少。

阿：这种作家是这样。

苏：这就是我前面提过的两种文体。

阿：是的。

苏：而且，这两种当中有一种体裁变化起伏不大。只要我们给两种体裁赋予适当的声调和节奏，很容易发现采用正确题材的说唱者几乎是用同一声调同一节奏在讲故事，因为其中变化少，节奏也没有太大的变化。

阿：很对。

苏：另一种体裁则是包含了形形色色的变化在其中，因此，它总需要各种声调和不同节奏，足以使它找到表达各种声音和动作的合适的方式。

阿：这话没错。

苏：那诗人和说唱者在体裁的选择上，是不是要不二者取其一，要不两者兼用呢？

阿：那是一定的。

苏：那该怎么办？对我们的城邦来说，是要包容这所有的体裁，还是仅仅取其一接受，或者接受二者的混合体裁？

阿：要是投票的话，我肯定给单纯善的模仿者的体裁投赞成票。

苏：不过亲爱的阿得曼托斯你要想想，混合体裁还是大家真正喜欢的。所以孩子和他们的老师们，还有大部分的普通人他们的选择恰恰与你相反。

阿：大家确实比较喜欢它。

苏：或许你会说这不合我们城邦的制度，我们城邦里的人非兼才，也非多才，每个人只允许做一件事情。

阿：是不合。

苏：这正好说明了我们的城邦之所以唯一的原因。在我们的城邦里，鞋匠只能是鞋匠，他做不了鞋匠以外的活，例如舵手；农夫只能是农夫，他做不了法官；兵士只能是兵士，他做不了商人，以此类推，是吗？

阿：是的。

苏：假如有一天有人凭借他的聪明和非凡的模仿能力，光临我们的城邦，大展身手，朗诵诗篇，模仿什么像什么，还称自己是神圣的、受欢迎的人物，以为城邦里的人都对其顶礼膜拜。只可惜不能如其所愿，我们会对他说，我们不欢迎这种人到我们这里来，我们的法律不准许他这么做，而且这里也没有他的位置。于是，我们在他头上涂上香油，装饰上羊毛冠带，送到别的城邦去。为了我们自己，还是要谨慎任用那些严肃正派的模仿好人的语言的诗人或讲故事的人，按照我们立下的那些说唱故事的准则讲故事教育战士们。

阿：如果我们有权决定的话，我们就应该这么做。

苏：好的，我的朋友，关于语言或故事的“音乐”[70]部分的讨论看来已经完成了，因为讲什么以及怎样讲这两个问题都充分说清楚了。

阿：我也觉得。

苏：剩下来的就是诗歌和曲调的形式问题？

阿：是的。

苏：大家心里应该都很明白我们会对这个问题提什么要求，如果我们要保持标准前后一致的话。

格（笑着）：苏格拉底，恐怕你说的“大家”里并没有我，虽然多多少少我也有点想法，但仓促间，我还是无法预知会有什么样的要求。

苏：不过我想你对这个应该会有把握，诗歌分成三个组成部分——词、和声、节奏。[71]

格：这点我当然知道。

苏：单单就词而言，唱的词和说的词应该没有差别，它们都要符合前面说的那种内容和形式的标准。

阿：是的。

苏：调子和节奏也要符合歌词。

格：当然。

苏：可是我们也说过歌词里不能出现哀痛和悲伤的字句。

格：是不能有。

苏：挽歌式的调子是什么样呢？你懂音乐，请告诉我吧。

格：混合的吕底亚调、高音的吕底亚调和那些类似的音调都是挽歌式的调子。

苏：这样的调子必定要摒弃的，它们对那些有上进心的妇女尚且无用，何况男子汉了。

格：说得对。

苏：还有守卫者不该饮酒、萎靡和懒惰。

格：当然。

苏：那什么样的调子是软绵绵的靡靡之音呢？

格：伊奥足亚调和有些吕底亚调都可谓靡靡之音。

苏：好，朋友，靡靡之音对守卫者的作用何在？

格：没半点作用。说着说着，现在只剩下多利亚调和佛里其亚调了。

苏：我是不懂曲调的，不过我希望有一种曲调能很恰当地用来模仿勇敢的人，尤其是模仿他们沉着应战，奋不顾身，不顾艰难，视死如归的品质。但愿还能再有另一种曲调，模仿的是平时工作的普通人，能模仿出他们自愿而不受强迫或者极力劝说他人，若对方是神，祈祷劝告，若是人，可以劝说或教导，也可以是听取他人的祈求、劝告或批评。只要是好话，就必须从善如流，戒骄戒躁，谦虚谨慎，接受批评。给我们留下这两种曲调吧。它们刚柔并济，一起适当地模仿出人们成功与失败、克制与勇敢的声音。

阿：你需要的这两种曲调，不就是我提到的多利亚调和佛里其亚调。

苏：奏乐歌唱的时候，我们也不要许多弦乐，放弃那种能奏出所有音调的乐器。

阿：我觉得你的话很对。

苏：因此，像制造竖琴和特拉贡琴这类多弦乐器的人我们就不要培养和供给。

阿：是不要。

苏：那长笛的制造者和演奏者需要搬进我们的城邦里来吗？我想问，长笛应该不是音域最广的乐器，其他那些多音调的乐器仅仅是在模仿长笛罢了。

格：这很明确。

苏：剩下七弦琴和七弦竖琴了，这些乐器城里在用，可是乡下的牧人吹的是另一种短笛。

格：讨论的结果就应该是这样。

苏：阿波罗及其乐器可用，马叙阿斯及其乐器不可用。[72]我的朋友，这种选择应该不是我们首创。

格：是的，我也觉得这并非我们首创。

苏：哎呀！无形当中，这座城邦已经被我们净化了，前面我们说的那个城邦太奢侈了。

格：我们说得很有理。

苏：那好吧，继续来净化我们的城邦吧！说完曲调就要考虑节奏了。复杂的节奏与多变的韵律不是我们应该考虑的，我们真正要考虑的是有秩序的勇敢的生活节奏和那些操纵音步与曲调切合这种节奏的文词，这样的文词不应该去迎合音步和曲调。不过，还需要由你像前面告诉我们曲调一般，为我们解释一下究竟应该是哪些节奏。

格：这我解释不了。我只懂得音步有 3 种形式的组成，与音阶的组成有 4 种形式一样，我能告诉你的也只有这些，至于哪些音步是模仿哪种生活的，这我说不了。

苏：这个问题我们是要去请教一下戴蒙[73]。可以问他，哪些节奏最适合表达卑鄙、凶暴、疯狂或其他的内容，相反，哪些节奏适合表现与之相反的内容。我依稀还对戴蒙说过一些晦涩的话有印象，他似乎是谈到关于一种复合节奏的进行曲，长短格以及英雄体节奏，他用了一些出乎我意料的秩序进行排列，有的高低相等，有的高低不同，有的长短不一。好像他称其中一种为短长格，称另一种为长短格，再加上长音节或短音节，等等。我还记得他在谈这些的时候，他对某些音步拍子赞扬或贬低绝对不亚于对节奏本身所做的赞扬或贬低，也或许并非如此，但真正是什么样我也不懂。我说过，这些问题都可以去请教戴蒙。这些问题要搞明白还挺难的，你意下如何？

格：是的，我也这么认为。

苏：可是，有一点你可以马上下结论：美是跟着好的节奏，而丑是跟着差的节奏。

格：当然。

苏：再来，好的节奏如影随形地受制于好的文词，同理，差的节奏也是受制于差的文词。音调亦如此。之所以这么说，是因为上面我们提过节奏与音调受制于文词，而不是文词去迁就节奏与音调嘛。

格：显而易见，这两者一定要随着文词变化而变化的。

苏：那文词和文词的风格呢，是不是也要求它们与心灵的精神状态取得一致呢？

格：当然。

苏：其他的一切都要随着文词，是吗？

格：是的。

苏：好的言辞、音调、风格和节奏都来源于好的精神状态。所谓好的精神状态应该是指真正良好的用来指称智力和人品都好的人的状态，而不是以委婉的方式指称忠厚老实的人的状态。

格：是这样。

苏：想要做真正该做的事情的年轻人，不就应当始终去追求这些东西吗？

格：应该是这样。

苏：绘画技能肯定有这些特点，其他工艺像是纺织、刺绣、建筑、家具制作、动物养殖和植物培育，等等，也都有这些特点。这些事物里难免都包含有美好与丑陋。坏的风格、节奏、音调，还有坏的言辞和品格。与此相反，美好的表现总是和美好的品格联系在一起。

格：没错。

苏：这么说问题就出在诗人身上了？我们是不是宁可不要诗篇，也要监督他们，强制他们在创作诗篇的时候记住描写良好品格的形象？其他的艺人是不是也要一样地监督，不论绘画、雕刻、建筑或其他艺术作品里制止他们描绘放荡、卑鄙或是龌龊的坏精神？谁不肯服从监督，让城邦的守卫者自小就受到丑陋形象的影响，因此耳濡目染，近墨者黑，不知不觉在心灵的培养上出现偏差的话，我们就让他在城邦里无法立足。所以，寻找那些有美德的艺人巨匠，用他们描绘优秀品格的方法，叫年轻人从幼年时期起，就接受优美和理智的教育，顺着这条道路前进，健康成长，不论所见所闻，均是美好的艺术作品，如沐春风，潜移默化。

格：对他们来说，这样的教育就是最好的教育了。

苏：亲爱的格劳孔，正因如此，幼年阶段文艺教育至关重要。儿童从小接受良好的教育，好的节奏与和谐熏陶了他的心灵，从此在他心里牢牢地扎下了根，他就会变得彬彬有礼。要是接受的是不好的教育，结果可想而知了。再者，接受过恰当教育的儿童，因为对于人工或是自然事物的缺点尤为敏感，所以他对优美的事物很是赞赏，感受其鼓舞，并从中汲取营养，将心灵塑造得美好善良。反之，他极其反感丑陋的事物，他会疾恶如仇地批判一切丑陋的事物，尽管他的年龄还不足以让他知其然且知其所以然。等他长大成人，他仍旧会对理智和美好的事物表示欢迎，毕竟他从小受到的教育就是如此，这是必然的。

格：你说的在我看来，正是文艺教育为何要从幼年抓起的原因。

苏：这和我们识字是一样的道理。我们只有学会了全部的字母[74]，就算它们的数量不多，这时我们还认为自己已经识字了。所以不论字母大小[75]难易，我们都会很急切地想要学会它们，从不敢忽视任何一个部分，要不然，我们总觉得自己不能是真正识字。

格：你说得很对。

苏：就好比字母倒影或是投影在水中或镜子里，要是我们不认识字母本身，那我们也一定不会认识这些映像。两者的学习同属于一项技能。

格：确实如此。

苏：同理可推，我们和我们培养的守卫者，要相信认识一个事物的本质和它的映像，无论这事物是大是小，都同属于一项技能的学习，我们不但需要认识节制、勇敢、大度、高尚等这些美德它们的本质以及与之相反的丑恶事物的本质，更要知道它们可能产生的一切组合形式。只有这样，不管它们以什么形式出现在什么地方，我们一眼就可以分辨出它们本身及其映像。如果做不到这点，我们都算不上是受过音乐文艺教育的人，是吗？

格：确实这样。

苏：再假设一个有心灵内在美的人，在外在的言行举止上也同样有一种与之相匹配的协调的美，这样的人在善于思考的鉴赏家的眼中会不会是一道最美的风景？

格：那一定是最美的。

苏：那最美的就总是最可爱的。

格：当然。

苏：真正有文艺教养的人，往往对与之相反的人，唯恐避之不及，而对于和他受过同样教育的人，则是一见如故，甚是亲切。

格：心灵状态上有缺点的人，他当然憎恶，但只是身体有缺陷的，他还是可以接受和喜欢的。

苏：听你这话的意思，我猜想你应该有类似的朋友吧。我很赞成你把它们区分开来。现在只要你告诉我：放纵与节制能同时兼收吗？

格：那怎么能，过分的快乐和过分的痛苦一样容易让人得意忘形。

苏：那放纵和其他德行可以吗？

格：也不能。

苏：横行、放肆也是这样吗?

格：当然。

苏：有哪种快乐比色欲更为强烈和疯狂的吗?

格：没有，什么都比不上它。

苏：恰当的爱应该是对美的合乎秩序的事物的一种有节制的感情，是吧?

格：我同意。

苏：对于恰如其分的爱，那些近乎疯狂或放纵事物靠近得了它吗?

格：不能。

苏：那么恰当的爱和纵情滥情显然泾渭分明。真正去爱的人和被爱的人不会愿意与纵情者同流合污的。

格：苏格拉底，它们之间确实没有丝毫相似之处。

苏：这样就好。我们要建立的城邦所制定的法律里可以有这样一条，一个爱别人的人会像父亲对待儿子一样亲吻、昵近、抚摸被爱的人；即便是对被爱的人提出什么要求，也都是出于好意。与自己爱的人各种形式的接触中，他永远都不会有歹念产生。如果他做不到，我们可以谴责他低级趣味，毫无音乐文艺教养。

格：诚然如此。

苏：那你同不同意我们结束关于音乐教育的讨论呢?要我说，现在结束得很得当。我们已经得出了结论，音乐教育的最终目的在于爱美爱善。

格：我同意。

苏：完成音乐教育以后，年轻人还需要进行体育训练。

格：当然。

苏：体育训练对我们的守卫者而言，也必须是从幼年开始贯穿一生的严格训练。我是这么觉得的，不知你的看法如何?我总觉得有好的身体，不代表就有好的品格，可是，如果一个人有了好的心灵和品格，从天赋的角度上说，他的体质也差不了，你说是吗?

3

格：我跟你想得完全一样。

苏：在心灵陶冶训练已经充分的情况下，将锻炼身体的细节部分交由心灵负责，我们大体只要定个标准，你看这样可行吗？

格：可行。

苏：刚才提过守卫者不得酗酒，酗酒必然糊涂，因此这世上最不该酗酒的人就是他们了。

格：怎么能荒唐到让一个守卫者去守卫另一个守卫者的地步？

苏：食物呢？要知道守卫者都是各种大竞赛中的斗士，不是吗？

格：是的。

苏：眼下的这些斗士，他们锻炼身体的习惯能保证他们胜任这一任务吗？

格：勉强可以。

苏：他们有个很不健康的习惯，过于贪睡。不知道你注意到没有，他们一生中的大多数时间都在睡眠中度过，他们一贯饮食作息方式稍微做些改变，就要得严重的疾病。

格：我注意到了这种情况。

苏：所以，参加竞赛或是战争的斗士锻炼应该多样化。在战斗的生活中，他们要学会像彻底不眠的警犬那样随时有敏锐的视力和听力，能够承受各类饮水和各类食物，能够忍受烈日骄阳、狂风暴雨等不同的恶劣天气。

格：对。

苏：最佳的身体训练与刚才提到的音乐文艺教育难道不是相辅相成的吗？

格：你说的什么意思？

苏： 我说的是一种简单且灵活的体育锻炼，特别指为备战而进行的体育锻炼。

格： 有没有什么具体方法？

苏： 荷马的诗已经告诉我们方法了。战争生活中的英雄会餐，即便队伍就驻扎在赫勒斯滂特海岸边，[76]荷马也是从不给他们鱼吃的。他只给战士们烤肉吃，从不炖肉。烤肉最容易搞到，只要有火，对烤肉的地点也没有过多的要求，也不必随身带许多容器。

格： 确实如此。

苏： 据我所知，甜食荷马也从未提到过。或许这一举动不是每个锻炼中的战士都能理解的，不过想把身体练好，他们就必须戒掉它。

格： 他们是对的没错，他们戒掉了甜食，显然他们懂得这个道理。

苏： 那好朋友，倘若这是对的，那你一定不会同意还有叙拉古的宴会和西西里的菜肴了吧？

格： 我不会同意的。

苏： 你想让一个男子锻炼好身体，就应该不会找一个科林斯女郎来做他的情妇吧。

格： 当然不会。

苏： 你也不会同意他们吃那著名的雅典糕点的吧？

格： 一定不会。

苏： 我总觉得一切混杂的事物和多音调多节奏的诗歌作品太过相像。

格： 没错。

苏： 复杂的音乐让人纵情，复杂的食品不利健康。质朴的音乐文艺教育会带来欲望的克制，同样地，质朴的体育锻炼才能带来健康。

格： 说得极是。

苏： 一旦放纵与疾病在城邦里蔓延开来，城里必然要法庭药铺林立，讼师医生也因此变得趾高气扬，虽然大部分自由人都不情愿对他们鞠躬敬礼。

格： 势必如此。

苏： 不但是普通的百姓和工匠们需要这些奇货可居的医生和法官，就连受过自由教育的人们也同样需要。你们觉得还有什么能比这个更能够证明一个城邦教育肮脏罪恶的呢？这些全是舶来品的法官、医生（你们自己中间缺少这种人才），难道还不是教育丑陋到了极点的最好证明吗？

格： 再没有什么比这个更可耻的了。

苏： 还有一种情形，不知道你会不会觉得比刚才说的更可耻呢？一个人不仅时而是原告，时而是被告，把自己生命里的大部分时间花在打官司上，而且还一天到晚颠倒是非，油嘴滑舌地用各种借口、诡计、阴谋去强词夺理，就因为他不知道如何生活得有意义。而所有这一切都只为了一场场无聊的争执。这样的人是不知道自己的生活离开了那些法官和陪审员其实要美好高尚得多。

格： 确实，这比前面讲的那个情况更可耻。

苏： 一个人除了受伤或偶然的某种季节病以外，终日到处求医，不更是可耻。那种游手好闲和好吃贪睡的生活方式，让他们的身子像一块充满了水汽的沼泽地，以至于阿斯克勒比斯[77]的子孙们只得创造出腹胀、痢疾之类的病名，这岂不是更加可耻？

格： 这些医学名词听起来确实古怪。

苏： 我猜想，在阿斯克勒比斯本人时期，这些病名应该是不存在的，我的依据是特洛伊战争的故事。当欧律皮吕斯[78]在特洛伊负伤时，妇人给他喂了撒满大麦粉和小块乳酪的普拉纳酒，显然这是一剂热药。那时没有哪个医生责备她用错了药，更没人责备当看护的派特罗克洛斯也犯了什么错误。

格： 给受伤的他服这剂药确实古怪。

苏： 要是你还记得在赫罗迪科斯以前，医生治病的药并不是我们现在用的这些，你就一定都不会感到古怪了。赫罗迪科斯本身是个体操教练员，他因为有病就把体操混进医术，先害了自己，又害了许多后人。

格： 怎么会呢？

苏：他身患不治之症，依靠长年细心的照料，竟然又活了好多年，可他的痼疾始终没有根治。就这样，他一辈子只医了自己，其他什么事都没干，从早到晚操心的就是有没有遵守自己规定的养生习惯。靠了这套医术，他自己终于挣扎着熬着拿到了年头而终的锦标。[79]

格：这可是他医术的崇高评价啊！

苏：他自然是当之无愧呢。他不会知道，阿斯克勒比斯不将这种医术传给他的后代并不是因其不知道或不熟悉，是因为他很明白在有秩序的城邦里，每个人都有自己应尽的义务。人们没有时间和精力生病，就更不能没完没了地生病治病。在工人当中我们时常觉得这样的情况总是荒诞不经的，可换到有钱人和所谓有福的人那里，我们居然就习以为常了。

格：怎么会这样？

苏：一个木工病了要求医生用药让其呕吐、腹泻把病症排除或是干脆用烧灼法或者动手术。如果医生用长期疗养搞包包扎扎的那一套，想必他会马上对医生说他没有工夫生病，把眼前的工作搁置在一旁，一天到晚只想着病痛，这种日子实在没意思。他立刻就会离开医院，继续回去干活儿去了。他也可能突然就病好了，照常工作照常活着，也可能就吃不消了，抛弃一切麻烦，死了算了。

格：这样的人算是善用医术的人。

苏：是不是只因为他有工作要做，假使他做不了，那就不值得再活下去？

格：显然是这样。

苏：可是，我们从来不说有钱人如果做不了规定的工作，就也一样不值得活着。

格：据我所知并不是这样的。

苏：哎呀！你难道没听说过福库利得斯说的“吃饱饭以后[80]应该讲道德”。

格：我觉得吃饱饭之前也有必要讲道德。

苏：好，我们没必要和他纠缠这一点。我们要弄明白的是，有钱人[81]应不应该讲道德？要是不需要，那活着的意义是什么？总在担心自己的健康，是否妨碍了他们遵从福库利得斯的劝告？虽然这样对专搞木工或是其他的工匠遵从劝告无疑是一大障碍。

格：的确，除体育锻炼之外还过分担心自己的健康[82]，确实是一个很大的障碍。

苏：这么做一定会妨碍到家务管理、军事服役、上班办公。最坏的影响是给学习、思考或苦思冥想都带来了很大的困难。从早到晚总在因为头痛目眩、神经紧张、疑神疑鬼，还把这些都委过于哲学研究，说它是总的起因。这样的人难免感觉身上有各种不舒服，还总是烦恼忧愁，这能不严重妨碍学习、沉思这类的道德实践和锻炼吗？

格：一定是这样的。

苏：可见，阿斯克勒比斯早已知道这个道理。他把医疗方法教给那些拥有良好生活习惯，体质健康，仅有些局部疾病的人，他用药物或外科手术将他们的病治好，再嘱咐他们还照常生活，绝不妨碍任何人的生活学习和工作。如果是有严重的全身性疾病的人，他不用规定饮食以及抽出或注入的方法治疗他们，只会让他继续痛苦下去，让他们的后代也同样是糟糕的体质。还有就是体质达不到一般标准的病人，他觉得医治他们已经没有意义了，因为这种人对自己对国家已经都没有意义了。

格：照你这么说，阿斯克勒比斯真是个很有头脑的人啊！

苏：显然是的。他的孩子们也同样如此。在特洛伊战场上既是好战士，又是好医生，你知道吗，他们[83]治疗病人时用的就是我刚才说过的方法。墨涅拉俄斯被潘达洛斯射了一箭，受伤后是他们[84]吸出淤血，再敷上缓解疼痛的草药。他们同从前对欧律皮吕斯一样，也不给他限制饮食习惯。在他们看来，那些原来就体质很好且生活俭朴的人，就算也偶尔喝一点奶酒，但敷这么一层草药就已经够了。只有那些先天就孱弱且生活无节制的人，他们是不会为他们服务的，因为他们认为这种人活着于己于人都无价值。即便这种人富过弥达斯[85]，他们也不愿给他治疗。这些故事你都还记得吗?

格：叫你这么一说，阿斯克勒比斯的这些孩子也十分了不起啊!

苏：确实如此。只不过一直以来悲剧家们和诗人品达的说法都和我们说的原则有所出入。他们说阿斯克勒比斯是阿波罗神的儿子，受了贿去给一个弥留的富人治病，最终被闪电劈死。依据前面我们提到过的原则，我们自然不相信悲剧家们和品达的说法。在我们看来，他既然是神的儿子，那就肯定不会贪心，要是他是个贪心鬼，他就绝对不是神的儿子。

格：到现在为止你说得都很对。不过，苏格拉底，我仍然有一个问题，想知道你会怎么答复——在我们的城邦里究竟要不要有好的医生？是不是要医治过大量的病人（包括天赋健全的与不健全的）的医生才算是最好的医生？以此类推，最好的法官也应该是同形形色色的人都打过交道的法官才是?

苏：我们毫无疑问也需要好的医生和好的法官，不过你应该清楚我所说的“好的”是什么标准?

格：你要不告诉我，我就不知道。

苏：好，那我先试试看。照我说，你刚才把两码事杂糅在一个问题里了。

格：什么意思?

苏：一个从小学医的医生，接触到各种各样不同的病人，对各种不同的疾病都有过切身的体验（假设他们自己并没有太好的体质）的话，那么这样的医生确实会是很有本事的医生。因为他们并不是在用身体医治身体，要是真是用身体治身体，那就要避免他们持续生病。他们应该是在用心灵医治身体，一旦他们的心灵不再如从前一般美好，就无法很好地医病了。

格：你说得对。

苏：我的朋友，至于法官，就应该是以心治心。原本好的心灵就不能从小和坏的接触，如果像是医生诊断病人一般，法官也企图以犯罪作恶获取断案的第一手经验和依据那就更让人难以接受了。相反地，如果需要做法官的人心灵美且断案公正，那么从小他们的心灵就不能与坏人坏事沾边。只不过这样一来，幼年时期的好人容易因为没有坏的想法而显得天真，容易上当。

格：他们的确有此经历。

苏：正因如此，好的法官都不会是年轻人，一般是上了年纪的人。他们通过多年的学习和成长的经历才渐渐明白非正义是怎么回事的。他们了解非正义，不是从自己的角度去理解的，而是通过长时间的观察，学会从别人的角度来认识，仅仅是知识性的了解，而非亲身体验什么是非正义。

格：做到这样的法官会是最高贵的法官。

苏：他还会是个好法官。你的问题的关键就是“好的”这两个字，因为心灵美的人一定是“好的”。而当那些满腹猜疑的狡诈之人，同那些坏事做尽还以为自己手段高明的人，与同类人打交道时，他可以应用自己的心计，让自己显得聪明过人。可是但凡他与好人或是上一辈的人相处时，他便变得很愚蠢了，因为这时他总在怀疑不该怀疑的东西。他分辨不出好人，在他心里没有好人的形象。只不过，他遇见的坏人总比好人多得多，所以大体上他自己或是别人都还觉得他不是个笨蛋，是个聪明人了。

格：的确是这样。

苏：明察秋毫的理想法官是前者而不是后者。因为天赋的德性可以通过教育使得他们最终能理解德性本身。依我看，作为一名明察秋毫的法官肯定不是那种坏人而是这种好人。

格：我同意。

苏：那你同意在城邦里把刚才讨论的医术和司法术的要求也制定成法律吗？这两条准则给予那些天赋健全的公民身体和心灵上的好处；那些身体不健全的，这两条准则准予其死去；至于那些心灵天赋本身就已经无可救药的人，依照这法律只能处死。

格：这个做法对被处理者个人和城邦的好处已经被证明。

苏：这样，年轻人若是接受了那种简单质朴的音乐文艺教育，并能养成节制的好习惯，那他们就绝对可以做到自我监督，也不需要把时间花在打官司上了。

格：是的。

苏：再则，受过音乐教育的青年，只要他愿意经过一系列艰苦的体育锻炼，除非万不得已，那他也不需要什么医术。

格：我也是这样想的。

苏：而且这些年轻人辛苦锻炼身体重点在于锻炼他们的心性，而不是单纯地同一般运动员一样锻炼体力。毕竟普通的运动员只要根据规定进食锻炼，把体格锻炼强壮就可以了。

格：你说得对极了。

苏：所以那些建议把教育建立在音乐和体育基础上的立法家，其目的并不就是用音乐照顾心灵，用体育照顾身体那么简单，同大家所想的那么单纯。格劳孔，我可以这样说吗？

格：为什么不可以？

苏：他们之所以要教音乐和体育，主要还是为了心灵。

格：怎么会呢？

苏：你注意到了没有，一生只重视体育运动而忽视音乐文艺教育的人，他的心性如何？还有，只重视音乐文艺而忽视体育运动的人又是怎样的？

格：你指的是什么？

苏：我说的一个是野蛮与残暴，另一个是软弱与柔顺。

格：对。我留意到偏废音乐教育的人常常变得过度粗暴，而只搞音乐文艺的人又难免过度软弱。

苏：人的天性就有一部分容易野蛮，但只要适当加以训练也有可能变成勇敢，但是一旦搞过了头，就又会变成残酷粗暴。

格： 我也这么觉得。

苏： 温文属不属于人性爱智部分的一种性质？这种性质要是过度发展会不会转化成过分软弱，如果也经过适当地培养就能变成温文守法，是吗？

格： 是这样。

苏： 但是我们要守卫者两种品质兼而有之。

格： 他们是应该这样。

苏： 那么这两种品质需要彼此和谐吗？

格： 当然要。

苏： 两种品质兼而有之的人，他的心灵便是既温雅又勇敢。

格： 诚然。

苏： 缺乏这种和谐的人的心灵便是既怯懦又粗暴。

格： 的确这样。

苏： 再假设一个人纵情于各种曲调唱腔中，甜的、软的、哭哭啼啼的全部都一股脑地从耳朵流入心灵深处。如果他全部的时间都沉溺于这些丝弦杂奏，歌声婉转中，一开始会有一部分心性从铁一般粗、一般硬慢慢变得柔软起来，还有可能制成相应有用的器具。但长久下去他便着了魔似的，难以节制，以至于融化于其中，结果就是萎靡不振，过分软弱，成为一个“软弱的战士”。[86]

格： 你说得对。

苏： 如果[87]他原本就不是个刚强的人，这种萎靡的状态就更容易出现。如果[88]他原本是个刚强的人，经过长久的刺激脾气也会变得不稳定，容易生气，也容易平静，最后成了一个爱发脾气爱吵架的性情乖张的人。

格： 确实如此。

苏： 同理，一个人如果只是把全部精力投在身体锻炼上，胃口好、食量大，从来不学文艺和哲学，一开始他的身体会因此而强壮，还充满自信，会变得比原来勇敢得多。你觉得是这样吗？

格：他真的会这样的。

苏：要是他孤注一掷地只搞体育锻炼，不见文艺之神，结果又会是怎样呢？由于他从来没做过学术科研，对于辩证推理一窍不通，那他心灵深处存在的那点爱智的火光还能一直明亮着而不因此变得暗淡吗？心灵没有得到适当的启迪和培养，感知接受能力没有得到训练，他必然会耳不聪目不明，不是吗？

格：诚然。

苏：我觉得这样的人会是个厌恶文艺的人，他会以一种不礼貌的简单粗暴的生活方式生活。他不以理服人，只会跟野兽一样地用暴力等粗暴的方法达到自己的一切目的。

格：完全是这样的。

苏：音乐和体育作为两种技能（我要说这是某一位神赐给我们人类的），它们服务于人的爱智和体质部分。它们不仅仅是为了心灵和身体，当然不免也顺带服务了心灵和身体，可它们的最终目标还是要使爱智和体质这两部分协调发展。

格：原来如此。

苏：因此，能以最佳比例搭配好音乐和体育教育，并能服务于心灵的人，给予他们最恰当的称呼应当是完美的音乐家，这比称呼为只知道和弦和弹琴的音乐家来得好得多。

格：说得有理，苏格拉底。

苏：格劳孔，如果我们的城邦在这方面不要监管的话，那是不是也要常设一个监督的人呢？

格：当然非常需要。

苏：教育和培养公民的准则大纲大概就是这些了。没必要去一一详细规定他们的跳舞、打猎、跑狗、竞技、赛马各种细节了。细节是要符合纲要的，只要大纲定下来了，细节也就不难发生偏差，这是显而易见的。

格：应该没什么困难的了吧。

苏： 那接下来我们要确定的是什么？或许应该来决定哪些公民是统治者，哪些公民是被统治者？

格： 显然是这样的。

苏： 是不是说统治者就一定是年纪大一点的，被统治者就必须是年轻的？

格： 显然是的。

苏： 那统治者也必须是他们中间最好的人，是吗？

格： 这很显然。

苏： 最善于种田的人就是最好的农民，是吧？

格： 是的。

苏： 如果要挑选最好的守卫者，那自然是要挑选最善于守卫国家的人啦？

格： 是的。

苏： 还有，他们除了应当是具备智慧和能力去守卫国家的人外，是不是还应当是关心国家利益的人？

格： 当然应当是。

苏： 人最关心的总是他最爱的东西。

格： 这是必然。

苏： 人最爱的东西往往都是那些与自己利益相关，关系到自己得失的东西。

格： 确实这样。

苏： 首先，那我们就要舍弃那些会做出对国家不利的事情的人，要去观察其中哪些守卫者更愿为国家鞠躬尽瘁，效力效劳。

格： 选这些人是再恰当不过了。

苏： 其次，我认为还要不定时地考察他们，看看他们能否不因任何外力如魔术或是武力放弃这种一生坚持守卫国家的信念[89]？

格： 你所说的“放弃”是指的什么？

苏： 我来告诉你吧。我觉得，一种信念[90]的丧失，可能是自愿的，也可能是非自愿的。一个错误的信念离开好的心灵是自愿离开，一切正确信念的离开都是非自愿离开。

格：自愿的那个我理解，我想听的是非自愿的那个。

苏：可以啊。一般来说，好的东西人们是不愿意失去的，却愿意扔掉坏的东西，你同意我这个看法吗？难道得到真理不是好事，在真理上受骗也不是坏事，是吗？难道你不认同得到真理就是取得真实的意见吗？

4

格：你说得很对。我也觉得，人们总是不愿被剥夺自己的正确意见的。

苏：欺骗或被压迫的情况下发生的巧取豪夺总会有众多非自愿的放弃。

格：我没明白你说巧取豪夺的两种情况是什么意思。

苏：我定是用悲剧角色的方式讲话讲得有些晦涩了。“被欺骗”指的是人们在辩论中被人说服了，或者经过长时间以后忘掉了，不知不觉就放弃了原来自己的意见。这样你能懂了吧？

格：是的。

苏：“被压迫”指的是人们因为有些困苦或忧患而改变了原有的意见。

格：我也明白了。我想你说的是对的。

苏：我要说出“被欺骗者”有哪些，你应该会同意我的观点的。我指的是那些容易被享乐引诱，或者缩头缩脑，因为恐惧而改变意见的人。

格：是的，但凡带有欺骗性的东西就会像魔术一样迷惑好多人。

苏：言归正传，我们要孜孜不倦按照我们规定的原则去寻找那些为国家利益服务的守卫者。从幼年起我们就要认真考察他们，并在工作中考察他们。有可能其中的一部分人容易受骗，也许会忘掉那个原则。所以，经过考察我们最终会舍弃这部分人，然后选拔出坚持原则的、不易受骗的人做守卫者。你同意吗？

格：同意。

苏：再者，我们还要考察他们是否能劳筋骨、苦心志，见贤思齐。

格：说得极是。

苏：还有第三种反欺骗的考察，也需要看他们是否经得起欺骗的考验。人们为了考验小马的胆量，就会把小马带到嘈杂喧哗的地方去试试。同样地，年轻人也要先放到贫穷忧患的环境中，再考虑把他们放到锦衣玉食的环境中。这种考察要比人们淬炼金器更细心，要考察他们在外界的引诱下，还能不能保持岿然不动，守身如玉，最终成为一个合格的守卫者。在这一过程中，他们能否始终护卫自己受过的文化修养，维持心灵状态的那种节奏上的和谐。显然，这样的人对自己对国家都是最有用的。一个人若是从童年、青年以至成年经过重重考验，性格上也就无懈可击，这种人就可以选为国家的统治者或是守卫者。在世时我们要颁给他荣誉，死了还要为他举行公葬和其他的纪念活动。而那些被放弃的人就要排斥。格劳孔，这办法就是选择和任命统治者和守卫者的办法。虽然我只提出了一个大纲，细节的部分还没有具体地列出来。

格：我同意你的说法，大体上应该如此。

苏：这些人就可以称为是最完整意义上的守卫者了。他们对外时时保持警惕，对内关心朋友，这样的话既没有敌人的威胁，也能保证朋友的团结。至于守卫者中的年轻人，主要是执行统治者法令的那群人就成为助手或是辅助者。是这样吧？

格：我也这么觉得。

苏： 不久之前，我们才讨论过偶然说谎的问题。如果可以的话，现在我们或许可以找个办法编一个高贵的谎话，去让统治者相信，或者如果统治者不信的话，至少也要让城邦里普通人相信。

格： 什么样的谎话？

苏： 没什么特别的，就是很早以前流传过的一个关于腓尼基人的传说。这个故事自从诗人告诉我们就一直信以为真的一个故事。只不过因为它现在已经失去说服人相信的力量了，所以当下我们就不太可能听得到它了。

格： 你这么吞吞吐吐地似乎很不愿意直说。

苏： 等我讲完了就知道原因了。

格： 快讲吧，不要怕。

苏： 那我就开始讲了。可是，对于说服统治者及其军队，或者只是说服城邦里的普通人，我想我还是没有勇气和自信能找到合适的语言来表达我的意思。虽然我们培养和教育他们，但实际上他们仿佛生活在梦中。事实上，地球是孕育他们的母亲，也是制造他们武器和装备的所在。地球母亲把他们抚养大了，送他们到这个世界上来，因此，他们必须彼此亲如兄弟，把孕育他们的土地视为自己的生身母亲，御侮抗敌，保卫着她。

格： 我终于明白你为什么总不情愿说出这个荒唐故事来了。

苏： 我这样做当然有我自己的理由，不管它了，听我继续往下说。这个故事会告诉他们，尽管他们虽然同为地球母亲孕育的，彼此间皆为兄弟。可是，地球母亲在孕育他们的时候，在一部分人身上镶了黄金，从此这些人成了最可贵的人，也就是统治者。辅助者也就是军队这些人身上被镶了白银。最后，农民和其他工匠身上只有铁和铜。通常我们会说父子天赋相承，但由于人都同属一类，不免会有金父生银子，银父生金子这种错综复杂的现象出现。所以，上天给予统治者最重要的指令就是做好后代的守卫者，好好关注自己的后代的灵魂深处会被镶上哪一种金属。假设统治者发现自己的孩子被镶上的是铜铁，他们就应该把孩子们送到农民和工人的群体中去，那才是符合他们身份的位置。农民和工人的后代中间如果有人灵魂被镶上了金银，那他们就要重视他，把他选拔到守卫者，甚至是辅助者的行列中去。要知道，有神谕："铜铁当道，国破家亡。"或者你想想有没有更好的办法让他们相信这个荒唐的故事？

格：没有，这些人绝对不会相信。不过，我相信他们的后代也许会相信，子子孙孙们迟早会相信的。

苏：我理解你的意思，那就让这个故事这么口口相传地代代流传下去吧，至少它还可以影响人们彼此爱护以及爱护他们自己的国家。那就让我们从现在开始武装这些大地的子孙们，让他们在统治者的指引下，找到最适合扎营的地方，对内消灭不法之徒，对外抵抗强敌。另外，扎营祭神之后，他们还需要给自己做窝，你同意我的观点吗？

格：我同意。

苏：这些窝要冬暖夏凉吗？

格：如果你指的是他们的住处，那是要的。

苏：我说的是兵士的营房不是商人的住房。

格：这两者有什么区别？

苏：那我来告诉你。对于牧羊人来说，世上最可怕的事情莫过于那些驯养牧羊犬的人把牧羊犬驯成了豺狼的样子，而这些坏脾气的牧羊犬就容易因为放纵、饥饿或是其他原因，去打击和伤害它所看管的羊群。

格：那确实可怕。

苏：我们是不是也要防备我们的辅助者用相同的态度来对付人民，还因为这样的强势把自己变成一个野蛮的主子呢？

格：我们是要这么做。

苏：只要保证他们接受的是良好的教育，这方面应该就没有后顾之忧了吧？

格：可是他们已经受过好的教育了啊！

苏： 确切地说还不完全是，亲爱的格劳孔，不过我们可以肯定的是他们一定要接受正确的教育，不管它是哪种方式，只有这样他们才能温文和蔼，还能温文和蔼地对待他们所治理的人。

格： 这话说得很对。

苏： 除了接受好的教育，通常我们还要给他们住处和一些生活中需要的东西，让他们安心工作，而不会因为缺失这些东西到老百姓那儿为非作歹。

格： 这话说得很有道理。

苏： 那你想想，如果要他们如我们所期待的那样做一个优秀的守卫者，下面提到的这些条件能做得到吗？第一，他们不能有个人私有财产，除了绝对的必需品外；第二，任何人都不能有私有的房屋或仓库。他们的口粮是作为在战场上勇敢厮杀的报酬，由全民提供，按需分配，定额定量分配。他们像战场上的士兵一样同住同吃。至于钱财方面，神明在他们灵魂深处镶了金银，人世间的金银他们就不需要了。毕竟世间的金银是罪恶的源头，只有心灵深处的金银才是纯洁无瑕的至宝，二者不能混为一谈，使后者受到不应有的玷污。所有国民中只有他们不得与金银发生任何关系，不得随意接触它们，与它们共处一室，甚至不得在身上挂任何金银装饰品或是用金杯银杯喝酒，只有靠这样，他们才有可能拯救他们自己和国家。如果他们获得的土地、房屋或金钱，用于搞农业、做买卖，这样的话他们就不再是守卫者了，随后他们也就从人民的盟友蜕变为敌人或是暴君，因此他们恨人民，人民也恨他们，他们算计人民，人民更要算计他们。这样一来，他们就会一辈子生活在恐惧之中，他们对人民的恐惧远远超过了对外部敌人的恐惧，最终他们会和自己的国家同归于尽，一起灭亡。

苏： 就上文提到的那些，我们就提供给守卫者住处等生活条件这一问题制定相应的法律或准则好了，你看呢？

格： 好的。

第四卷

1

（**苏格拉底：**这时，阿得曼托斯突然插进来问了个问题。）

阿：苏格拉底，假设有人反对你的主张，认为你这种做法会让我们的守卫者完全没有任何幸福，是他们变得不幸的原因，城邦是属于他们的，但他们无法像普通人一样获得土地，建造住宅，置办奢侈的家具，用丰厚的贡品献祭神明，款待宾客，讨神和人的欢心，显然他们从中得不到一点好处。而且他们也不能拥有金银和一切幸福生活着的人所拥有的一切。这些守卫者居然穷得和那些驻防城市的雇佣兵一样，除了站岗放哨其他什么事都和他们没有关系。你要怎么答复这种质疑?

苏：我还可以补充，守卫者跟别人不一样，只得到吃的，其他什么报酬都没有。还有，他们去不了他们想去的地方，没钱给情人买礼品，或者像其他幸福的人一样随心所欲地花钱。诸如此类的责问我还可以补充许多呢。

阿：要是把你说的都算在刚才的指责里，那怎么办?

苏：你是要问我该怎么回答吗?

阿：是的。

苏：只要我们顺着刚才的思路一直论证下去，我相信一定会找到答案的。我们要找的答案是，我们说守卫者很幸福地过着刚才我们说的那种生活，这不足为奇。建立这个国家的目标在于体现全体公民的最大限度的幸福，而不是为了某一个阶级个体的幸福。我们还认为在这样一个城邦里最有可能找到其他很糟糕的城邦里所不存在的正义。我们必须在找到正义的和非正义的两类国家后才能作出判断，究竟是哪一种国家更幸福。而当前的首要任务是塑造一个幸福国家的模型，而不是塑造一个一味地追求个人幸福的国家模型，我们需要的是整体幸福的国家。

过会儿我们也要考察与之相反的那种国家[91]。现在先打个比方，假设我们要给一座塑像上色，有人来问我："为什么你不用最美的紫色给身体最美的部分眼睛上色，反倒是用了黑色？"下面要说的这个答案无疑是回答这个问题的正确答案"你难道不知道美化眼睛是不能用这种方式的吗？否则，眼睛就不像是眼睛了，其他的器官也是如此。我们应该追求整体美，那么五官都有其该有的样子才对。"所以，强加给守卫者那种普通人的幸福，很容易使他们失去了守卫者的样子。就好比，给农民穿上礼袍戴上金冠，不强求他们干地里的活儿，干多少都可以；陶工也是，让他们斜倚卧榻，吃喝玩乐，而制作陶器的事则是爱干多少就干多少。是不是我们都用这种方式让所有人都感到幸福，这样一来全国人民都幸福了？[92]显然并非如此，这样的方式只会让我们的农民没有农民的样子，陶工没有陶工的样子，其他人也同样都不是原来的模样了，不再是当初组成这个城邦的那个部分的样子了。

这种情况出现在一部分人身上还算不上严重的问题，就好像一个皮匠，他不愿干皮匠的活儿，这还不是什么大问题。但是，如果换成法律和国家守卫者也不成为守卫者了，或者只是看起来像是守卫者，那他们必然导致整个国家的完全毁灭。相反，只有让守卫者扮演好自己的守卫角色，国家才能有良好的秩序，才会真正幸福。我们要的是守卫者，而不是灭国者。那些与我们的主张相反的人，他们心里想的不是对国家履行义务的公民，只是那些在宴会上寻欢作乐的农民。如果真是这样，他们说的就不是关于国家的问题，和我们说的完全是两码事。因此，在选拔和培养守卫者时，我们必须考虑这样一个问题，是否要单独割裂他们的幸福来考虑，还是放弃个体幸福的原则去考虑追求国家整体的幸福。我们需要说服守卫者及其辅助者，尽力做好本职工作，尽责服务。至于其他阶级的人，也都和他们一样。这样一来，国家会得到和谐的发展，各个阶级也都会得到自然赋予的那一份属于他们的幸福。

阿：我觉得你说得很对。

苏：不知道你赞不赞同我另外一个想法？

阿：什么想法？

苏：两种原因会使工匠的技艺退化。

阿：哪两种？

苏：贫穷和富裕。

阿：那它们是怎么让技艺退化的呢？

苏：是这样的，比如一个陶工富了以后，你想想看，他还像从前一般认真对待他的手艺吗？

阿：肯定不会。

苏：那他就会慢慢变得懒惰和马虎，对吗？

阿：肯定是这样。

苏：最后变成一个蹩脚的陶工，对吗？

阿：是的，他的技艺势必大大退化。

苏：反过来，他如果贫穷到买不起工具器械，他同样不能做好自己的工作，也教不好自己的儿子或徒弟。

阿：当然。

苏：因此，贫穷和富裕都会让手艺人的手艺退化，对吧？

阿：这是必然的。

苏：讨论到这儿，我们就发现了第二害，守卫者要尽一切努力去防止其不知不觉潜入城邦。

阿：那是什么害？

苏：贫富啊。富则奢侈、懒散；贫则粗野、低劣。两者都要求变革。

阿：的确如此。但是，苏格拉底，我还想请教你，如果我们的城邦缺少钱财物资，那该如何应战呢？尤其是和富足且强大的城邦作战时。

苏：很明显，与这样的敌人作战是有一定困难的。不过，与两个这样的敌人作战却相对容易。

阿：这是什么意思？

苏：打仗的话，我们的城邦派出的都是训练有素的战士，对方的军队则是由富人组成，是吗？

阿：是这样的。

苏：阿得曼托斯，你就不认为，一个精于拳术的人轻易就可以以一敌二，他战胜两个对拳术完全一窍不通的胖大个儿的富人很难吗？

阿：两个人同时向一个人进攻，那就不见得是这个人最终取胜了。

苏：如果他能脱身先逃，随后再返身击倒两个对手中先追到的那个人，在烈日炎炎下反复多次，他还是取胜不了吗？你不相信这样的一个斗士无法击倒两个对手甚至更多这样的对手吗？

阿：如像你说的那样，胜利当然不足为奇了。

苏：相比军事，你不认为富人在拳术方面的知识和经验会更多些吗？

阿：我看是的。

苏：所以，我们的拳斗士是可以轻易击倒数量是他两倍或更多的对手的。

阿：我觉得你说得有理，我同意你的看法。

苏：如果我们派遣一名使节去两个敌国中的一个，告知他们我们国家的真实情况和想法。我们可以说，我们的城邦里没有金银也不容许有，既然他们有，或许他们可以和我们结盟，一同掳掠另一敌国的金银。听完这些话，还有谁愿意放着打肥而弱的羊不吃，而去打瘦而有力的狗？

阿：我想没有人会愿意和狗打的，但是众多国家的财富都被一个国家吞掉了，那对穷国来说也可能是一种危险。

苏：我们所建的这个城邦与其他一般的国家是有所区别的，如果你称呼它为普通意义上的国家，那就太天真了。

阿：那要怎么称呼它呢？

苏：称呼一般的国家时，“国家”这个名词要用复数形式，它们不是单一的，而是许多个组成的。就像戏曲里说唱的那样，无论什么样的国家，都至少可以分成穷人和富人两个群体，彼此之间互相敌对，何况这两个部分各自内部还可以细分成许多更小的对立部分。如果你可以把它们都视为由许多个组成的，还能平衡不同群体间的财富、权力或人口等方面部分，那结果就是你会获得越来越多的盟友，敌人的数量也会不断减少。一个国家只要坚持认真地执行这一方针，那它一定是强大的。我这里说的强大是真正意义上的强大，而不是表面上的强大，即使这个国家的军队里只有1000名战士。像我们所建立的城邦这种单一成分小规模的国家，无论是希腊还是希腊以外的任何地方都是很罕见的，即便是规模比我们大得多的且是单一成分的国家，怕是也难找出几个。你还有什么不同的想法吗？

阿：没有了。

苏：所以，这个城邦的统治者应当对自己国家的规模和疆土面积规定一个不能超过的最佳限度。

阿：什么限度最佳呢？

苏：国家的规模大小以能否保持统一为限度，这就是最佳限度，不能逾越它。

阿：很好。

苏：那么守卫者又有了一项使命，那就是尽力去保证我们的城邦既有一定规模又不分裂，它既不能太小，也不能只是表面上看起来很大。

阿：这个使命应该不算太难。

苏：还有一个更简单的。前面我们说到，假设守卫者的后代不再那么优秀，就要让他们到适合他们的阶级中去，如果阶级较低的子孙天赋优秀的话，就应提升为守卫者。这说明，任何一个人的天赋适合做什么，我们就要委派他去做什么，各司其职，各司其责，那么我们的城邦就不会分裂，就能成为一个统一的国家。

阿：这个使命看起来是比上一个来得容易。

苏：我的阿得曼托斯，其实我们规定统治者做的这些事都很容易做到，并不像有些人想象得那么困难。只需统治者留心一件常常被提及的“大事”就好。（说实话，我不愿意称之为“大事”，宁可称其为“能解决问题的事”。）

阿：是什么事呢?

苏：教育和培养。只要受过良好教育的人就会通情达理，他们就很容易明白，处理上述事情以及我没谈到的其他一切事情，像是婚姻嫁娶、生儿育女，都要坚持一条原则，就是俗话说的，“朋友之间不分彼此”。

阿：这是处理事情最佳的原则了。

苏：这个国家一旦运转起来，就会像转动的轮子一样，前进速度越来越快。良好的教育会培养出良好的身体素质，原本良好的身体素质再接受良好的教育，就会锻炼出比上一辈更好的体质，和其他动物一样，如此良性循环益处很多，还可以促进人种改良。

阿：有道理。

苏：简单地说，我们的统治者必须始终重视这一点，别不知不觉就让国家恶化下去。他们要时刻以他们制定的原则，守护着这个国家，以防体育和音乐教育的发展偏离原有的轨道，破坏了原有的秩序。只要有诗人说，人们最爱听“歌手们吟唱最新的歌”[93]时，他们就要小心。人们也许会这么理解，诗人歌颂的是变换了花样的老歌，而不是新歌。可是作为统治者，他们不但不能跟诗人一样去赞颂这种新歌，还应当及时指出这一做法不是诗人的用意。对于整个国家来说，音乐发生任何形式或内容的变化都是充满危险的，应该预先防范。只要国家没有发生根本性质的变化，音乐也应当随之保持原有的风貌。这是戴蒙说的，我相信他说的。

阿：是的。把我也算上是同意这观点的人吧。

苏：因此，我们的守卫者还要守卫城邦里的音乐风貌。

阿：确实这种变化翻新的歪风邪气[94]容易悄然潜入。

苏：是，它容易被误认为不过是一种游戏，没有危害。

阿：是没有什么其他的危害。它主要是通过一点点地渗透，潜移默化地影响人的性格和习惯，再形成一股较大的力量影响人与人之间的关系，最后由人与人的关系蔓延至我们的法律和制度。苏格拉底，它最终还是会破坏无论公还是私的一切。

苏：呀！是这样吗？

阿：我相信是这样的。

苏：那就按照我们开头说的那样，孩子们玩的游戏必须是符合法律精神的正当游戏。如果游戏是不符合法律的，那参加的孩子们也会成为违反法律的孩子，那他们怎么可能成为品行端正、遵纪守法的公民。

阿：肯定是这样。

苏：因此，要是孩子们在做游戏时，从一开始就可以应用由音乐教育培养出来的守法精神，这种守法精神就会处处制约着孩子们的各项行为，反对他们参加不正当的娱乐，使他们健康成长。即便是国家发生了一定程度的变革，他们也会很快起来去恢复原有的秩序。

阿：确实是的。

苏：如果孩子们能在这样的教育环境中长大，那那些原本被前辈认为可以废除的微不足道的规矩，他们就能重新发现了。

阿：哪些规矩？

苏：例如，年轻人看到年长者来到应当保持肃静；要起立给年长者让座以示敬意；对父母要尽孝；还要注意自己的着装，以及各种体态举止，总之诸如此类都要时时刻刻注意。你有不同看法吗？

阿：我和你看法相同。

苏：但是，我不认为把这些规矩制定成法条就是聪明的做法。法律如果只是写在纸上而没有付诸实施，一切皆是空谈。

阿：那它们要怎么付诸实践呢？

苏：阿得曼托斯，一个人对未来道路的选择取决于他从小受过的教育和引导。正所谓“同声相应，同气相求”，凡事不总是这样的吗？

阿：是的。

苏：直到最终有重大的结果产生，这个结果可能是好的，也可能是不好的。

阿：当然喽。

苏：鉴于上述考虑，再把这些制定成法律已经没太大的意义。

阿：你的理由很充分。

苏：还有像是市场上人们的商务交易，如果你愿意让我再说的话，还有那些，和手工工人的契约，关于侮辱和伤害的诉讼，民事案件的起诉和陪审员的遴选，甚至还有人会提出市场及海港赋税征收问题等。总之，诸如市场的、海港的规则，是不是都要我们来一一制定成法律呢？

阿：当然不要，一下子强加在优秀的人头上这么多的法律条文是不恰当的举动。大多数情况下，他们是自己去寻找自己需要的法律条文的。

苏：对，朋友，只要诸神保佑他们能遵守和守卫住现行的这些法律条文就行了。

阿：否则他们将穷尽他们一生制定这些烦琐的法律，并永无止境地从事修订法律的工作，只为了那些法条能够更完善一些。

苏：你的意思是，这种生活和那些因纵欲无度患上痼疾的人不愿放弃死板的健康生活规律一样。

阿：很对。

苏：显然他们的生活极度荒唐，一面他们就医服药却不断加重他们的病情，一面他们还在指望有人能传授给他们一服灵丹妙药，快速使他们恢复健康。

阿：患病的人大抵都有这毛病。

苏：更有意思的是，只要有人说了实话，劝解他们如果继续吃吃喝喝，游手好闲，寻花问柳，那不管是药物、烧灼法还是外科手术，甚至是咒语、符箓还是别的任何方法都无法医好他们的病，他们就会视这些人为自己的敌人。

阿：根本谈不上有意思，敌视说实话的人不是什么好事的人。

苏：你似乎对这种人没有好感。

阿：的确没有好感。

苏：如果一个国家行事也和这种人一样，那你也会对这个国家没有好感吧。可是，不知道你有没有注意到有些国家的行为确实如此。国家的统治者禁止公民对任何不好的地方提出意见，任何想要改动国家制度的人都要处以死刑。可是那些宁愿在不良的秩序下满腔热情地为公民服务，奉承巴结讨好他们，巧妙地满足他们的要求的人，却被视为优秀的、智慧的、大有用处的人博得尊敬。

阿：是的，我是不会赞成这种和上述病人行为一样的国家行为的。

苏：那些自愿为这种国家服务效劳的人，你难道不去称赞他们勇敢且不计个人得失的精神吗？

阿：我称赞他们啊，不过不称赞那些缺乏自知之明的，因为许多称赞他们的人居然认为和他们是一伙的人了。

苏：你是什么意思呢？你不体谅他们一些吗？一个不会量尺寸的人由其他不会量尺寸的人告诉他说，他的身长是四肘尺，你觉得他会相信这些人说的吗？

阿：他为什么不相信呢？

苏：因此，你别生他们的气，不觉得他们也挺可怜的吗？就像我刚才说的，他们总在不断地制定和修改法律，希望以此来防止商业方面以及我说的其他方面的弊端的出现，但是他们显然不知道这样做，实际上无异于在砍九头蛇的脑袋[95]。

阿：的确，他们确实是这样。

苏：我的观点是，无论秩序好坏，真正意义上一个国家的立法家不花费过多的气力在法律和宪法的制定和修订上，原因是法律和宪法对秩序不良的国家而言几乎是毫无作用的，而对于秩序良好的国家来说，制定法律很多时候并不难，前面的法律条例都可以成为参考的依据。

阿：那在立法方面我们还需要做些什么？

苏：没什么了。特尔斐的阿波罗还要规定一下最重大、最崇高、最主要的法律。

阿：有哪些呢？

苏：祭神的庙宇和祭拜的仪式，还有对神、半神和英雄崇拜的形式，死者的殡葬形式，安魂驱鬼所举行的仪式，等等。这些仪式我们并不清楚，可作为一个有头脑的城邦建立者，我们怎么也不会宁愿放弃祖传的神祇经验，而给予这些仪式的法定原则全新的解释。要知道，这位神是为全人类解释他们祖先的一切宗教律令的神祇，这位神设在大地的脐石上的神座正是我们的祖先传达他的神祇的地方。

阿：你说得很对，我们是要这样做。

苏：因此，阿里斯同之子，现在你们的城邦已经是完整地建立起来了。下一步你首先要找到一盏明灯来照亮你寻找正义的路，你和你的兄弟玻勒马霍斯以及其他朋友都会来帮你一起想想用什么样的方法，不论诸神和普通人是否知道，去发现在这个城邦里，哪里有正义，哪里有非正义，两者之间是否有区别，还有想要得到幸福的人是要坚持正义还是要坚持非正义呢？

格：废话，你说过要亲自去寻找正义的。你还说过，如果不竭尽全力去帮正义的忙，那就是不虔敬的人。

苏：我是这样说过，我也必须这样做，但需要你助我一臂之力。

格：我们愿意。

苏：我希望用下面这些办法去寻找正义。首先，我要假定我们的城邦是善的，它已经正确地建立起来了。

格：那是一定的。

苏： 可想而知，这个城邦一定会是智慧的、勇敢的、节制的和正义的。

格： 这是很显然的。

苏： 所以，先假设这么多性质中的一种我们找到了，那剩下的没找到的那些不就是其他几种性质了吗？[96]

格： 有什么不对吗？

苏： 就好比有4样东西，假如我们要找到它们其中的某一个，并很快就找到它了，那我们肯定会感到十分满足。可是，如果我们先找到的是另外3个，这就足够说明最后一个不可能是别的而就是我们要找的那一个。

格： 说得对。

苏： 那么，我们现在要找的性质也正好是4个，何不用同样的方法来找找看？

格： 当然可以。

苏： 在这个城邦里，我们最先看到的性质应该是智慧，它是其中最具奇特之处的。

格： 有什么奇特之处？

苏： 我们建的这个城邦凡事都能有很好的谋划，所以它是智慧的，不是吗？

格： 是的。

苏： 能够很好地谋划本身就是一种知识的体现，因为有知识才能谋划，无知是做不到的。

格： 显而易见。

苏： 不过一个城邦总有各种各样的知识。

格： 当然。

苏： 一个城邦是否会因为它的木工知识而被视为有智慧，有好的谋划呢？

格： 绝对不是，这个只能说明它的木器制造业很发达。

苏：依你这么说，一个城邦就不会因为有木工知识或是能谋划如何生产最好的木器而被视为有智慧。

格：的确不能。

苏：那制造铜器或是其他一类东西的知识能不能成为它有智慧的原因呢？

格：也不能，绝对不能。

苏：那我想农业生产的知识也一样不可以吧！农业知识多也只能说明它农业发达。

2

格：我想也是这样。

苏：我们建立的这个城邦中的公民是不是具备某种用来整体考虑国家大事的知识，这些知识与考虑特定的某个城邦事务的知识不同，主要用来改进城邦的内外关系，有没有呢？

格：是有这样的一种知识。

苏：那是一种什么知识呢？它在哪儿呢？

格：这种知识就是护国者的知识，它存在于严格意义上护国的那些统治者之中。

苏：那又该如何称呼具有这种知识的国家呢？

格：我打算称呼它为有智慧的，深谋远虑的。

苏：那究竟是哪一类人数量更多？是铜匠多呢，还是真正的护国者多呢？

格：自然是铜匠更多。

苏：那护国者的数量与其他具有特定方面知识的人相比，是不是最少呢？

格： 少得多。

苏： 由此可见，依据自然[97]建立起来的国家，之所以说是有智慧的，就因为它是由占它总人口最少的那个部分以及占这一部分的最少的群体，来领导和统治全体公民应当具备的知识。并且，如所知道的，唯有这种知识才配称为智慧，而能够具有这种知识的人按照自然规律总是最少数。

格： 再对不过。

苏： 到现在为止，4种性质中的一种总算让我们找到了，而且还发现了它在城邦中存在的地方了。

格： 不论如何，它还是被找到了。

苏： 接下来，寻找勇敢和给国家冠以勇敢称呼的事物在国家的什么地方，应当就不难了吧！

格： 你凭什么这么说呢？

苏： 但凡我们提起勇敢，一般都会想到那些为了保家卫国而上战场的那些人，还会想到其他人吗？

格： 应该没有人会想到其他人的。

苏： 那我觉得，一个国家勇敢与否就不能视战士以外的人的勇敢或懦弱而定。

格： 是的，是不能这么做。

苏： 因此，一个国家是因为某一部分人的勇敢而被称作勇敢的。这一部分人具备一种能力，即他们无论在什么情形下，都认为他们只能害怕那些立法者在教育中告诫过他们的那些事情，他们将永远坚定地保持着这种信念。这是不是你所说的勇敢吗？

格： 你再说说，我还没完全了解你的话。

苏： 我的意思是勇敢其实就是一种坚持。

格： 一种什么样的坚持？

苏： 坚持这样的信念，也就是坚持那些法律通过教育告诫众人关于要害怕什么的信念。我说“无论在什么情形之下”的意思，就是想表达真正勇敢的人无论是苦恼还是快乐，或是欲望还是害怕，都要永远坚持这种信念而不放弃。我打个比方给你解释一下，如果你想听的话。

格：我想听听你的解释。

苏：你知道染色工人要把羊毛染成紫色前，要从众多不同颜色的羊毛中挑选质地最白的那些，认真细致地进行前期整理，以便羊毛最终成功地染上颜色。也就是说，只有经过了挑选和整理后的羊毛才能着手染色，通过这样的复杂程序后染上色的羊毛就不容易掉色。洗的时候用不用碱水[98]，颜色都不会轻易褪掉。但如果在染色之前没做好整理工作，那不论染上什么颜色，后果可想而知。

格：结果就是褪色且变成可笑。

苏：所以你应该知道，染色中的复杂程序和我们在挑选战士过程中采用音乐和体操的教育实际上道理是相通的，都是在尽力做一件事情。我们尽一切能力要达到的目标就要他们像羊毛接受染色一样，完完全全地相信并接受我们制定的法律，在得当的教育中让他们具备良好的天性，从而使需要他们坚持的信念可以牢牢地在他们心里扎根，还要使他们“所染上的颜色”不至于被快乐这种对信念具有最强褪色力的“碱水”洗褪，更不至于被苦恼、害怕和欲望这些也具有强褪色能力的“碱水”所洗褪。这种精神上的能力，也就是我个人主张称之为勇敢的能力，就应该能够永远坚持符合法律精神的正确信念。我这么说，你有什么异议吗？

格：我没有任何异议。因为，我觉得你对勇敢的理解是正确的。还有那些与教育无关的，与法律无关的，同样也会出现在兽类或奴隶身上的表现，我想应该不会称其为勇敢，而会另找合适的名称吧。

苏：你说得对极了。

格：我接受你对勇敢的解释。

苏：好。既然你接受我的解释，那在“勇敢”前再加一个限定词“公民的”应该也是对的。你要有兴趣，这问题日后我们还可以更充分地讨论。眼下我们的最终目的是要找到正义，为了达到这个目的，我认为关于勇敢这些已经够了。

格：有道理。

苏：现在还剩下两种性质要找了，那就是节制和整个研究的最终对象——正义了。

格：正是。

苏：我们能不能撇开节制直接找到正义？

格：我不想忽略节制直接去发现正义，当然我也没有想到有什么办法可以这么做。因此，还是请你先考虑节制吧，如果你想让我高兴的话！

苏：我当然愿意让你高兴。

格：那就开始讨论吧！

苏：我来研究一下。就目前来看，节制要比前面两种性质更像是协调或和谐。

格：为何？

苏：节制是一种好秩序，或对某些快乐与欲望的控制。我一直觉得人们常说的“自己的主人”这句话很古怪，还有其他一些类似的也是，但它们所表达的意思正是如此，你觉得呢？

格：是的，很对。

苏：你不觉得“自己的主人”这种说法很滑稽吗？说来说去其实都是一个人，因为一个人如果是自己的主人那肯定也是自己的奴隶；同样地，如果一个人是自己的奴隶也就当然是自己的主人。

格：是的。

苏：不过我也认为这种说法准确的意思应该是指，人的灵魂里的各部分有好坏之分，所谓“自己的主人”就是说其中坏的部分受天性较好的部分所控制，那这句话无疑是溢美之词。一个人由于坏的教养或者和坏人交往，那他灵魂里好的部分也是分量较小的部分，就会受制于分量较大的部分，也就是坏的部分，那他就会受到谴责，并被称作自己的奴隶和没有节制的人了。

格：是这样的。

苏：反观我们的国家吧。在这里会发生其中一种情况。既然一个人的较好的部分控制着他坏的部分，我们就可以称他为有节制的或是自己是自己的主人。那么称我们的国家是自己的主人就没什么问题了吧。

格：我看过了，你说的是对的。

苏：还可以发现，种种的欲望、快乐和苦恼其实都是出现在小孩、女人、奴隶和那些名义上叫作自由人的众多的下等人身上。

格：正是这样。

苏：只会有少数人，而且是那些天分最好且又受过最好教育的人，只有他们才能在理智和正确信念的帮助下，在人的思维的指导下，有分寸地控制着欲望。

格：对。

苏：你是不是也在这个国家里看到这一点了？可是，这里大量的下等人的欲望是被极少数优秀人物的欲望和智慧控制着吗？

格：是的。

苏：那我们的国家就一定不是那些被称作自己快乐和欲望的主人的国家，即自己是自己主人的国家。

格：一点没错。

苏：可是根据上述理由，我们的国家不是可以被称为有节制的国家吗？

格：是可以。

苏：此外，似乎也只有我们这个国家，它的统治者和被统治者，在谁应当充当统治的角色这个问题上取得了一致，你说是吧？

格：我一直都这样认为。

苏：既然如此，那你觉得节制发生在哪个部分的公民身上呢，是统治者还是被统治者呢?

格: 应该是这两部分人都有。

苏: 所以，之所以将节制说成像和谐，没错吧?

格: 为什么呢?

苏: 因为它的作用不同于勇敢、智慧的作用。勇敢和智慧是因为分别发生在国家的特殊群体身上而使国家拥有勇敢和智慧性质的，节制却并非如此。它分布在全体公民身上，它协调了最强的、最弱的和中间的（这里的强弱指的不但是智慧方面，只要你认同，还可以指力量、人数、财富或其他诸如此类的方面）形成和谐，就仿佛贯穿了整个音阶，结合了各种强弱的音符，最终谱成了一支和谐的交响乐。因此，我们很肯定地说，节制实际上是一种和谐和一致，是天性优秀和天性低劣的部分在不论是国家还是个人的统治和被统治问题上所表现出来的一致与协调。

格: 我完全同意你的意见。

苏: 好了，迄今为止3种性质都已经找到了。我们的国家剩下的那种美德的性质是什么呢?当然就是正义了。

格: 显然是的。

苏: 格劳孔啊，现在是我们要集中精神像猎人包围野兽的藏身处一般关注正义的时候了。千万别让正义被忽略了，轻易让它就从我们身边不知不觉地消失了。睁大你的眼睛，它显然就在附近，努力去找到它。假如你先看见了，就请你赶快告诉我。

格: 但愿我可以先发现，不过我最好还是当你的随从，我只能看见你指的东西，这是你最有效地使用我的方式。

苏: 既然这样，为了胜利，你就跟着我前进吧!

格: 你只管往前走，我会跟着来。

苏: 这里一片黑暗，难以到达呢!

格: 的确是一片黑暗，要找到还真不容易。

苏: 不管怎样，我们都得往前走!

格：好，向前进。

（**苏格拉底：**我突然看见了什么，于是招呼他。）

苏：喂，格劳孔，我想它逃不了了，它已经被我找到了。

格：我很高兴听到这个消息。

苏：真的，我们真的太愚蠢了。

格：为什么？

苏：你看，是我们总是没有发现它，其实这东西早就在我们跟前晃来晃去了。这就像是一样东西在手上，我们却始终找不到一样可笑，我们总是舍近求远地去注意远处。找不到它或许就是因为这个。

格：你说的是什么意思？

苏：我的意思是说，我们一直都不知道自己要找的东西实际上就是眼下用某种方式在谈论的东西。

格：对于急性子的听众来说，你的前言太冗长了，赶紧言归正传吧！

苏：你看我说得对不对。在建立这个国家的时候，我们曾经制定了一条总的原则。我认为这条原则或者类似的其他原则事实上就是正义。不知道你还记不记得，当时制定的那条常常被提起的原则是：任何人都要在这个国家里去从事最符合他天性特征的职务。

格：是的，我们是说过这点。

苏：再者，我们往往会和其他人一样说过，正义就是心无旁骛地只做自己的事。

格：是的，我们也说过这话。

苏：朋友，那从某种角度理解做自己的事就是正义。可是，这个结论是怎么推导出来的，你知道吗？

格：不知道，请你告诉我。

苏：我认为，考察过节制、勇敢和智慧这 3 种性质后，最后一个在国家里的就是正义了，而正义恰好就是那个能够让节制、勇敢、智慧在这个国家产生，并自产生之后就始终保护着它们的品质。我们提到过，只要找到3个，剩下的一个就一定是正义了。

格： 这是必然的。

苏： 不过，如果有人要让我们在4种性质中说出哪一种最能使国家变得善，究竟是统治者和被统治者的意见相同呢，还是法律、教会、军人保持自己的信念呢，还是统治者的智慧和守卫呢，还是每个人都只做符合自己天性的工作这个体现于儿童、妇女、奴隶、自由人、工匠、统治者、被统治者所有人身上的品质呢？这个问题似乎很难回答。

格： 的确很难判断。

苏： 看来，好像就是“每个国家里的人只做分内的事”这个品质可以决定智慧、节制、勇敢较量能力大小，完善国家的品质。

格： 是的。

苏： 那可以决定智慧、节制、勇敢较量能力大小，完善国家的品质不就是正义吗？

格： 正是。

苏： 如果换个角度考虑能让你信服的话，那我问你，你们是不是委任统治者审理法律案件吗？

格： 是的。

苏： 他们审理案件除了让每个人都不拿别人的东西，也不让别人拿自己的东西外，还有其他的目的吗？

格： 确实只有这个目的。

苏： 这个目的是正义的吗？

格： 是的。

苏： 就这点而言，显然，正义就是拥有自己的东西，干自己的事情，这点我们可以达成一致了。

格： 正是这样。

苏： 你再考虑一下，看看同不同意我下面的说法。如果让一个木匠做鞋匠的事，或是一个鞋匠做木匠的事，他们彼此交换工具或是地位，或者是同一个人兼顾做两件事，这种交换不会对国家产生很大的危害，是吧？

格：我想应该危害不大。

苏：如果天生是手艺人或是生意人，但受到了财富、身体强壮、政治优势等有利条件的诱惑后，企图爬上军人等级；或者是军人企图爬上与他们身份不相配的立法者和护国者等级；或者这几种不同等级的人企图相互交换工具和地位；再或者同一个人同时兼顾从事多种业务，出现这些交换和干涉的情况的话，你应该也会认为它将导致一个国家的毁灭吧。

格：绝对是的。

苏：可见，这三类人彼此干涉工作、替代工作都会对国家造成危害，这样的事情应该就是最坏的事情了。

格：确实可以这么说。

苏：你不是说给国家造成最大危害的应该是非正义吗？

格：难道不是吗？

苏：那这就是非正义。正义应该是这三类人各司其责，互不干涉，这样的国家才是正义的国家。

格：我觉得应该也是这样。

苏：但是，我们还不能这么草率地就把正义的定义最终定下来。只有当它同样也适用于个人时，我们才无话可辩，只能承认它确实是正义的最终定义了，要不然我们就要另求正解。现在我们继续完成对正义的定义工作吧。在这一过程中我们已经假设，找到一个包含正义的大东西并找出其中的正义，那正义在个人身上如何体现就显而易见了。一度我们觉得这大东西就是城邦，而且还费尽全力建立我们观念中最好的城邦，因为我们清楚地知道，在这样的城邦里才会有正义。既然如此，就相应地把这种方法应用在个人身上吧。如果两者的结果是一致的，那么我们就可以将在个人身上发现的不同之处重新放到城邦里进行检验。两者参照比对，反复摩擦比较研究就能很快找到正义，而当我们发现它时，就可以将它牢牢铭记在心。

格：你提出的程序很不错，就这么做了。

苏：如果两个名称相同的事物，一大一小，那它们是相同的呢，还是即便名称相同却是不同的呢？

格：相同的。

苏：仅从正义的角度来看，一个正义的人和一个正义的国家两者毫无区别吗？

格：是的。

苏：刚才我们提到如果城邦里那三类不同的人各司其职时，这个城邦就是正义的城邦，而且城邦还因为他们的某些其他情感和性格将具备节制的、勇敢的和智慧的品质。

格：是的。

苏：我的朋友，个人也是如此。我们可以假设个人的灵魂也和城邦一样具备那几种品质，并且也期望个人和城邦也因此能得到相同的名称。

格：这毫无疑问。

苏：另外，我们还有一个比较简单的问题，就是研究人的灵魂里是否真的具备这3种品质。

格：我倒不觉得这个问题有多简单。苏格拉底，俗话说得好："不入虎穴，焉得虎子。"

苏：那是没错，不过我也要告诉你，格劳孔，我认为我们现在的这个论证方法似乎是弄不清楚这个问题的答案的。用这种办法只能让问题得到一定程度的解决，像前面解决的那些问题那样，但真正要解决这个问题的方法应该要经过复杂且漫长的过程。

格：解决到那样的程度不够吗？我觉得，眼下这个程度就可以了。

苏：我也觉得挺满意的了。

格：不过别厌烦，我们还要继续研究下去。

苏：那就有必要承认我们每个人身上其实都有和城邦一样的那

几种品质和习惯[99]吗？因为个人城邦是无法从其他渠道获得这些品质的。要知道，如果有人认为，城邦里出现的品质[100]的来源不是公民个人，而这些公民身上正好具备像色雷斯人和西徐亚人或是一般北方人的品质，那这种说法必然是荒谬的。其他的诸如城邦的智慧品质（这种品质是属于我们建立的城邦的），或是贪婪这种品质时（这是种在腓尼基人和埃及人身上不相上下的品质），也都应该是来源于城邦里的个人品质。

格： 对。

苏： 事实是这样，理解起来就不困难了。

格： 当然不困难。

苏： 但是，如果有人进一步问，个人的品质也是分开的三种类型还是一个完整的整体呢？要想回答这个问题就不容易了。是不是学习的时候，我们用到的是一种品质，愤怒时是另一种品质，而需要满足欲望时，则是第三种品质在起作用？还是每一项活动其实都是整个灵魂作为整体在起作用呢？想要确定这一点是有点困难了。

格： 我也这么觉得。

苏： 那就让我们试着回答这个问题吧，它们是彼此独立的几个品质还是一体的呢？

格： 这要怎么回答呢？

苏： 众所周知，一个事物的同一部分由于与此事物关联，因此不可能同时有相反的动作或起相反的作用。所以，如果同一事物出现相反动作，那一定是不同事物在起作用而非它内部同一部分的作用。

格： 很好。

苏： 请注意我的话。

格： 说吧！

苏： 同一事物的同一部分能既动又静吗？

格： 无论如何是不可能的。

苏： 我们再明确一下吧，以免今后的讨论出现分歧。我假设有个人站着不动，但是他的头和手在摇着，会不会有人认为，这是同一个人既动又静。在我看来，这种说法应该是不对的，我们只能说这个人有一部分在动而另一部分保持安静，是吗？

格：是的。

苏：如果对方更巧妙地把这种玩笑继续开下去，就比如陀螺的尖端固定在一个地点转动着，此刻的陀螺就是既动又静，其他任何固定在定点旋转的物体也是如此。这种说法我们一定是不能认同的，因为此时静止和运动着的不是事物的同一部分。就它们自身内轴心的直绕部分和另一圆周线部分而言，如若就直线部分角度来看，那旋转物体是静止的，如若不往任何方向倾斜的话，在圆周线角度看它们是在运动的。但如果转动时轴心线向任何一个方向倾斜，那旋转物体都谈不上是静止的。

格：对。

苏：这样的话，就没有什么这一类的话会把我们搞糊涂了，也没有什么能让我们相信同一事物的同一部分可以同时做相反的动作这一观点了。

3

格：我相信应该不会再有了。

苏：不过，其实我们大可不必一一悉心去证明类似反对意见的谬误，只要我们先假定它们是错的，并在这个假定下继续研究，但是我们心里要牢记，只要一发现这个假定有问题，就要把所有由它引申出来的结论全部撤销。

格：我们是必须这样做。

苏： 另外我想问你，下面这些彼此之间是否是对立的，像是赞同和异议、索取和拒受、吸引和排斥？不管是主动还是被动都是如此，毕竟这对于它们之间的对立没多大影响。

格： 是的，无论怎样它们都是对立的。

苏： 你不打算把通常意义上的欲望，包括干渴和饥饿、愿望和希望也归入前面说的那些东西里去吗？你不觉得那些有所求的人的灵魂在索取想要的东西时，总期待把拥有这样东西的人吸引过来吗？或者，当某一个人极度渴望要得到某一东西时，他的灵魂会由于这种强烈的要求不屈服于他自身的愿望（就好像有个人在向他提出这个问题一般），最终让他得到这个东西吗？

格： 我觉得是这样的。

苏： 你对于不愿意、不喜欢和无要求又有什么样的看法？我们要不要把它们都纳入灵魂的拒绝和排斥当中，也就是说，归入灵魂的欲望的反面那一类中去？

格： 应该。

苏： 简言之，关于欲望的说法如果是对的，那欲望就不该认为是一个类，它当中最明显的例子是我们所说的干渴与饥饿吗？

格： 是应该这样认为。

苏： 这两种欲望不就是前一个索求饮料，后一个索求食物吗？

格： 是的。

苏： 先说渴，渴是灵魂对饮料的欲望，这里我们除了提到饮料外，还说到别的什么没有？我们有没有具体指出需要的是热饮还是冷饮，饮料的数量多少，或者是需要哪一种的饮料等？但是，如果是渴且感觉热，那么满足灵魂欲望的只能是冷饮了，如果是渴且感觉冷，那需要的就会是热饮，是吧？如果渴的程度高，需要的数量就多，反之，需要则少，是吧？单纯的渴只要求得到它本性所要求的那东西，即饮料本身，可见，欲望的最终目的在于得到，它不会有太多的其他的要求。那么饥饿对食物的欲望也应该如此，不是吗？

格：是这样的。任何一种欲望本身只求得到自己本性需要得到的那种东西，只有特定的某种欲望才会对所需要的东西提出特定的要求。

苏：说到这儿，兴许有人会反对。他们认为任何人都会要求好的饮料而不仅仅是饮料，食物也是如此，因为大家都希望自己得到的东西是好的。所以，渴的欲望自然是希望得到好的饮料，别的欲望也同样如此。我们要认真对待这种反对意见，别因此而自己被搞糊涂了。

格：反对意见听起来有点道理。

苏：不过，我们还是要坚持认为，特定性质的东西和特定需求相关，仅仅是本身的东西只和本身相关者有关。

格：我不懂你的意思。

苏：你应当明白的，所谓较大的东西是一个相关的名称。

格：这一点我很清楚。

苏：那是不是和较小的东西相关呢?

格：是和较小的东西相关。

苏：大得多的东西和小得多的东西相关，是吧?

格：是的。

苏：特定时刻的较大的东西与特定时刻的较小的东西相关，将较大者和将较小者关联，不也是这样吗?

格：也是这样。

苏：就像是较多者和较少者相关一样，倍者与半者相关等，还有较重者关联着较轻者，较快者关联着较慢者，较热者关联着较冷者，以及其他此类都应该是这样吧?

格：是这样。

苏：科学呢，也是如此吗?科学本身就只关于知识本身，或是其他那些被我们假定为科学对象的东西。但一门特定的科学是关于一种特定知识的。我的意思是，就好像是有建房造屋的科学，被称作建筑学，它有别于其他特定的科学，不是吗？

格：难道不是这样吗？

苏：不是就因为它是特定的，有区别于其他学科的性质吗？

格：是的。

苏：是因为它有特定的对象才有了这个特定的性质，是吗？其他科学和技艺是否也同样如此？

格：是这样。

苏：要是你现在了解我的意思，那你就一定知道，我说的那种相对关系的话，其用意也就在于此。我说过，仅仅是本身的东西与本身的东西相关，特定性质的东西关联的是特定性质的东西。不过我不会因此就说，它们彼此关联因此就是同类，诸如说关于健康和疾病的科学也就是健康的科学与疾病的科学了，关于丑陋和美德的科学就会是丑恶的科学与美好的科学了等，我不是这个意思。我想表达的是，当科学不再是一般科学，而是关于特定对象时就会被称为某个特定科学，像是关于疾病和健康的科学，它就不能再被单纯地称作“科学”，而应该称为医学这一特定名称。

格：我懂了。我也这么认为。

苏：再来说渴。你不认为渴也是那种与某种事物相关的东西之一吗？渴无疑无某种事物相关。

格：我觉得，它和饮料相关。

苏：那么特定性质的饮料是不是就要有特定性质的渴与之相关呢？但是，与单纯渴自身相关的饮料却无所谓多少或是好坏，也就是说单纯的渴自身仅仅和单纯的饮料本身关联着，不是吗？

格：无疑是的。

苏：渴的灵魂需求如果仅仅是渴，那它要的就只是饮料，而就没有别的，对它而言，它竭力想得到的就是饮料而已。

格：这很明显。

苏：当一个人渴的时候，他的心灵里若是有个东西阻止他喝，那一定是一个不同于那个感到渴且极度渴望获得饮料的东西，不是吗？还记得我们说过，同一事物的同一部分是不可能在同一事情上有相反的动作的。

格： 是不可能。

苏： 所以我认为，在射箭者的那个比方里，确切地应该说他是一只手推弓另一只手拉弓，而不是既拉弓又推弓。

格： 确实是。

苏： 有没有可能一个人感到渴却不想喝？

格： 这很常见。

苏： 这个例子人们会怎么看？是因为人的灵魂里有一个让饮，一个不让饮的两种不同的东西，此刻阻止的力量更大些，是吗？

格： 我也这样认为。

苏： 而且，阻止这种行为的阻止者，它是依据理智来阻止的，而牵引者却是依靠情感和疾病，不是吗？

格： 显然是的。

苏： 这样的话我们就有理由假定它们确实是彼此不同的两个。一个灵魂的理性部分，主要用于思考推理的；另一个则是主要用来感知爱、饿、渴等物欲的骚动的，称作心灵的无理性部分或是欲望部分，它是各种满足和快乐的伙伴。

格： 我们这样的假设是有道理的。

苏： 那我们就赞同在人的灵魂里确实存在着这两种东西。再说激情[101]，通常我们用于发怒的东西，它是这两者其中之一呢，还是独立于两者之外的第三者呢？

格： 它或许应该属于其中之一的欲望吧。

苏： 但是，我听过这样一个故事，我相信它是真的。故事说，阿格莱翁之子勒翁提俄斯从比雷埃夫斯进城去，路过北城墙时，看到刑场上躺着几具尸体。他想看却又害怕看，他暂时忍住了厌恶，把自己的头蒙了起来，屈服在欲望的力量下，他突然睁大眼睛冲到尸体跟前骂自己的眼睛说："看吧，坏东西，你就把这美景看个够吧！"

格：我也听说过这个故事。

苏：这个故事的寓意在于，愤怒有时会以不同于欲望的身份与欲望发生冲突。

格：是这个意思。

苏：这样的事例不是经常可以看到，当一个人的欲望战胜了理智，他会骂自己，生气的对象正是自己体内的这股力量。在这场斗争中，理智是人的盟友。尽管理智反对欲望，但他仍然会站在欲望的一边反对理智。这种事情你大概一定不会承认曾发生在你自己身上，在我看来，也不可能曾经出现在其他任何人身上。

格：是真的，绝没有过。

苏：越是高贵的人，越不会因为那些自己的错而受到的饥、寒或其他诸如此类的别人加诸他的苦楚而感到愤怒，当然这些加在他身上的做法在他看来是公正的，也就是说，他的欲望被理智拒绝去反对这个人，我这样说对吗？

格：对的。

苏：但是，一个认为自己待遇不公的人，他又会如何呢？他的情感会因此激动发怒，随后他会站在他认为是正义的那方并为其作战，他会很奋力地争取胜利，只因为自己受到饥、寒以及其他诸如此类的苦楚，在此过程中，他高贵的灵魂是不会平静下来的，直到杀死对方或被对方杀死，直至听到理智的呼唤才会停战，就像狗听到牧人禁止的声音才会停止吠叫一样。是这样吧？

格：你打的比方很贴切。我们已经说过了，城邦里的辅助者就像狗一样，统治者是牧人，前者要听命于后者。

苏：你已经很透彻地理解了我的意思，不过还有一点不知道你是否注意到了？

格：哪一点？

苏：眼下我们对激情的观点似乎与之前的印象相反。刚才我们假定它是欲望的一种。但现在截然相反了，它似乎更愿意被归入在灵魂的两大类的理性当中。

格：当然。

苏：那么它和理性有没有不同，还是它不过是理性的一种，这样的话是不是灵魂里只有理性和欲望两种东西而不是三种呢？也或许，灵魂也同国家由三等人——生意人、辅助者和谋划者——组成一样，也同样有一个有别于欲望和理性的第三类呢（如果它不被坏的教育带坏的，它应该是理智的天然辅助者）？

格：一定是第三类。

苏：如果我们可以证明它是不同于理性的另一种东西的话，就同证明它是不同于欲望的另一种东西一样，那就可以肯定确实有第三类了。

格：这不难。从小孩身上就能发现，一出世他们就充满了愤怒，可是很多孩子却从未使用过他们的理智，大多数孩子使用理智都已经是很迟很迟以后的事情了。

苏：确实是这样，你说得很好。此外在兽类身上，我们也发现了你说的那种现象。其实，我们之前引用过的一句荷马的诗也能说明这点。

捶胸叩心责备自己。

在这行诗里，荷马分明已经把愤怒当作区别于理智的另一个东西，理智是用来判断好坏的，它责备的是那个主管愤怒的缺乏理智的器官。

格：你说得很对。

苏：我们经过了这么漫长的过程终于到达了目的地，在这个问题上取得了一致，在国家里存在着东西在个人的灵魂里其实也存在着数目相同的东西。

格：是的。

苏：那照这么看是不是可以得出下面这样的结论，个人智慧和国家智慧实际上是同一智慧，因此使个人和国家得到智慧之名的品质也应该是同一品质？

格：当然可以这样推论。

苏：我们应该也可以这样推论，个人的勇敢和国家的勇敢也是同一勇敢，使个人与国家得到勇敢之名的品质也是同一品质，其他美德在个人和国家两者间也有类似的关系。

格：那是必然的。

苏：格劳孔，既然这样，那我们承认国家正义和个人正义的标准就应该一致。

格：我也觉得这很必要。

苏：不过我们还是要注意，国家的正义是要求那三种人各司其职。

格：我们都没忘。

苏：所以，每个个人身上的各种品质也必须各自起各自的作用，那能称为正义，也就是做他分内的事情。

格：的确应该牢记这一点。

苏：我们是不是要让智慧的理智起领导作用，服从它和协助它去为整个心灵的利益谋划？

格：应该如此。

苏：我们之前就说过，音乐和体育协同教育会让理智与智慧协调发展，它们用优雅的言辞和良好的教训培养与强化理智，同时又用和谐与韵律使其温和而文明？

格：完全对。

苏：当教育发挥了它自己的作用，当理智和智慧都受到如此教育，它们就会去控制人的欲望，那些占去每个人灵魂的最大部分，本性贪婪的欲望，理智会监视着它们，避免让它们超越自己的本分去控制其他的部分，为了满足肉体的快乐不再恪守本分，最后毁了人的整个生命。

格：完全正确。

苏：那是不是这样，这两者一个出谋划策，另一个支配和控制人们为完成它的目标而奋勇作战，联合起来才能达到守卫整个灵魂和身体不受入侵的最佳效果？

格：是这样。

苏：因此我认为，一个人如果能做到始终坚持自己应当惧怕什么，不惧怕什么的这一理智教会他的信念，无论什么条件下，那他都应该因此被称作勇敢的人。

格：对。

苏：那在每个人身上起领导和教授信条作用的部分就应该被称为智慧吧，毕竟只有它也被假定为既懂得这三个部分各自利益也懂得这三个部分共同利益的。

格：完全对。

苏：当人身上的理智作为领导，三个部分彼此协调，欲望也在它的领导下安分不反抗，那这样的人不是有节制的人吗？

格：的确，无论国家还是个人节制，美德就应该是这样的。

苏：我们已经一再地强调过了，什么样的品质才能让一个人算得上是正义的人。

格：很对。

苏：你是不是觉得个人的正义形象和国家的正义形象有所差别，有点模糊，像是另外一个东西？

格：我不觉得。

苏：这就对了。须知，如果我们还在一定程度上怀疑这个定义的话，找一些平常的事例就可以证明我们的怀疑是错的。

格：你指的是什么样的例子？

苏：假设要我们回答这样一个关于正义的国家和一个与之相同有着正义修养的个人问题，我们会不会相信正义的人被托付了大量钱财后，会比非正义的人更有可能侵吞盗用它们呢？

格：没有人会相信的。

苏：这样的人也不会渎神、偷窃，也不会出卖朋友，或是做出背叛祖国的事情吧？

格：绝不会的。

苏：那他无论如何也不会不信守誓言或违约吧？

格：怎么会呢？

苏：就算是其他人都染上通奸、不尊敬父母、不履行宗教义务的这些恶习，这样的人应该也不会。

格：他们是绝不会的。

苏：归根结底就因为他们心灵的每个部分都各司其职，领导的在领导着，被领导的在被领导着吗？

格：正是这样。

苏：那除了我们刚才提到的那些能使人和国家正义的品质外，还要寻找什么别的作为正义吗？

格：说真的，我不想再找了。

苏：到现在为止，我们的愿望都已经实现了，我们在建立城邦最初对正义的定义所做的推测，也已经得到证实了。

格：的确。

苏：格劳孔，木匠做木匠的事，鞋匠做鞋匠的事，所有人都各司其责，不干涉他人，只有这样的分工才体现了正义的影子，同时也是它[102]之所以可用的原因所在。

格：显然是的。

苏：真正的正义就是我们描述的那样，它关乎内在的“各做各的事”，即真正关于本身的事情。这就要求正义的人灵魂里的各个部分不得相互干涉，做自己分外的事情。他要做到自己的内心秩序井然，对自己友善，首先要真正安排好自己的事情，做到自己主宰自己。当他做到灵魂的三个部分彼此协调，就仿佛协调一首乐曲中的高音、低音、中音及其他各音阶那样，各个部分既彼此独立又彼此协调节制成一个和谐的整体，此时任何他认为有必要的事他都会认真去做，像是挣钱、照顾身体，或是某种私人事务。在做这些事情的过程中，他们都以智慧作为指导，坚信并保持某种和谐状态的行为是正义的好行为，而把因愚昧破坏了这种和谐状态的行为看作非正义的行为。

格：苏格拉底，你说得非常对。

苏：那既然你认同我说的是对的，那我们就可以说正义的人、正义的国家以及它们各自内部的正义各是什么这些问题我们都找到答案了。

格：是的，没错。

苏：那就这么定了吗？

格：就这么定下来吧。

苏：这个问题就谈到这儿吧，下面我们开始研究非正义吧。

格：是要开始研究它了。

苏：事实上，非正义就是我们说过的三部分彼此间不和谐，处于斗争、彼此干涉的状态中，或是其中的一个部分企图在灵魂内部取得领导地位，进而反对整个灵魂，而它本来的职责却是像奴隶一样接受领导，是吗？我觉得我们要研究的正是这种东西。像是非正义、不节制、懦怯、无知，这些笼统地说，都是灵魂内部三个部分的混淆与迷失。

格：正是这个。

苏：如果上述已经是非正义和正义的定义，那“做不正义的事”“是不正义的”，还有下面的“造成正义”这些个概念的含义也跟着就不言而喻了吧？

格：怎么会呢？

苏：它们就类似健康和疾病，差别仅仅是后者说的是肉体上的，前者说的是心灵上的。

格：为什么会这样？

苏：健康的东西带来内部健康，不健康的东西带来内部疾病。

格：是的。

苏：那做正义的事带来内部的正义，做非正义的事就带来内部的非正义，是不是也可以这样推理?

格：可以。

苏：健康来源于身体内部的一些成分，它们合自然地有的统治着有的被统治着，相反，疾病则是身体内部一些成分仅自然地有的统治着有的被统治着。

格：是这样的。

苏：同理，正义也就是灵魂中也有一些相互间合自然地有的统治着有的被统治着的成分，如果这些成分彼此间仅自然地统治着和被统治着就会造成非正义，不是吗?

格：的确是的。

苏：那么美德似乎是一种心灵的健康，心灵的美和坚强，反之则是心灵的一种疾病，丑和软弱无力。

格：是这样。

苏：那做好事就能养成美德，做坏事则只能是丑陋了，是吧?

格：一定的。

苏：我们还剩一个问题，那就是究竟是做正义的事，做正义的人（不论是否有人知道他是这样的）更有利呢，还是做不正义的事，做不正义的人（只要不遭到惩罚）有利呢?

格：苏格拉底，我觉得你说这个问题就有点可笑了。你知道，一个本质坏掉的身体即便拥有再多的财富、权力或是食物都已经挽救不了了。人赖以存活的生命要素都遭到破坏而灭亡，那活着的价值何在?已经没有正义的人不论做什么他想做的事，都是不能摆脱非正义的，更不用说赢得正义和美德了。你要知道这些都已经在前面被我们一一证明过了。

苏：这个问题是有点可笑了。不过我们的讨论都已经爬到这个高度了（在这里一切事物的真实情况尽收眼底），我想还是继续走下去吧。

格： 我发誓我不会懈怠。

苏： 那到这里来吧，你可以看得更多一些，我指的是那些值得一看的。

格： 我的思维正跟着你呢，讲下去吧！

苏： 我们的论证走到这个高度，站在这里，我发现其实美德虽是一种事物，但它形式有无数种，且值得注意的有那么 4 种。

格： 这话什么意思？

苏： 我是说，政体有多少种类型，灵魂也跟着有多少种。

格： 到底有多少种？

苏： 政体有 5 种，也就有 5 种灵魂。

格： 请告诉我，哪 5 种？

苏： 其中之一就是我们所建立的城邦的政体，它有两种说法：王政或贵族。王政是指由统治者中的一个卓越的人掌权，如果掌权的是两个或两个以上的统治者叫作贵族。

格： 对的。

苏： 这两种形式实际上属于同一种政体。因为无论是多人掌权，还是一人掌权，只要他们所受到的教育是我们提倡的那一种，那我们所提出的法令和制度就不会被更改。

格： 一定是的。

第五卷

1

苏：这样的国家、体制和人物都可以称之为善与正义，如果就管理国家和培养个人品质方面而言，那这就是一种善的制度，其余剩下的制度则是谬误的，恶的制度。恶的制度可以分为4类。

格：哪4类？

（**苏格拉底：**当我正要按自然顺序罗列那四类制度时，坐在阿得曼托斯不远处的玻勒马霍斯用手从上面抓起格劳孔上装的肩部，拉近后耳语了几句，我们只听到其中有这么一句："我们是放他走呢，还是怎么样？"其余都没听清。阿得曼托斯听后说："说什么也不能让他走。"他这话说得相当响亮。于是我问他们。）

苏：你们两人说的"不能让他走"中的"他"指谁呢？

阿：指你。

苏：指我吗，为什么？

阿：我们都觉得你在偷懒，你企图逃避辩论中的一大段，不做解释地就敷衍过去。关于妇女儿童的问题你似乎就是草草地说了几句，就是那个"朋友之间一切共有"原则，你说的就仿佛所有人都习以为常地认为可以应用在妇女儿童身上，你打算这么敷衍了就走吗？

苏：难道我说得不对吗，阿得曼托斯？

阿：你说的是没错，但对的东西你也欠个解释，至少你要告诉我们如何"共有"啊？共有很多种不同的做法，你想说的是哪种应该告诉我们。我们已经等了好久，因为在我们看来妇女儿童的问题很重要，搞得好不好都可能事关国家的命运，所以总在期待听听你在儿童的生育和培养问题上的高见，听听你对你自己讲的妇女与儿童公有问题有什么解释。眼下你不但没把这问题解释清楚，反倒想跳到另一个问题上。因此，在你没把这问题说个一清二楚之前，你刚才已经听到了，我们是绝对不会放你走的。

格：好，我也赞成。

色：苏格拉底，你就把这看作我们大家一致的决定吧。

苏：你们这是在做什么，是打算和我过不去吗？难道你们打算从头开始把国家体制再辩论一番吗？要知道这是多么大的一场辩论呀，我还满心欢喜地以为辩论总算结束了，只要你们接受了我的想法，我就心满意足了。你们都没预料到这个要求会再次引起一场激烈的论辩。我能预料到这一旦陷进去就无法抽身了！

色：你以为我们是来这里干什么的？我们不是来淘金发财的，是来听你讲的啊！

苏：听讲也总有个限度嘛。

格：苏格拉底啊，你要明白，听这样的谈话，对一个有头脑的人来说，它的限度就是至死方休。请你不要厌烦地去回答我们提出的问题，至于我们你就不用操心了，你只要告诉我们，我们的守卫者怎么做才能把妇女与儿童归为公有；一般来说，大家都认为儿童从出生至接受正规教育这一阶段是教育最为困难的时期，那这一时期应该用什么方式进行培养。请告诉我们，这些问题要怎么解决。

苏：我的好朋友，要解释清楚这个问题要比前面的任何一个都难，这里有太多的疑点。人们总会质疑我的建议行不行得通；就算说行得通，人们也还会质疑这做法是不是最善。我怕人们总会认为我的建议是场空想，因此我总避开这个问题。

格：不用怕。我们是善意的，充分信任你的，也会理解你的困难的。

苏：老朋友，你是为了鼓励我才说这些话吗？

格：是的。

苏：只不过结果并不如你们所愿。假设我原本就对自己的解释很有信心，那你的鼓励会给我很大的支持。如果讨论大事时能和志同道合的朋友们在一起，胸有成竹，说起来自然会是头头是道。不过目前的我，胸无成竹，诚惶诚恐，仓促解释是可怕而危险的。我不是怕人家嘲笑，那太孩子气，我害怕迷失真理，不但自己在最不应该摔跤的地方摔了跤，还把我的朋友们统统拉下水。所以，格劳孔啊，我打算在说之前先向复仇女神致敬，求她宽恕。因为我总认为混淆美丑、善恶、正义与非正义的罪恶要远比失手杀人来得大得多，欺世惑众，这是多大的罪恶啊。我总觉得这么做是在冒险，只能在敌人中间干而不能在朋友之间干的。因此，你的鼓励是给不了我支持的力量的。

格（带笑）：苏格拉底啊！你大胆地讲，即便你偶有错误，对我们有害，我们也会像对待误杀案一样赦你无罪，不算你欺骗了我们。

苏：好吧，从法律上讲一般都是无罪释放，法律尚且如此，那么我们这里的辩论想必也是这样。

格：既然如此，讲下去吧，不要再推托了。

苏：那首先，我们要按照应有的顺序，把该理清楚的东西先梳理一下。说完男子后，是该让妇女登台谈谈她们的问题了，特别是在你们如此着急地想听我讲的情况下，这无疑是个好办法。我们前面提到的那些受过我们提倡的教育的男人，在我看来，他们是应该和我们最初建议的那样，保有与使用孩子和妇女的唯一正确的方式。你记得之前那个关于他们作为羊群守卫者的论证过程吗？

格：是的。

苏：我们还打这个比方，给妇女同样的培养和训练，你觉得这样恰不恰当？

格：什么样的培养训练法？

苏：是这样，我们可以设想一下，母犬应该在外协助公犬的警卫工作进行搜寻，还是应该在窝里生育和抚养小犬，而让公犬单独从事警卫羊群的工作呢？

格：其实应该所有工作大家一起干，当然除了母犬比公犬稍弱以外。

苏：饲养方法和训练方法相同的兽类能不能区分使用呢？

格：不能。

苏：因此，要平等地使用男人和女人，不区分使用，首先要求给予女人相同的教育。

格：是的。

苏：教育男人我们用的是音乐和体操。

格：是的。

苏：为了像男人一样使用女子，我们也必须用这两项来教育女人，军事教育也是不可或缺的。

格：你说的看起来很有道理。

苏：好，其实我们刚才提的那些建议，我怕有人会觉得好笑，如果真要实施的话，有些是违反当前的风俗的。

格：的确。

苏：你觉得这当中最可笑的是什么？女子在健身房里赤身裸体[103]地和男子一起锻炼不是最可笑的吗？不仅年轻女子这么做，年纪大的女人满脸皱纹，跟老头儿一样，就算看上去不顺眼，也在那儿坚持着，这不可笑吗？

格：就眼下来说似乎有些可笑。

苏：既然我们已经开始讨论关于女子体育和文艺教育的改革，尤其是军事训练，如携带兵器和骑马等方面的问题，就得一直坚持下去，坚持下去就不要怕听到一些挖苦的声音。

格：你说得很对。

苏：我们出发了就不能轻易放弃，就算这路上有这样那样的困难。我们只能请求那些批评家的态度严肃一点，让他们先回忆一下从前的希腊人，就在不久以前，他们还和大多数野蛮人一样，认为哪怕是赤身裸体也是件很可笑的事情。你难道不知道最初克里特人和后来斯巴达人开始裸体操练时，那些个才子派的喜剧家们也开过他们的玩笑吗？

格：确实如此。

苏：这类事情坦荡荡地说出来总比遮遮掩掩要好，何况，有时候肉眼看来可笑的事物在理性面前就不那么可笑了。这无疑证明了下述这种人的话乃是一派胡言：他们不认为是可笑的，却认为别的都是可笑的；他们不去讽刺愚昧，却始终盯着别的现象加以讥讽；他们一本正经地拼命给美定标准，却不以善为美的标准。

格： 你说得完全对。

苏： 那么首先我们要针对这些建议是否行得通这个问题达成一致，是吧？不管发言人是玩笑，还是认真的，我们都必须准备提出这个问题：就天性而言，女子能和男子一样胜任他们的工作吗，还是只能干好其中的几项，还是什么都干不了？如果说女子可以胜任其中的几种，战争算不算其中的一项？这样由浅入深的讨论方法，能不能够得到最完美的结论，算不算是最好的方法？

格： 这是很好的方法。

苏： 此外，要不要预设一下辩论的对方向我们发出的诘难，这样的话可以避免因没有人替他们辩护，只听到我们的一面之词呢？

格： 你完全可以这样做。

苏： 或许可以替他们说这样一句话，亲爱的苏格拉底、格劳孔呀，其实你们已在建立你们国家之初，早就定了一个原则，即任何人都要做适合自己的工作。既然这样，批评你们还有什么必要。

格： 我想我们的确是这样做的，不是吗？

苏： 他们会问我们，男子与女子之间的差别不是很大吗？如果我们回答有，他们会继续问从照顾这些差别的角度上考虑，要不要给男女安排不同的工作？我们回答要，他们就会再问下去，我们一面说男女之间存在很大的自然差别，一面又说男女应该有同样的职业，这犯的不是自相矛盾的毛病吗？你说该怎么办？你这么聪明该怎么回答这个问题呢？

格： 我很难马上回答这么突然的问题。请你替我们回答一下这个问题，随你怎么说。

苏： 亲爱的格劳孔，你现在知道我为什么总是逃避妇女儿童如何公有、如何教育方面的立法问题了吧，你说的这些困难以及其他方面的困难我早就预料到了。

格：这还真不是件简单的事情。

苏：当然不容易。不过，既然掉进水里了，不管是小池子还是大海，就回不了头了，只能硬着头皮往前游了。

格：是的。

苏：那就让我们继续游下去吧，心里默默祈祷音乐家阿里安的海豚[104]能驮走我们，或者是还有其他的什么希望，我只希望可以平稳地完成这场辩论。

格：看来是要这样。

苏：先看看能不能找到一条出路。我们认同具有不同的天赋的人应该从事不同的职业，男女之间的天赋也同样有所区别。但是现在我们又需要男女从事相同的职业，这不是在自相矛盾吗？

格：不错。

苏：亲爱的格劳孔，争辩艺术的力量太了不起呀！

格：什么意思？

苏：我总会发现很多人不知不觉陷入了看似是辩论的泥淖里，实际上他们并不是在辩论，充其量只能是吵架。他们只是一味地咬文嚼字，在字面上抠出词和词间的矛盾，却不懂在研究一句话的时候如何去分辨其不同的含义。很明显，这称不上是辩证式的讨论。

格：是有很多场合会出现这种情况，难道你认为我们这里也是这样吗？

苏：绝对是的。我很担心我们会不知不觉地陷入一场文字争吵的游戏。

格：怎么会这样？

苏：从字面上看，我们对我们提出的不同天赋的人要从事不同职业这一观点已抠得相当严谨。不过，我们从来没有考虑过，不同的天赋具体指的是什么，同样的天赋又是什么意思，还有要给具有不同天赋的人安排不同的职业，对具有同样天赋的人给以同样的职业，这句话具体又是什么意思？

格：我们确实没有考虑过。

苏：我们可以在这个原则基础上问问自己：秃头的人和有头发的人之间是否有相同的天赋？如果彼此不同的话，那当秃头的人当鞋匠时，我们就必须禁止有头发的人干同样的工作，反之，亦然。

格：这可笑到了极点。

苏：之所以可笑，就因为我们提到的天赋差异并非绝对的，它只是关系到行业的差异而已。就好比一个男子和一个女人同样都具有医疗的技能，那我们就可以说他们具备同样的天赋，你说呢？

格：对的。

苏：但是一个男医生和一个男木匠他们俩的天赋就不同了。

格：确实不同。

苏：在决定分配工作给男性或女性时，我们可以考察这一职业是更适合男性还是更适合女性，依据这一标准进行分配。如果我们发现两性之间的唯一差异只是生理差异，阴性受精生子，阳性放精生子，那我们不得不说男女之间确实存在我们所讲的那种职业区别，只是我们始终相信，护卫者和他们的妻子也应该可以从事同样的职业。

格：你说得很对。

苏：此外，请那些反对我们的人告诉我们，在一个国家的建设工作中究竟哪些工作只适合女性，哪些适合男性呢？

格：这问题你问得合情合理。

苏：也许他们会像你刚才那样，说是一时半会回答不上来，但给点时间思考的话，兴许就没那么困难了。

格：他们也许会这么说。

苏：我们能否让那些反对我们的人一路跟着我们的论证过程，这样的话，我们能够更充分地证明，任何一件涉及治理国家的事情都不可能只有男子能胜任而女子做不到的？

格：当然可以。

苏：那就请他们回答一下这个问题："你判断某人对某事是否有天赋的依据是什么？就因为有的人很容易就掌握某种技能而有的人却很难做到，是吗？是不是就因为有些人能一点就通，还能触类旁通，而有些人花了很长时间还记不住所学的东西？那是不是因为有些人身体能充分地为心灵服务，有些人的身体却阻碍心灵的发展呢？或者你还有其他什么别的标准用来衡量某人在某事上是否有天赋或是天赋高低？"

格：我想没有人能找到其他区分的标准了。

苏：以上述提到的那些依据，能不能指出男性在哪些人们的活动上逊于女性？这些活动必须是女人以专家自命，如果男人胜了，她们就会觉得害羞，怕成为笑柄的，像是织布、烹饪、做糕点这类活动，你看，我们要不要一一列举出来？

格：你说得对。我们可以这么说，一种性别在所有事情上都远不如另一性别。尽管许多女人在许多事物上的确要比许多男人强不少，但总的看来，情况是就同你说的一样了。

苏：我的朋友，所以任何一项管理国家的工作，都不会因为谁在干就专属于谁，这一点对男人女人来说都一样。各种的天赋才能男女两性都具备，因此不论什么职务，男女都可以参加，但就总体而言，女性要弱于男性一些。

格：很对。

苏：那是不是所有工作一个不留地都分配给男性吗？

格：啊，那怎么行？

苏：我想这么说可能更妥，一部分女人有搞医药的天赋，其他人则没有；有的女人有音乐天赋，有的却没有。

格：诚然。

苏：那能不能说，有的女人有运动天赋，爱好战斗；有的女人天生不爱运动，从而不爱战斗？

格：能。

苏：同样也应该能说有的爱智，有的厌智，有的刚烈，有的懦弱，是吗？

格：也能这么说。

苏：所以我们断定有的女人具备担任守卫者的才能，有的却没有。我们在挑选男性守卫者难道不能参照同样的标准吗？

格：可以。

苏：那就是说，其实女人男人都可以胜任国家守卫者的工作，只不过女人稍显弱些罢了。

格：显然是这样。

苏：如果说男女在守卫者方面的天赋和才能相近，那就应该挑选这种女子和这种男子同住一起担负起守卫者的职责。

格：当然。

苏：给予具备同样天赋的人同样的工作，是吧？

格：是的。

苏：问题又回到了原点，给守卫者的妻子们进行音乐和体育上的训练，并不违背自然。

格：毫无疑问是的。

苏：这么说，当前的传统做法就不合乎自然了，而我们提出的法律准则不是不切实际的空想，是合乎自然的。

格：似乎是这样的。

苏：接下来要考虑的就是，我们的建议行不行得通？如果行得通的话，它们是不是最好？

格：是这个问题。

苏：我们已经认同这些建议是行得通的，不是吗？

格：是的。

苏：那下一个需要我们意见一致的问题是：我们提出的建议可行，是不是最好的呢？

格：显然是的。

苏： 好，显然为了培养守卫者，我们提供给天赋才能一样的女子和男子是同样的教育方法。

格： 应该是同样的教育方法。

苏： 你对接下来有什么看法？

格： 什么问题？

苏： 你觉得男人们是有些好有些差，还是所有男人都是差不多呢？

格： 他们当然不一样。

苏： 那么，在我们建立的这个国家里，哪些男人能称得上是好男人？是受过正规良好教育的守卫者呢，还是受过制鞋技术教育的鞋匠呢？

格： 这个问题很可笑。

苏： 我知道。我需要你告诉我，守卫者是不是国家里最好的公民？

格： 是最好的，比其他人好得多。

苏： 那女守卫者是不是也是最好的女人？

格： 也是最好的。

苏： 你说一个国家还有其他什么事情比造就这些出类拔萃的女人和男人更好的吗？

格： 没有。

苏： 这是接受我们所描述过的音乐和体操教育的结果吧？

格： 当然是的。

苏： 因此，我们的立法不但可以实现，对国家来说无疑也是最好的。

格： 确实是的。

苏： 既然女守卫者以美德包装自己，那也必须裸体操练。她们还要同男人一起参加战争，她们的职责要求她们要履行一切守卫者的义务。但考虑到她们比男性要弱些，因此在这些工作中她们可以承担轻一些的。如若有任何男人嘲笑女人裸体操练（就算是动机不坏），这种做法无异于诗人品达说的“采不熟之果”[105]，自己不智，反笑人愚，他就不会懂自己在笑什么，也不懂自己在做什么。要知道，“有益的则美，有害的则丑”这一句话，无论现在还是将来都是至理名言。

格：我完全同意。

苏：在讨论妇女立法问题上，可以说我们已经成功地游过了第一个浪头，所幸没遭遇灭顶之灾。这里，我们规定了男守卫者与女守卫者所做的工作是相同的同时还证明了，这个建议不仅可行，还对国家十分有益。

格：的确如此，你越过的这个浪头可不小呀！

苏：那是因为你没看到第二个浪头，看到以后你就不会说第一个浪头大了。

格：那就让我看看，继续讲下去。

苏：上面的这个论证和前面的所有论证所得出的结论，要我说就是下面要提到的这条法律。

格：什么样的？

苏：因为这些女人归这些男人共有，所以他们中的任何人都不得互相搭配组成一夫一妻的小家庭。儿童也一样公有，父母不知道谁是自己的子女，子女也不知道谁是自己的父母。

格：这个浪头真比前面说的那个大多了，它不但让人质疑它的可行性，还会怀疑它有没有什么益处。

苏：不同于怀疑关于益处的问题，很显然没人会否认妇女儿童一律公有最有益处。只是，是否行得通这个问题在我看来，势必引起较大的争论。

格：我觉得这两个问题都会引起大争论。

苏：照你的意思我就要腹背受敌了。原本我认为你也觉得这个建议是有益的，那样的话我就可以集中来讨论是否行得通的问题了。

格：这两个问题，你都休想逃避，这下被我发现了，你必须说出道理来。

苏：好，我甘愿受罚，但请原谅我要休息一下。有那么一种懒汉，他们常常胡思乱想，当他们不急于实现他们的愿望，他们就会暂时不考虑行不行得通的问题，权当是已经得偿所愿了，再在想象中安排大事，想象如何描绘实现的方法，这么做只会让他们原来懒散的心灵更加懒散了。这个毛病我也有，就想把是否行得通的问题先暂时搁下，回头再来研究它。现在我们就先假定一切是行得通的，你如果同意，我愿意先探讨统治者们在实施过程中都怎么安排这些事情，与此同时，我还会证明这些安排对国家对守卫者都有极大的益处。只要你赞成，我准备同你先研讨这个问题，再考虑其他问题。

格：我赞成，请讲下去。

苏：我以为，如果治理者和他们的辅助者都实至名归的话，辅助者应该接受命令，而治理者要做的是发布命令，在有些事情上他们可以依照法律发布命令，有些事情可以斟酌着再依照法律的精神发布命令。

2

格：大概是的。

苏：假如你作为立法者挑选出了一些品质相同的男人和女人，然后把这些女人派给这些男人。这些男女在一起同吃同住，均没有任何私有财产，在一起共同锻炼，天然的需要导致两性的结合。我说的这种情况是不是一种必然的最终结果吗？

格：这是情欲的必然非几何学上的必然。就大多数人的行为而言，情欲的必然要远比几何学的必然更有强制力与说服力。

苏：确实如此。不过，格劳孔，在我们这幸福的国家里，统治者是不能容许他们在两性行为方面或其他行为方面毫无章法，破坏秩序，要知道，这是在亵渎我们的国家。

格：是的，这是不对的。

苏：这么说，婚姻大事就必须安排得庄严神圣，只有婚姻是庄严神圣的，才是最有益的。

格：诚然。

苏：那么，怎么做才能最有益呢？格劳孔，你有没有注意到你家的那些猎狗和纯种公鸡的交配与生殖情况？

格：什么？

苏：它们都是纯种且是两种，那它们交配和繁殖情况能否证明比别的优秀一些呢？

格：是的。

苏：你会一味地增加繁殖数量，还是花很大的气力去挑选优秀品种进行培育繁殖呢？

格：我当然会选择最优秀的加以繁殖。

苏：再来，你挑选出来加以繁殖的，是其中最幼小的，还是年老的，或者是那些正值壮年的呢？

格：我选的是那些正值壮年的。

苏：如果你不这样选种，那你家的猎狗和公鸡的品种质量是不是就会每况愈下吗？

格：是的。

苏：马和其他兽类呢？情况会有所不同吗？

格：它们不这样才怪？

苏：天啊！我亲爱的朋友，如果这个原则也同样适用于人类的话，那统治者该有高明的手段啊！

格：也适用啊，但是为什么说需要高明的手段呢？

苏：因为他们大量要使用我们前面讲过的那种药物[106]。普通情况下，那些按规定饮食不服药的病人，一般医生就足够了，如果病人需要服药，那就需要医生敢作敢为才行。

格：是的。不过你说这个和我们要讨论的问题有什么关系？

苏： 前面我们提过，谎言都是被统治者用来作为药物的，这样的话，大抵也是统治者为了自己的利益撒的谎。

格： 是的，说得对。

苏： 在他们结婚和生育方面，那这个说法就相当对。

格： 这是怎么回事？

苏： 从上面推出的结论里可以推断，尽量要让最好的男人和女人结合在一起，而最坏的男人和女人也要尽量避免他们结合。关于下一代，最好组合的下一代好好培养，而最坏的则不予培养。倘若需要保证人口的高质量的话，最好只有统治者了解培育繁殖的过程，否则，守卫者中难免互相吵闹不团结。

格： 很对。

苏： 依据法律新婚应当有假期，新郎新娘要宴请宾客，祭拜神明，诗人作赞美诗，祝贺嘉礼。统治者还要结合战争、疾病以及其他因素来综合考虑结婚人数的多寡，适当保持人口数量，使国家的人口规模不至于过大或过小。

格： 对的。

苏： 为此，统治者还要设计出一些巧妙的抽签办法，以便以后每次不符合要求求偶失败的时候，只会怪自己运气不好而不会抱怨统治者。

格： 诚然。

苏： 那些在战争中骁勇善战、功勋卓著的年轻人，统治者一定要给予一系列的奖赏，并提供更多的择偶机会，进而培育出更多优良的下一代。

格： 对得很。

苏： 生下来的孩子就交给管理这些事情的官员培养。另外，这些抚养孩子的官职也同时向男女开放。

格： 是的。

苏： 这些官员在抚养孩子这事上保密工作要做好，那些优秀者的孩子，我想他们会带到托儿所由住在城里另一区的保姆抚养，而剩下那些一般的或生下来有先天缺陷的孩子，他们也会秘密地处理。

格： 是的。只有这样才能保证城里人种的高品质延续下去。

苏： 抚养孩子的过程中，在母亲们有奶的时候，母亲由他们带到托儿所给孩子喂奶，同时也不让她们记住自己的孩子。如果孩子母亲的奶不够，他们另外找奶妈。官员们尽量不让母亲通过喂奶和孩子接触的时间太长，孩子的其他抚养工作都交由奶妈和保姆去干。

格： 照你这么说，守卫者抚养孩子的事情安排起来很简单，很轻松啊！

苏： 这是应该的。接下来是我们规划的第二部分。刚才说过，我们要挑正值壮年的人生儿育女。

格： 诚然。

苏： 你是否认同一个女人壮年期大概是二十年，男人壮年期大概是三十年的说法吗？

格： 你觉得是哪些年龄段？

苏： 20 岁到 40 岁的女人应为国家抚养儿女，而男人的壮年期则可以到 55 岁。

格： 你说的这年龄就是男女身心两方面都旺盛的时候吧。

苏： 我们可以认为超过这个年龄的人再生孩子就是亵渎国家的，是非正义的举动。即便超龄的人生了孩子不被人发觉的话，他们也是得不到同正式婚礼那样，来自祭祀和整个国家的祝福的。这样的祝福是希望下一代更胜过上一代，能给国家带来更多的益处，而这样的孩子是愚昧和淫乱的产物，所以他是得不到众人为他祈福的。

格： 很对。

苏： 即便是在壮年时期的男女，未经统治者允许苟合生下的孩子，也同样使用这样的法律，因为他们给国家生下了一个私生子，这是不合法的，亵渎神明的。

格： 对极了。

苏： 女人和男人过了生育之年后，就可以允许男人和除了自己的女儿与母亲，女儿的女儿以及母亲的母亲外的其他女人相处。女人的情况也一样，除了儿子、父亲，或父亲的父亲和儿子的儿子。但有一点需要警告他们，此时怀上的胎儿是不能见天日的，不能抚养的，如无法及时阻止这事的发生，就加以处理。

格：你讲得都很有道理，但是你讲的那些关系他们要怎么分辨清楚呢？

苏：他们要分辨清楚确实有点困难，但是有一个办法，当他做了新郎后，婚后第十个月或第七个月里出生的男孩就是他的儿子，女孩就是他的女儿，他们都叫他父亲。这些儿女的儿女就是他的孙子孙女，这些孙子孙女称呼他的同辈为祖父母。所有孩子都把与自己相近时间出生的男孩女孩称呼为兄弟姐妹。法律允许兄弟姐妹同居，如果通过抽签决定而且特尔斐的神谕也表示同意的话，一般情况下他们彼此间不允许有性关系。

格：对极了。

苏：因此，格劳孔，这就是所谓城邦里妇女儿童公有的做法。这个做法已经是最佳的做法了，它和这个城邦的其他制度保持一致，下面我们就会充分证明这一点，你觉得呢？

格：是这样的。

苏：在认同这个观点前，是不是要先问一下自己，至善的国家制度是什么，立法者追求的至善又是什么，还有极恶是什么，等等。此外，我们是不是还要考虑一下，刚才提出的那些是循着善的足迹呢，还是循着恶的足迹呢？

格：是的。

苏：对于一个国家来说，有什么比分裂更恶的事情呢，有什么比团结更善的呢？

格：当然没有。

苏：所谓团结，是否就是要让全体公民尽量做到无论养生送死都能万家同欢万家同悲，这样才能维系团结呢？

格：确实是的。

苏：要是即便同处一国，同一遭遇，但由于各人的感情体验不一样，那团结不是就因此而破裂了。

格：当然。

苏：之所以会发生这种情况，难道不是由于公民们无法异口同声地说“我的”“非我的”以及“别人的”这些词语吗？

格：正是。

苏：那就可以说，管理最好的国家实际上就是保证大多数人对同样的东西，能够同样地说“我的”“非我的”。

格：这是最好的。

苏：管理得当的国家，实际很大程度上它就像是个人。比如我们中间有一个人的手指受伤了，此时国家作为一个整体，在统一指挥下，就会像人一样感觉到这部分痛苦，我们就可以说这个人手指有疼痛感了。同理可推及至人的其他部分，来说明一个人感到痛苦或感到快乐。

格：照你说的，管理得当的国家事实上就好比各部分痛痒相关的一个有机体。

苏：任何一个公民的境遇都时好时坏，这个时候国家就可能会说，受苦的是国家的一部分，所以要有福同享，有难同当。

格：一个管理得很好的国家必须是这样的。

苏：说到这儿，我们再回过头去看看，我们的国家里还能不能看到我们前面认同的与其他国家不同的那些品质。

格：我们是该这样做。

苏：我们的国家和别的国家一样，有治理者也有人民，是吗？

格：是这样。

苏：他们彼此互称公民，是吗？

格：当然是的。

苏：其他国家里的老百姓对他们的统治者，除了称呼公民以外，还称呼他们什么呢？

格： 很多国家称呼他们首长，平时称呼他们治理者。

苏： 那我们的国家呢，除了称呼他们公民外还称呼他们什么？

格： 保护者与辅助者。

苏： 他们又是怎么称呼人民的？

格： 纳税者与供应者。

苏： 别的国家的统治者怎样称呼人民呢？

格： 奴隶。

苏： 统治者彼此之间又怎样称呼？

格： 同事们。

苏： 我们的呢？

格： 守卫者同事们。

苏： 在别的国家里，统治者相互间是不是有的以朋友相称，有的却不是？

格： 是的，这种现象很普遍。

苏： 他们是把同事中的朋友看作自己人，其他同事则视为外人，是吧？

格： 是的。

苏： 我们的守卫者们怎么样，是不是也有人把同事视为外人？

格： 当然不会。他会把他身边的人都视为自己的亲人，无论是他的兄弟、姐妹，或者儿子、女儿、孙子、孙女，还是他的父亲、母亲，或祖父、祖母。

苏： 你说得很对。刚才我说的这些亲属仅仅是个空名呢，还是要相应地行动与这些名称相匹配的呢？对父辈，要不要按照礼数表示尊敬，要不要照顾他们，顺从他们，违背的人将视为违天背义为神人所共愤的行为？这些规矩是不是要成为全体公民一致认同的神谕，推广至对待其他亲属的态度上，还是让我们的孩子去接受其他的教导呢？

格： 这是必要的。亲属关系只停留在表面，而无行动配合，无疑是空谈。

苏：这个国家有别于其他国家的地方在于，在这里大家都会异口同声地赞颂“我的”这个词儿。任何一个人遇到好事，大家就都说“我的境遇好”；如果有人遭遇不幸，大家就都说“我的境遇不好”。

格：是的。

苏：我们刚才有没有讲过，只有这种认识这种措辞才能让彼此团结？

格：我们讲过，而且我觉得很对。

苏：和普通公民相比，守卫者更应该有事物公有的意识，把这些事物称为“我的”，而且他们还应当因此同甘共苦。

格：很对。

苏：除了国家的制度外，妇女儿童的公有是不是也是守卫者同甘共苦的原因？

格：这无疑是主要的原因。

苏：还记得我们说过，至善的国家就是把国家整体视为个人的身体，管理好各个部分，休戚相关，同甘共苦。

格：我们是一致认可了，说得非常对。

苏：我们还可以说，在辅助者中间妇女儿童公有对国家来说也是最大的善，也是这善的来源。

格：完全可以这样说。

苏：这个说法和我们前面说的话其实是一样的。我记得我说过，守卫者是不允许有私人的房屋、土地以及私人财产的。他们的报酬是从公民那里得来的，然后大家一起消费。真正的守卫者就是这个样子。

格：你说得对。

苏：我们讨论过的和正在讨论的这些规划，能不能让他们成为名副其实的守卫者？他们是否会因此不把国家弄得四分五裂，不霸占公有的东西，把他能从公家弄到手的东西拿回去，妇女儿童看作私有的，各顾各的，不管他人疾苦？我想，最好他们还是看法一致，行动一致，团结一致，甘苦与共。

格：说得对。

苏：要知道，人和人之间的矛盾都与财产、儿女与亲属的私有有关。守卫者一切事物公有，没有私有财产，所以他们彼此不可能有矛盾。那么，彼此涉讼彼此互控的事情，不就不在他们那里发生了吗？

格：他们之间不会发生诉讼。

苏：那他们之间发生行凶殴打的概率也不大了。我们可以告知公民，年龄相仿的人之间，自卫是善的和正义的，这样一来就可以给他们锻炼身体提供动力了。

格：很对。

苏：这样一条法令还有一个好处，一个怒气冲天的人通过自卫来发泄怒气，那争吵就不至于走极端了。

格：诚然。

苏：还有权力应该交给年长者，让他们用权力去管理和监督年轻人。

格：这个道理很明白。

苏：很显然，年轻人一般是不大会对老年人动武的，只有一种情况例外，在统治者的命令下。一般来说，畏惧和羞耻这种心理会阻止他们对老年人无礼的。羞耻之心会阻止他去冒犯父辈的人，畏惧之心使他害怕受害者来自儿辈、兄弟或父辈的援助。

格：结果当然是这样。

苏：那我们城邦里的法律要从一切方面敦促守卫者们彼此和平相处。是吧？

格：是要和平！

苏：只要他们内部没有纷争，那城里的其他人也就不会与其有过节了。

格：是的，不担心。

苏：这样一来，他们也可以摆脱一些不值得操心的琐碎无聊的事情，这些事我几乎不愿去谈。像奉承富人，劳神操心养活一家大小的事，借债还钱，以及绞尽脑汁攒钱给妻子仆役花费等此类琐碎的事情，实在不值一提。

格： 这个道理连盲人也能明白。

苏： 他们就不用操心这些了，犹如生活在极乐世界，过着比最幸福的奥林匹克胜利者还要幸福的生活。

格： 怎么会呢？

苏： 比起奥林匹克胜利者他们得到得更多。他们的胜利更光荣，他们受到的公众奉养更全面。他们赢得来自全国的资助的胜利，他们和他们的儿女得到的来自全体公民供养的，公众会配给他们所需要的一切，他们活着为全体公民所敬重，死后还可以有哀荣备至的葬礼。

格： 待遇真是优厚。

苏： 辩论之初，你记不记得有人斥责我们没给守卫者幸福，说他们掌握一切，到头来自己却什么私有的也没有？我想你还记得，我说过我们会在适当的时候回到这个问题上来，因为当时我们更多关心的是如何去培养一名名副其实的守卫者，使国家这个整体得到幸福，而不是只为某一个阶级出发去考虑一个阶级的幸福。

格： 我记得。

苏： 既然我们的扶助者[107]的生活，已经被证明优于奥林匹克运动会的胜利者，那么，还有必要去拿它和鞋匠、其他匠人，以及农民的生活作比较吗？

格： 我也认为没有必要。

苏： 我们不妨再重申一次我在其他地方说过的一些话。假如我们的守卫者总被那种愚蠢的快乐观念所困扰，不满足于现有的适度的安稳的，在我们看来是最好的生活，一味追求与守卫者本身身份不符的幸福生活，最终只会靠玩弄权力损人利己，那么他迟早会明白赫西俄德说的"在某种意义上半多于全"这句话是什么意思！

格： 只要他听我的劝告，他还会回到原来的生活状态。

苏： 你同意让女子也过我们前面描述过的那种守卫者的生活吗？

在守卫者这个职业里，女子和男子接受的是相同的教育，他们的子女都是公有，且一同保护其他公民，无论在哪儿打仗，他们都要像猎犬一样，一同守卫一同追逐，另外，其他一切事物都要尽可能共同拥有，你同意吗？你是否认同这样的做法才能既不违背女子与男子不同的自然特性，也不违背女子与男子之间天然的伙伴关系，还能保证他们把事情做到最好？

格：我同意。

苏：接着我们要研究的问题是，这样的共同关系真正在人与人之间建立起来，和其他动物的共同关系是否相同？如果是，我还想问该怎么做呢？

格：我正打算提这个问题，被你抢先一步了。

苏：在战争中他们将怎么做，我以为一切都是明摆着的。

格：该怎么做？

苏：她们的身边带着一些身强力壮的孩子，和别的行业一样，就想让孩子们见识一下长大后要做的工作，和其他男子守卫者整队出发。孩子们不但要见识这项工作的实质，还要协助父母处理各种军中勤务和侍候他们的父母。技工的孩子在正式从事这一行业之前，你有没有注意到他总有很长的一段时间在旁边观摩和帮忙？

格：我看到过的。

苏：难不成陶工倒比守卫者更需要重视孩子的教育和技能实习，为的是将来更好地从事这项工作？

格：这想法就太可笑了。

苏：人似乎和动物在这点上无异，越是在下一代面前，越是骁勇善战。

格：确实如此。不过，苏格拉底，你要知道胜败乃兵家常事，这么做要冒多大的风险！倘若吃了败仗，他们和自己的下一代都无法幸免于难，乃至自己的国家都会陷入万劫不复的境地。

苏：你的话没错。难道就因为如此，他们就永远不必冒任何危险吗？

格：我绝无此意。

苏：如果非冒这险不可的话，那冒险且取得胜利的人不正好因此而锻炼了自己吗？

格：显然如此。

苏：一个长大后要成为军人的人，年少时不去见识一下战争的真面目，可能就会以为不该去冒这个风险，或者冒不冒差别不大，你认同他们的这个想法吗？

格：当然不会。冒不冒这个险，对于要做军人的人有很大的差别。

苏：因此，作为前提让孩子们从小实地见习战争是非常必要的，当然我们也需要考虑如何为他们避免危险伤害到他们，这不就两全其美了吗？

格：是的。

苏：首先，他们的父辈不至于一点军事经验都没有吧？他们应该懂得哪些战役是危险的，哪些是不危险的吧？

格：他们应当懂得的。

苏：因此，他们可以不带孩子去参加有危险的战役，而让孩子实地见习不危险的战役。

格：对。

苏：其次，孩子们不能交给滥竽充数的军官，应该交给那些年长的且经验丰富的领导者或是教师们去带。

格：是该这样。

苏：可是我们也要记住，意外是难以避免的。

格：的确是的。

苏：因此，为了以防万一，一开始我们就要给孩子们装上翅膀，让他们必要时可以振翅高飞。

格：什么意思？

苏：一定要让孩子们从小学就会骑马，再带他们骑马到战场上去观察战斗。但请注意，别让他们骑那种好战的劣马，务必要让他们骑那种跑得快还容易驾驭的驯马。这么做，他们不仅可以学到将来要掌握的本领，一旦遇到意外，只要在领导者的带领下，他们就可以迅速撤离。

格：我觉得你的话是对的。

苏：那么，我们该如何规定军事纪律？战场上的士兵要用什么态度对待自己人，还要如何对待敌人？我不知道我的想法是否正确？

格：请把你的想法告诉我。

苏：要不要把那些开小差逃跑，丢盔弃甲，或者由于胆怯犯了其他类似错误的士兵下放去做工匠或者农夫？

格：当然要。

苏：那么那些被敌人活捉的做了战俘的士兵，我们要不要将他们作为礼物送给敌人，还随敌人处理？

格：完全可以。

苏：你赞不赞成一个在战场上英勇的士兵应当首先受到战场上战友们的致敬，再受到少年和儿童的致敬？

格：赞成。

苏：他还应该受到他们向他伸出右手的这种方式的欢迎，是吧？

格：应该。

3

苏：可是，我下面的话你就不会赞成了。

格：什么话？

苏：你赞成他吻每一个人，且每一个人也要亲吻他？

格：完全赞成。对于这条法令，我还想再补充一点，在战争期间不许反对他爱任何人。理由很简单，当他爱着什么人（无论男的或女的）时，他还有急切的动力去赢得光荣。

苏：好极了。而且我们都已经说过，应该多给优秀人才结婚的机会，以便让他们尽可能地多生孩子。

格：是的，我们是这样说过。

苏：不过荷马的诗篇中还曾经提到，以下的正当方式也可以用来敬重年轻人中的勇士。荷马的诗篇告诉我们，战争中的阿雅斯英勇异常，使得他在宴席上受到全副脊肉的赏赐。这样的赏赐一方面是荣誉，另一方面还能增强他们的体质。

格：说得极是。

苏：说到这里荷马至少可以作为我们的榜样。在祭礼以及其他类似场合上，那些立下赫赫战功且智勇双全的优秀人才，我们一面要表扬，为他们唱赞美诗，一面还要给他们刚才讲过的那些特殊礼遇，赐予羊羔美酒。这样的方式不仅能增强这些男女勇士的体质，还给了他们荣誉。

格：你说得好极了。

苏：好，那么，那些死后英名远扬的人，难道我们不能去肯定他是名门望族的黄金种子吗？

格：绝对可以。

苏：此外，我们要不要相信，赫西俄德在诗篇里[108]提到的黄金种子死后成为“置身河岳的精灵，保卫下民的救星”？

格：当然要。

苏：需不需要向阿波罗询问一下，然后照他的指示以厚葬这些战死的勇士？

格：还有别的方式吗？

苏：以后他们的坟墓要按时祭扫，像尊崇神明一样尊重他们。还有那些在自己平凡的一生中也表现得非常优秀因年老或是其他原因去世的人，我们也必须授予他们同样的荣誉，对吗？

格：肯定是对的。

苏：再来谈谈，我们的士兵应当怎样对待敌人？

格：你指哪方面？

苏：第一，处理俘虏，将他们转变为奴隶方面。希腊人征服别的希腊城邦后，总会将同一种族的人降为奴隶，你觉得这种做法是正义的吗？还是不仅自己不这样做，还极力劝阻其他城邦也不这么做看起来更符合正义呢？毕竟后者的做法会让人体会到有被蛮族征服的危险，希腊人才能因此都团结起来，互不伤害，你说呢？

格：当然是希腊人大家团结一致的好。

苏：那么，既然这些士兵不希望把战败的希腊人变成自己的奴隶，那也有必要去说服其他希腊人也不要把战败的希腊人作为奴隶。

格：当然。这样一来希腊人就内部团结，一致对外了。

苏：那在战场上胜利者最好不要夺去被击毙的敌人武器以外的东西，是吧？如果强制规定他们要搜剥敌尸财物的话，那不是一下子就让那些贪生怕死之徒找到了不去乘胜追击的借口了吗？古往今来，有多少军队因此断送给了胜利的可能乃至自己的生命！

格：的确是的。

苏：而且你不觉得抢劫死尸是一种卑鄙龌龊的行为吗？不去追击已经缴械的真正的敌人，而把死者的尸体视为真正的敌人，这难道不是女流之辈狭隘的表现吗？这种行为与对着扔中它们的石头狂叫，而放过了扔石头的人的小狗有什么区别？

格：没有两样。

苏：因此，我们一定要禁止我们的士兵抢劫死尸，就算是战场上敌方的死者也要安葬。

格：真的，我们必须这样做。

苏：再说，为了表示与其他希腊人的友好关系，缴获的武器也最好不要作为捐献的祭品送到庙里，尤其希腊人的武器一定不要送去。除非神的旨意如此，要不然同是希腊人的武器恐怕真不能作为祭品被送到庙里去，这么做只会亵渎神明。

格： 你说得再对不过了。

苏： 我们的士兵又该如何对待蹂躏敌方希腊人的土地和焚烧敌方希腊人的房屋的问题呢？

格： 我很想聆听你在这个问题上的看法。

苏： 依我看，他们既不能蹂躏敌方希腊人的土地，更不能焚烧他们的房屋。他们最多只能运走对方一年的庄稼。什么原因要不要告诉你？

格： 要。

苏： 我认为正如“战争”与“内讧”这两个不同的词一样，事情也有两种完全不同的种类。所谓两种不同的事情，一种是内部的，自己人的；另一种是国外的，敌方的。内部的冲突称为“内讧”，对外的冲突称为“战争”。

格： 你的话很中肯。

苏： 那么这句话你是不是也会认为中肯呢，在我看来，希腊人之间的一切事情都属于内部的，只有希腊人和蛮族之间的关系才属于外部敌我的？

格： 很中肯。

苏： 那么，希腊人和蛮族是天然的敌人，希腊人抗拒蛮族，或是蛮族侵略希腊人，这些冲突都是外部的，都必须叫作“战争”，如果是希腊人同希腊人冲突的话，这冲突是内部的，朋友间的冲突，就好像是希腊本民族不幸染病，兄弟不和罢了，因此，这种冲突只能叫作“内讧”。

格： 我完全同意你的看法。

苏： 来说说“内讧”问题吧。内讧一旦发生，一个国家一分为二，互相蹂躏，焚烧房屋，看到双方如此荒诞不经的行为，还会有人认为双方是真正的爱国者吗？如果是，那么他们如此残忍地伤害自己的祖国的行为又作何解释？但是如果胜利者的行为仅是适度地将对方收获的庄稼带走，那我们就认为他们的所作所为就表明他们希望停止内战，重归于好。

格：是的，这种做法比较文明，比较合乎人情。

苏：好。你想创建的国家是一个希腊人的城邦吗？

格：一定是的。

苏：这么说的话，你建的这个城邦里的公民都是文明的君子吗？

格：是的。

苏：我们要不要他们热爱自己的同族希腊人，要不要热爱希腊故国的河山，要不要热爱希腊人共同的宗教信仰？

格：当然要的。

苏：那他们会不会把同族之间的不和和冲突也视为“内讧”而不是“战争”？

格：当然会的。

苏：即便他们现在有冲突，但他们彼此都还希望有一天能重归于好，是吗？

格：完全是这样。

苏：所以他们不是敌人的关系，他们的目的在于善意告诫，他们是教导者，他们的目的不在于恶意毁灭。

格：很对。

苏：他们对无辜者的战争只是为了给对方压力，让对方赔礼谢罪，这就是他们战争的最终目的。他们和无辜者既然是希腊人，不论男女，他们就会将对方的大多数（少数罪魁祸首除外）视为自己的朋友，从而不会轻易地蹂躏希腊人的土地，焚毁希腊人的房屋。

格：我同意你的说法。我们国家里的公民对待自己的同族人时就应该这样。至于蛮族，他们的态度和方式就要像目前希腊人对付希腊人那样。

苏：那好，我们要不要给守卫者再制定一条法律不准蹂躏土地，不准焚烧房屋？

格：要的。这样才能证明我们前面提到的那些都是正确的。不过，苏格拉底，我们有点担心你回不到原来你要回答的问题上，要是你还这么滔滔不绝地讲下去的话。我们前面提过的问题是，我们想建立的国家是否有可能建立起来呢？如果可能，该怎么实现？我承认，你所阐述的国家只要实现，就是非常理想的，你描述中漏掉的，我还可以帮你补上：公民在战争中互不抛弃，彼此以兄弟、父子礼数相待，这能使他们无敌于天下。如果女兵和男兵一同并肩作战，一齐努力，定使他们战无不胜。此外，还有一些你没有提到的好处我也看到了。这些我都承认，只要这种国家能建起来，它就有说不尽的好处，你也不必再去细数它的好处了。索性现在就来聊聊这个问题，它有没有可能实现？如果可能，怎么实现？其他的我们就不谈了。

苏：看来，我一稍不留神，你就不留情面地对我的议论来了一次突然袭击。你也许不清楚，刚才我好不容易才避开了两个浪头，现在你紧接着又向我掀起了第三个浪头，还是最大最厉害的一个浪头。我想，等到你看完听完关于这个浪头的事以后，你一定会理解我的担心和犹豫，因为即将要讨论的这个问题会显得那样的怪异和奇特。

格：你越是这样推诿，我们越不能轻易放过你。无论如何，你都要告诉我们该如何实现这种制度。别浪费时间了，继续讲吧。

苏：好吧，我们首先要理清楚，我们最早是从研究“什么是正义”“什么是非正义”的问题开始的。

格：是的，那又怎样呢？

苏：哦，没有什么，我想说的问题就在于此。我们找到了什么是正义的话，那是不是就要求正义的人和正义本身[109]在各方面都完全一模一样毫无差别，还是只要正义的人比别人更体现正义，更接近正义本身，我们就满意了呢？

格：哦，我们只要求尽量接近标准就可以了。

苏：当初我们研究正义和非正义的定义以及绝对正义和绝对非

正义的人是什么样的（我们先假定存在这种人的话），为的是可以有一个样板。这些样板为的是依据这些标准来判断我们幸福与否，还有我们幸福或不幸的程度。我们是不指望现实中能出现和样板一样的东西的。

格：你说得很对。

苏：如果一个画家，画了一个一切一切都很完美的理想美男子，不过他证明不了他实际存在，那是不是就因此说这是个糟糕的画家？

格：不，不能这样说。

苏：我们刚才不是说我们正在用词句创造一个至善的国家吗？

格：确实如此。

苏：还有，如果我们也不能证明一个现实中的国家和我们所描述的理想状态一样的话，那能不能因此就说我们的描述是最糟糕的呢？

格：当然不可以。

苏：道理就在这儿。我为了让你听得高兴，尽力为你解释什么情况和哪个方面我描述的那些东西最能接近现实。请你把刚才认可的那些话再说一遍。

格：什么话？

苏：有可能说到就一定做到吗？或者真理通常做到的比说到的要少？也许有人不这样认为，你呢？

格：同意。

苏：所以，那些我用词句描述的东西也就不可能完完全全做到，你也就别让我一直证明了。你必须承认，只要有一个国家治理得非常接近于我们所描写的那个样子就应该满足了。你满意了吗，我反正自己是觉得满意了。

格：我也很满意。

苏：第二件要做的事情是想办法指出有哪些现行的法条的缺陷阻碍了他们接近我们所描绘的那个样子？通过哪些细微的变动可以让他们尽可能接近我们所描述的样子？如果只要变动一项就可以了，

那自然是最好不过的，如果变动一项还不行，那就变动两项，总之变动得越少越小越是理想。

格：确实如此。

苏：如果这样，我们就可以说有一项可以引起改革的变动虽然它很难，却是可能实现的。

格：那是什么变动呢？

苏：哦！我想那个被我们比喻成最大最奇特的浪头在一步一步逼近我们了，不过我还是会继续说下去，即便我会因此被淹没和溺死在讥笑与藐视的浪涛当中，我也不后悔。好，你们继续听我说下去。

格：说下去吧。

苏：除非我们的国王已经是哲学家，要不然已经成为国王和统治者的人，必须认真严肃地追求知识和智慧，权力与智慧合二为一。我们必须把那些顾此失彼的庸庸碌碌之徒从统治者中清除掉。我亲爱的格劳孔，要是不这么做的话，对整个国家甚至是全人类都将祸害无穷。不但如此，我们前面描述的那些法条也都只能是空中楼阁，一切都付诸空谈。这就是我犹豫的原因，因为我知道，只要我一说出来就会有人觉得我在说些稀奇古怪的理论。对于大多数人来说，他们是很难意识到只有这个办法才能给全体公民带来幸福，别无他法。

格：苏格拉底，你如此信口开河，在我们面前乱讲了这一大堆道理，恐怕很多大人先生们都要脱去衣服，赤膊捡起武器对你发起攻击了。要是你找不到强有力的证据来辩护，只是弃甲而逃的话，那到最后你只能为人所耻笑了。

苏：是你把我搞得这么尴尬的。

格：我做得没错，不过我是不会袖手旁观的，我说过会尽量帮你。我会用善意和鼓励帮助你，回答你的问题时，也可能比其他人答得更恰当得多。所以请相信，真理还是站在你这边的，我会支持你，试着去说服那些怀疑派吧。

苏：在你的支持下，我一定会坚持去试。我觉得，要还击你刚才提到的那些怀疑，最好的办法就是先对我们提出适合做统治者的那类哲学家做个科学的界定。对哲学家的界定明确后，我们就可以不用害怕那些质疑了，因为我们可以很明确地指出研究哲学和艺术的事情天然就属于爱智者的哲学家兼政治家。至于其他人，不会研究哲学没关系，只要知道追随领导者就很合适了。

格：事不宜迟，那就赶快给哲学家一个明确的界定吧。

苏：那好，看看我们有什么办法能说清楚我们的意思。

格：说下去吧。

苏：你应该还记得，如果一个人是某一样东西的爱好者，且他被称作爱好者这话没错的情况下，就是指这个喜欢这东西的全部，而不只是其中的一部分。

格：看来我还不是太理解，需要你的提点。

苏：格劳孔啊，你这个回答对别人合适，对你不合适。你这样一个“爱者”应该知道风华正茂的青少年总会让爱孩子的人动心，他总觉得这样的少年可爱。你对美少年的反应不也是这样吗？看见鼻扁者你会说他面庞妩媚，看见鹰鼻者你会说他长相英俊，介于二者之间鼻型的人你会说他匀称，看见脸黑的人你说他英武勇敢；看见脸白的你说他神妙秀逸。你知道“蜜白”这个形容词就是爱孩子的人发明的，用来称呼瘦而白的面容的。总之，你会包容一切后起之秀的缺点，他们也不会有什么优点被你的称赞漏掉的。

格：如果你只是为了证明的需要，把我当作你所说的“爱者”的代表的话，我愿意充当。

苏：我们再说爱喝酒的人怎么样？你没有注意到他们每一种酒都爱喝，并且还可给每一种酒一个爱的道理。

格：确实这样。

苏：至于爱荣誉的人，大概的道理也是如此。即便做不上将军，做连长也可以；得不到大人物的捧场，让小人物捧捧也觉得很过瘾。只要不管怎样，他们是不会抛弃荣誉的。

格：是的，不错。

苏：那好，请你再回答一次我刚才的那个问题，一个人爱好一样东西，是爱它的全部呢，还是只是一部分呢？

格：当然是全部。

苏：哲学家爱好智慧，我们不也可以说哲学家爱好的是智慧的全部，而不仅仅是一部分。

格：是的，他爱全部。

苏：一个不爱学习的人，他尚且年轻，当他还无法清楚地判断什么是有益，什么是无益的情况下，我们是不会说他是一个爱学习的人，或一个爱智的人。这个道理就像是我们不会称一个不饿且不想吃东西的人为爱食者一样，我们也不会说他有好胃口。

格：很对。

苏：如果那种对任何学问都有所涉猎，且不知疲倦总是好奇的人能不能称作爱智者或哲学家？

格：如果对任何事物都好奇的人能算得上是爱智的话，那么太多荒谬的人物都能被叫作哲学家了。那些爱看的人也应该是爱学习，也在爱智的范畴之内，还有那些数量很多的爱听的人应该也在此范畴之中。这种人在真正认真的辩论和研究场合是见不到他们踪影的，他们的耳朵像是租出去听合唱了似的，一到酒神节，不管城里乡下，他们到处跑，只要有合唱，总能见到他们。类似这种人，还有那些很次要艺术的爱好者我们要不要称之为哲学家呢？

苏：当然不要。他们只是有点像哲学家罢了。

格：哪些人算是真正的哲学家呢？

苏：那些眼睛盯着真理的人。

格：这话很对，不过你讲的究竟是什么意思呢？

苏：这话和别人说不明白，不过，我想你应该会同意。

格：什么观点？

苏：美与丑是对立的，也是分开的。

格： 哦，当然。

苏： 但它们同时是既对立又统一的。

格： 是的。

苏： 其他对立相反的事物也可以这么说，比如正义与非正义，善与恶，以及其他类似的概念。这个说法就以下面这种方式表述也能成立。就它们本身来说它们各自都是单一的，但由于它们会和行动及物体相结合，结合以后就都不是单一的了。

格： 你说得对。

苏： 那么我要画条线把两类人分开。一边是你说过的看戏迷、艺术迷、爱干实务的人，另一边是我们将要讨论的一类人，能配得上哲学家这个名号的这类人。

格： 你说的是什么意思？

苏： 那边的那种人是声色的爱好者，他们喜欢美的声调、美的色彩、美的形状以及一切由此而组成的艺术作品，但实际上他们在思想上并不认识美本身和爱美。

格： 确实如此。

苏： 这边的这种人可以从美本身的角度来理解和领会美，这种人不是很少吗？

格： 很少，很少。

苏： 如果一个人只是知道很多美的东西，但不知道美本身，就算有人引导他认识美本身，他也未必就可以做到。你觉得这种人的一生是在梦中呢还是清醒的呢？你想想看，无论是睡着还是醒着，他总把事物的形式误以为是事物本身，那他不就等于在梦里吗？

格： 我承认他的一生就犹如在梦中。

苏： 再来说另一类人，这类人与前者相反，他认识美本身，不但可以清楚地分辨美本身和包含美本身在内的许多具体事物，而且不会将具体事物和美本身混淆。你说，这类人的一生，是醒着还是睡着呢？

格： 他是完全清醒的。

苏： 那好，我们就说这类人的心智具有“知识”，前者在我们看来心智只有“意见”，你说对吗？

格： 当然是对的。

苏： 要是刚才我们说的惹怒了那些只有“意见”没有“知识”的人，他们大发雷霆，怒斥我们在欺骗他，我们要不要因此委婉地告知他们，他们的心智缺了知识呢？

格： 我们要委婉地让他知道这一点。

苏： 那要对他们怎么说呢？可不可以这样说：我们不妒忌他们有知识，相反，我们都因此觉得很高兴。紧接着再问他下面这个问题，一个有知识的人，知道的是一点点呢，还是一无所知呢？你来帮他回答看看。

格： 我会这样答复，这个人总是知道一点点的。

苏： 你说的这个“一点点”是“有”还是“无”？[110]

格： 我们怎么会知道“一点点”是“有”还是“无”呢？

苏： 不管从哪个角度来说，我们都可以断言，完全有的东西是全然可知的，同样地，完全没有的东西也就是完全不可知的。

格： 那是可以这么说的。

苏： 那如果有这么一种东西，它既有又无，那么我们可不可以说是介于全然有与全然无之间的？

格： 可以。

苏： 既然知识与有相关，无知与无相关。只要有这些东西，我们就必须找出和介于无知与知识之间状况相对应的东西来。

格： 是的。

苏： 刚才我们不是说过一种叫作“意见”的东西吗？

格： 有的。

苏： 它和知识是属于同一种能力，还是不同种能力呢？

格： 它应该属于另一种能力。

苏： 由于意见与知识分属于不同的能力，那与之相关的东西就自然不同了。

格：必然是的。

苏：如果我们说知识天然地与有相关，那就可以说知识就是知道有和有者的存在状况。不过，我觉得有必在这里停下来说明一下有一个区别。

格：什么区别？

苏：首先，我们身上以及其他一切东西所具有的功能要先划归为一类，划为我们能从事各种力所能及工作的"能力"这一类。比如，看、听都是这种能力之一，如果你同意我做这样的归类。

格：我也是这样理解的。

苏：那我就先告诉你对这些功能的印象。纵然功能不具备颜色、形状或其他类似的外观，无法直观体现出来，但在许多场合，我可以根据它们的功能分各类事物的那种特质。我只关注功能的相关者和效果。这个也就是这些功能之所以称之为功能的依据。如果它们与同一件事相关，并完成的也是同一件事，那么就可以称它们是同一功能，如果与相关的事不同，所完成的也不同，那必然是不同的功能，你说呢？

4

格：我的意见和你一样。

苏：我的好朋友，那我们就言归正传。请你告诉我，你觉得"知识"是一种能力吗，还是你认为它属于其他属类？

格：我没有别的归类法，能力是所有功能中力量最大的一种。

苏：那"意见"呢？它是不是应该也不属于能力范畴，而属于其他范畴呢？

格：不是。我们之所以能形成意见，就因为我们有形成意见的能力，而非其他。

苏：可是，就在刚才你还说知识与意见是两码事啊。

格：是的，因为不会有明事理的人会将绝对不会有错误的东西和容易有错误的东西混为一谈的。

苏：好极了。那我们的看法就一致了，意见和知识不是一回事。

格：它们不是一回事。

苏：所以它们拥有的能力不同，与它们相关的东西也就各有不同。

格：必然如此。

苏：照我看，知识应该是与“有”相关，因为知识就在于认识“有”的状况。

格：是的。

苏：至于意见，它的能力就在于形成意见。

格：是的。

苏：知识的主体与意见的主体相同，但可知的东西和可以对之形成意见的东西是相同还是不相同呢？

格：依照我们刚才同意的原则来判断，它们一定是不同的，我们提到过不同能力的对象必然是不同的。既然意见与知识是不同的能力，那它们的对象就不可能一样。

苏：如果说“有”是知识的对象，那它就不可能是意见的对象，意见的对象另有他物，对吗？

格：对的，一定是另外一种东西。

苏：那意见的对象是不是“无”呢？还是说，“无”连作为意见的对象的资格都不具备呢？你想想，一个人有意见，他的意见一定是有对象的，倘若一个人有意见，却是对无的意见，这有可能吗？

格：这是不可能的。

苏：因此，一个有具体意见的人他的意见一定是有具体对象的，是吗？

格：是的。

苏：无是不能称为某种具体对象的，只能称作“无”。

格：是的。

苏：那我们就把关于“无”者称作无知，把关于“有”者称作知识。

格：很对。

苏：这么说一个人意见的对象既不是有也不是无。

格：的确都不是。

苏：看来意见既非无知，亦非知识。

格：看来是这样。

苏：那它是不是比起知识更明朗，比起无知更阴暗呢？

格：都不是。

苏：那你是把意见看作比知识阴暗，而比无知明朗的东西。

格：是这个想法。

苏：意见介于两者之间？

格：是的。

苏：因此，意见就是介于知识和无知之间的东西了。

格：绝对是的。

苏：我们前面已经说过，一样东西如果既有又无，那它就处于完全的有和完全的无之间，与之对应的能力也介于知识和无知之间，是吗？

格：对的。

苏：我们刚才看到了，意见就是那个介于知识和无知间的东西了。

格：看到了。

苏：接下来我们就要去既有又无，不能简单判断它就是有或是无的那种事物了。只要找到它，意见的对象我们也就找到了。于是，我们就把极端的东西与极端相关联，中间的东西就与中间相关联。我这么说你同意吗？

格：同意。

苏：我们都认同了这些准则，现在让那位爱看风景的人有话就说吧，我来一一回答他提出的问题。他不相信有永恒不变的美本身或美的理念，而只相信有个别具体的事物，他绝对不信美本身就是个“一”，如同正义本身也是“一”一样，还有其他东西本身也是“一”，等等。我们可以这样问他：我的朋友，那么多的美的事物里就没有一点点丑的东西存在吗？正义呢，众多正义的事物中没有非正义吗？虔诚呢？在许许多多虔诚的东西里，难道没有一丁点儿不虔诚的东西在吗？

格：那肯定是有的。许多美的东西都会以某种方式显现出既美又丑的一面的，至于你说的其他东西也是如此。

苏：那这么说的话，有很多东西就是另外一些东西的双倍吗？它们不但是有些东西的双倍，同时也可能是另一些东西的一半吗？

格：是的。

苏：我们还把一些东西看作大的或小的，轻的或重的，就按刚才说的，难道不能把大的看作小的，小的看作大的，轻的看作重的，重的看作轻的吗？

格：都是可以的，它们可以彼此互换。

苏：这些多样性的东西中的任何一个是不是都只能说是这样的而不能说成如有些人主张的那样的呢？

格：你这说的和宴会上为难别人的文字游戏一样，或是小孩子猜的含义模棱两可的谜语，像是那个关于太监用什么东西打一只蝙蝠，蝙蝠最终停在什么东西上的谜语[111]。这些事物的含义都太模糊，以致根本无法确定是它或非它，或者既是它又非它，等等。

苏：解决这个问题你有什么办法呢，除了是非之间，你有什么办法更好地为它在两者之间找到一个好的位置呢？要知道，不可能找到比不存在更暗的地方，看起来更不实在的地方，同样地，也不可能找到比存在有更明朗的地方，看起来更实在的地方。

格：极是极是。

苏：由此我们发现，平常的话，普通人对美的东西和其他东西的看法都会游移在绝对存在和绝对不存在之间。

格：的确是的。

苏：只不过，我们在前面已达成一致意见，如果我们可以找到这类东西，这类东西就一定是意见的对象，而不是知识的对象，这种东西能够被介于二者之间的能力所理解，且游移在中间地带。

格：是的，我们是同意了。

苏：实际上，就算在他人的指导下，那些看过了许多美的具体事物，许多正义的具体事物，许多其他的类似具体事物的人，却始终看不到美本身、正义本身，等等。我们只能说，他们对一切都只能有意见，他们对事物有意见却谈不上有所知。

格：这是必然的。

苏：相反地，我们要如何评价那些认识到了事物本身，甚至永恒事物的人们？他们算得上是有所知不仅仅是有意见吧？

格：那我们一定说他们具有知识。

苏：我们能不能这么说，这类人专注于知识的对象，而上面提到的那类人专注的对象是意见的对象？你还记得吗，我说过，后者只是注意到美声美色的美以及其他具体的种种美，绝不会注意到实实在在的美本身？

格：是的，我们还记得。

苏：因为这样，我们送给他们爱意见者的名号，而不称他们为爱智者，不算是冒犯他们吧，他们不会跟我们发脾气吧？

格：只要他们肯听我的劝，那就不会生气，因为他们知道对真理发脾气是不对的。

苏：那我们是不是要把爱智者这个名号送给那些专心于每样东西本身的人，而不是爱意见者？

格：是的，当然是的。

第六卷

1

苏：格劳孔，我们经过这么一段漫长而累人的讨论，才完成了哲学家定义的界定，才搞清楚了什么样的人才是真哲学家。

格：你可知道，凡事都欲速则不达呀。

苏：我不这么认为。我还是认为，如果我们只单纯讨论这一问题，不用如此费事，这问题早就被解决了，之所以如此漫长，就因为我们在其中结合了许多其他的问题，而这些问题恰恰是要分辨正义的生活和非正义的生活差异所逃避不了的问题。

格：那你说说看，下面我们要讨论的是什么问题呢？

苏：是的，我们是应该考虑一下接下来的问题了，那就是前面提到的真哲学家和假哲学家，究竟要选择哪一类人当城邦的领袖呢？真正的哲学家是可以把握事物永恒不变的本质的人，而假的哲学家是做不到这一点的，他们往往会被具体事物形象的千变万化所迷惑。

格：你说我们该怎样回答呢？

苏：谁最能守住城邦的法律和习惯，谁就可以做城邦的守卫者。

格：对。

苏：你说我们会用一个盲者去看守事物，还是会用一个视力敏锐的人去担当此工作呢？显然，这个问题的答案不用多说吧？该是一明二白的吧？

格：这很显而易见。

苏：那么，你觉得下面提到的这种人与盲者有什么差别？他们根本不了解事物的本身，在他们心里任何事物都没有一个清晰的原型，从而难以如画家般穿透事物注视着自己所画的对象的绝对真实，然后再进行不断的复原工作，且在必要时他也会尽可能真切地注视着事物的原样，制定出关于美、正义和善的法律，且真诚地守护着它们?

格：真的，这种人与盲者没多大区别。

苏：再说说还有一种人，他们不但了解事物的本身存在，经验上也输给上面那种人，而且在任何一种美德方面也不逊于他们，难道我们舍弃这种人而任命上面那种跟盲人差不多的人当我们城邦的守卫者吗?

格：的确，不挑后者当护卫者是荒唐的，如果他们在经验和美德方面都不逊色于前者的话。因为只有他们明白事物本身也许才是所有美德中最大的美德呢。

苏：说到这儿不是要接着讨论下面这个问题了吗?同一个人该如何同时具备这两个方面优点呢?

格：是该讨论这个问题了。

苏：诚如我们讨论之初说过的那样，我们首先必须弄清楚哲学家的天性。在这个问题上我们达成了一致，那我觉得，接下来的问题我们也应该会取得一致的认识，例如同一个人同时具有两种品质是有可能的，以及这种人就是城邦统治者的不二人选。

格：是吗?

苏：就让我们一致认同哲学家具备这方面的天性吧。他们天然就永远热爱那些他们所了解的永恒的不受产生与灭亡过程影响的事物本身存在的知识。

格：那就把这点作为我们一致的看法吧。

苏：还有我们必须一致认为，哲学家爱事物本身是不会因它的大小，还是荣誉的大小等去拒绝它的，他们爱的是全部而不是爱的一部分。这和之前谈爱者和爱荣誉者说过的情况几乎是一样的。

格：你说得对。

苏：下面我们要讨论一下，如果这种哲学家就是我们要挑的那些人，那他们的天性就应该只有一种品质而不具其他的品质了吧?

格：具备哪种品质呢?

苏：就是一个“真”字，他们永远不会苟同“假”这个字。他们爱真恶假。

格：可能是的。

苏：我的朋友呀，不能只是“可能”而已，必须是肯定啊！一个人天性爱什么，他必定会珍惜所有与之相近的东西。

格：对。

苏：你说比真实更接近智慧的还有什么？

格：不能有了。

苏：同一天性能不能既爱智慧又爱假吗？

格：无论如何也不可能。

苏：所以说真正意义上的爱知者从小到大始终是追求全部真理的。

格：无疑是的。

苏：再说，经验告诉我们，一个人一个方面的欲望强时，其他方面就会变弱，就仿佛会被水流引向某个地方一样。

格：是的。

苏：当一个真正的哲学家的欲望被像水流一般引导到知识及一切与之类似的事情上时，我觉得他关注的就已经不是肉体上的简单快乐，他的快乐是来源于内心的快乐，只要他不是冒牌货。

格：这是完全必然的。

苏：他们肯定是有节制的，贪财的事情在他们身上是不会发生的，他们不会同其他人一般热心追求财富和巨大花费所要达到的快乐[112]。

格：是这样的。

苏：界定哲学家和非哲学家天性还有一点是必须要注意的。

格：哪一点？

苏：哲学家的胸襟问题你千万别疏忽了。哲学家在无论神还是人的任何事情上总是胸襟广阔地追求完整的，所以没什么要比器量窄小更背离哲学家的这种心灵品质的了。

格：你说得绝对正确。

苏：如果一个人胸襟广阔，他就能观察到所有事物的一切本身存在。那么他还可能只关心自己的性命吗？

格：不可能的。

苏：那这种人也不会畏惧死亡吧？

格：绝对不会的。

苏：那么，胆怯和狭隘也不该是真正哲学家的天性。

格：我看不是。

苏：一个性格和谐，既不贪财胸襟视野也相对开阔的人，不自夸也不胆怯，他有可能是个刻薄的人吗？

格：不会的。

苏：所以，你要判断一个人是否具有哲学家或非哲学家的灵魂时，可以观察这人到底是从小公正温和还是粗暴凶残。

格：的确。

苏：还有，我想你应该不会疏忽这一点的。

格：哪一点？

苏：凡事学习起来感觉是聪慧还是迟钝呀。你想想，如果一个人从事一项工作，尽力了结果事倍功半，他会真正热爱这项工作吗？

格：当然不会的。

苏：还有，如果是个健忘的人学了什么也记不得，他不还是脑袋里空空如也？

格：何尝不是呢！

苏：因此，从事任何工作若是徒劳无功，那他一定不会爱上这项工作。

格：他怎么会爱上呢？

苏：所以，哲学家不能健忘，健忘的灵魂是不能成为哲学家的灵魂的。

格：没错。

苏：还有，我们要坚持这个观点，天性不和谐只能导致没分寸，除此以外别无他物。

格：一定是的。

苏：你说说看，真理是接近有分寸呢还是接近没分寸呢？

格：当然是有分寸。

苏：那么天然有分寸而温雅的心灵也是我们所追求的，除了上述的那些品质外，这一品质它本能地就可以让人导向事物的本身理念。

格：这一品质值得注意。

苏：那好，现在我们发现上面说过的那么多品质，他们彼此是否互相关联融合成一个整体，而这个整体是否就是完整理解事物本身理念所必需的呢？这点我们还没有以某种方式证明出来。

格：是最必需的。

苏：综上所述，一个能够真正从事哲学学习的人，应当具备良好的记性，善于理解，心胸宽广，视野广阔，温文尔雅，爱好和亲近真理、正义、勇敢且有节制这些品质。挑选这样的人从事这一学习，你还有什么可挑剔的吗？

格：对此虽玛摩斯[113]也无法挑剔了。

苏：那你是不是应该，等这样的人接受完了教育，成熟了，就把国家大业委任于他们？

阿：苏格拉底啊，尽管刚才你的长篇大论无人反驳，但一直在听你说的人，他们心里始终有个疑问。上面的一系列你对他们的问答，他们由于缺乏问答法的经验，因此总在你的每一问之后被你一步一步引入了歧途，慢慢地累积起来，到讨论快得出结论时，他们才发现结论已经偏离他们原来的想法十万八千里远了。他们觉得，这就好比两人下棋，棋艺差的人总是最后被高手所牵制，一步都动不了，同样地，这场讨论他们在运用语言的竞技中最后也被逼得哑口无言了，幸好真理是不为技巧所改变的。我是注意到了刚才的情况才对你说这样的话的。尽管他们口才不好，无法每一问都反驳你，但他们才看到了事实的真相，你所说的那些爱哲学的人，不仅仅在年轻时受教育过程中学哲学而后就放下，他们总把学习哲学的时间拉得很长，以致其中大多数变成了怪人（我们且不说他们变成了坏蛋），反倒是那些应该是最优秀者的人被认定为对城邦无用的人，原因就是他们没做到你们所称道的这种哲学学习。

（**苏格拉底：**听了他的这番话后我说道。）

苏：你认为他们说的对吗？

阿：我不知道，我很愿意听听你的意见。

苏：可是，你刚才的信息大致应该是：我觉得他们说得对。

阿：既然我们[114]认同了哲学家对城邦无用，那你这个关于“在哲学家统治城邦之前，城邦不能摆脱邪恶”的论断又如何成立？

苏：你的这个问题只能用比喻的方法来解答了。

阿：啊，比喻方式可不是你惯用的方式啊！

苏：我已经被你推进了尴尬的辩论境地了，你还要嘲笑我。不过，还得烦请你听听我这个比喻，听完你就会知道我做得有多吃力了。你知道，最优秀的人物和城邦之间的关系是一种并不太融洽与愉快的感受，可是这世上居然找不到其他一种事物能用来比拟这种感受，为了比喻成功达到替他们辩护的目的，只得像画家常常将很多动物的特点拼合在一幅画怪物的画作里一样，将许多东西的部分凑起来拼着去比拟。好，请你假设有这么一支船队或一条船，船上发生了这样的事情。船上有一个船长，尽管他在身材和力量方面远远胜于其他船员，可惜的是他有点聋又有点瞎，航海知识也不太灵光。这时，船上的水手们都争相要取而代之，虽然他们个个都没正经学过航海术，都说不出自己在哪里、什么时间、跟谁学过航海术，但他们仍然自信地认为自己有权掌舵。而且，他们还口出狂言，说航海术是无学之术，谁要是教航海术，就把谁碎尸万段。他们围住船长强迫他，甚至不择手段地欺骗他只为把掌舵权交给自己。他们若是发现有人经船长同意代为指挥，他们就会把这些人逐出去或是直接杀死，随后用酒或麻醉药灌醉灌倒高贵的船长，夺取船只的掌舵权。于是，他们就在船上吃喝玩乐，用尽所有库存，只希望以这种方式永远航行。不仅如此，那些与他们同谋的，或是协助他们的人，无论出主意还是出体力的人都被授以航海家、领航、船老大等荣誉称号。至于不与他们同流合污的人，就被他们骂成废物。其实，真正的航海家，是必须注意年、季节、天空、星辰、风云，以及一切与航海有关的事情的，他要真正掌权是由不得他人同意与否的，这样的人注定是个航海家。如果事实并非如此，那些人大概永远都没想过，学航海学的同时可能精通和实践这一技术。你说说看，在发生过这种变故的船上，那些所谓真正的航海家会不会被夺了权的水手视为唠叨鬼、看星迷或大废物呢？

阿：会的。

苏：那我想这个比喻我已经不再为你解释了，因为你已经明白我拿它做比喻只为说明真正的哲学家在城邦中的处境。

阿：的确。

苏：从今天起，你再遇到那些惊讶于真正的哲学家在城邦里不受尊重的现象的人，你就给他说说这个比喻，让他相信要是哲学家受到尊重，那才更是件怪事呢！

阿：行，就这么办。

苏：你别忘再告诉他，他说哲学家中的最优秀者对城邦无用这句话是对的。只不过，他要清楚地认识到最优秀哲学家之所以无用，责任不在哲学，而在大多数人用不上哲学。他要知道，船长请求水手受他管带，还有智者趋赴富人门庭等事[115]都是不合乎自然的事情。“智者们应趋富人门庭”这句俏皮话是不合乎自然的，真正合乎自然的情况应当如此，无论是穷人或是富人病了，都应该趋赴医生的家门去找医生，任何要求被管治的人都亲自登门请出有能力人的管治他们。统治者也是如此，若他是真正意义上的统治者，那他就不该去请求他的被统治者受他统治，这不合乎自然。如果把现有的统治者比作前面比喻里的水手，被他们称作废物、望星迷的哲学家比作真正的舵手，我想应该没错。

阿： 绝对正确。

苏： 照此来看，虽说哲学是最可贵的学问，但不可否认的是有这样一些人认为哲学是不大可能得到反对者尊重的。然而，我们会发现让哲学蒙羞，受到严重毁谤的人，就是你前面提到的那些骂搞哲学的优秀人物都是坏蛋，于城邦无用的人，更为可怕的是这些人还都自称是搞哲学的人。我记得我当时还肯定了你说哲学家于城邦无用的说法，对吗？

阿： 是的。

苏： 那关于优秀的哲学家无用的原因我们解释清楚了吗？

阿： 已经解释清楚了。

苏： 接下来我们要指出，事实上，大多数哲学家难免要变坏。如果可以的话，我们也去证明一下这一切不能归咎于哲学。我们可以开始证明这个了吗？

阿： 可以了。

苏： 我们还是一问一答吧。先回忆一下，我们曾经说要成为一个美而善的人从小就需要某些天性。你应该没忘，我们说过他要紧紧追随真理，要不然他就是一个和真正哲学毫无关系的江湖骗子。

阿： 记得是这么说过的。

苏： 你没发现这种说法和现有的对哲学家的看法恰好相反吗？

阿： 是的。

苏： 我们可以用下面这个理由去为他辩护。爱知者以追求真实存在为己任，所以他的热情不会只停留在意见的对象上，即那些五光十色的具体事物上，他的热情会听从事物本质理念的召唤，继续追寻下去，直至他靠近了事物的实体理念，并通过他的心灵能够掌握真实的这个部分，与事物真实理念靠近，交合，生发出了理性和真理，于是他才有了真知，真实地活着成长着。只有到那时，他才停止自己艰苦的追寻过程。

阿：这理由实在太充分了。

苏：这种人爱虚假还是恨虚假呢？

阿：他会恨它的。

苏：有真理带路，我想大概不会有虚假混在其中吧。

阿：怎么可能呢。

苏：真理的队伍里有一个健康的和正义的心，并有节制伴随。

阿：对。

苏：我想我们不用从头再来证明一次哲学家所应具有的天性了吧？你肯定还记得，勇敢、大度、聪慧、良好的记忆力都是他们所必须具备的品质。你说过大家都是不得不同意我们的话，但是如果抛开这些言论，把注意力集中到提出这些言论的人身上，大家就会发现，这些人才是真正无用的，且大多数无恶不作。于是我们开始研究哲学家名声坏的原因，且已经走到了这一步[116]。

阿：已经很难得了。下面是不是要研究为什么大多数哲学家会变坏？之所以重提真正哲学家的天性问题就是为了解决这个问题。

苏：下面我们要开始研究哲学家天性败坏的问题。为什么败坏的情况在大多数人身上发生，却在少数人身上没有，剩下的人虽没被说成坏蛋，但也被说成无用的人。之后，我们通过考察自称是哲学家，研究哲学的人，如何以他们有限的能力高攀哲学研究工作，并以他们的一贯原则的缺失，给哲学研究抹黑的。

阿：你所说的败坏是什么意思呢？

苏：我会尽力给你解释的。我想所有人都会认同我们前面提出的那么多完美哲学家的品质很可能会在少数人身上同时并存，你觉得呢？而败坏它们的因素却是又多又强大的呢！

阿：有哪些因素？

苏：最让人吃惊的就是，我们所称赞的那些优秀品质，包括勇敢、节制，以及我们列举过的其余那些品质，他们其中的任何一个都有可能败坏所属的灵魂，让灵魂背离哲学。

阿：这听起来太荒唐。

苏：此外，还有所谓的生活福利，诸如美貌、富裕、身强体壮、在城邦里有上层家族关系等因素，也会起到相同的作用，我想你明白我的意思。

阿：我明白，但我想听你更详细地论述。

苏：如果你把这个问题从整体的角度来把握的话，就简单得多，也不会觉得我说的话很荒唐了。

阿：你要我怎么理解呢？

苏：我们知道，任何种子或胚芽（无论植物的还是动物的）如果在成长阶段，养分、季节、地点都没有得到很好的调节和照顾的话，那它只会越长大离应有的成长模式越远。你知道比起不善，恶对善而言是一股更强大的反作用力。

阿：是的。

苏：因此，我认为我说得很合理。好的天赋若是培育不恰当，或许会比差的天赋所得到的结果更坏。

阿：是的。

苏：阿得曼托斯啊，那我们是不是也可以这么说了，天赋最好的灵魂受到坏的教育后就可能变成最坏的人？你是不是还认为只有天赋差的人才会有恶行和罪行，而天赋好的人不可能为之？你难道不知道，天赋差的人其实是做不出任何大事的，无论好事还是坏事。

阿：还是你说得对。

苏：所以，我们设定的那些哲学家的天赋，必须在合适的教育下，才会成长为至善。反过来说，他和其他植物动物一样，若成长的环境和其他因素并非符合要求，除非神力保佑，要不他很快就会往反面生长。或者你也和许多人一样，坚持青年被败坏的根源在于所谓的诡辩家[117]，相信就是私人诡辩家把青年给说坏了吧？你可知道，说这话的人自己才真是最大的诡辩家呢！这些男的、女的、老的、少的不正是根据他们自己的意图在塑造着，用成功的方法在教育着吗？

阿：什么时候？

苏：但凡众人聚在一起开会时，或是在法庭上听审，或是到剧场看戏，或是到军营过军事生活，或是参加其他任何公共活动，他们常常在这般场合大呼小叫，常常肯定或是否定一些正在做的事或正在说的话，但不论是肯定还是否定，都言过其实。可是，他们始终哗众取宠，声势浩大，总能用鼓掌声引起岩壁和会场的回声，让他们的声音变得加倍响亮。你考虑一下，这种场合一颗年轻的心灵他会不为所动吗？那些所谓的私人诡辩家说的话还不会因此而被他遗忘吗？他会不因此而人云亦云，听从大家的意见行事，最终成为他们中的一员吗？

阿：苏格拉底啊，这是完全必然的。

苏：我们还有一个最重要的“必然”还没提呢？

阿：哪一个呀？

苏：这些教育家和诡辩家往往用行为去强制那些用言辞无法说服的人。剥夺公民权、罚款和死刑这些刑罚你没听说过吗？

阿：他们的确是这么干的。

苏：那你还会觉得哪些私人诡辩家[118]或私人教师有可能战胜他们这些与自己力量悬殊的对手吗？

阿：我想不会有的。

苏：就算有这种念头的人也很愚蠢呢。用美德教育对抗公众教育的势力去造出美德的事情，这样的事情过去没有，现在没有，将来更不会有。朋友，我这里说的是以人的力量而不是依靠神的力量，有神力的帮助就是另外一码事了。如果在当前的情况下居然有什么德性得救，得到一个好的结果，那你大可相信是神力保佑，这是不会有错的。

阿：我没有异议。

苏：另外还有一点也希望你没有异议。

阿：哪一点？

苏：那些被称作诡辩家的私人教师，实际上他们讲授的不过是众人在集会时所说出的意见，并称之为智慧。他们就和了解野兽习性和要求的那些饲养野兽的人类似。这些饲养者了解如何同野兽接近，怎样才能把它们变得可怕或是温驯，甚至是不同情况下会发出什么不同的声音，什么声音能使它温驯，什么声音能使它发野。他们通过不断饲养接触来掌握这些知识，并称之为智慧，总结出一套技艺用以教人。他不知道什么是这些意见和要求的真实，还有美丑、善恶、正义与非正义，等等，他只知道根据猛兽的反应来使用所有名词，猛兽喜欢的就是善，反之，猛兽不喜欢的就是恶。他讲不出其他更多的道理来，在他看来必然[119]的东西就是正义的，美的。他不了解，因此也没能力解释必然和善在本质上究竟有多大的区别。你说实话，那你不认为这样的人是一个荒谬的教师吗？

2

阿：你说得没错。

苏：总有人认为，无论是绘画还是音乐，或是其他教师的智慧就相当于那些只认识事物具体形态的人集会时表现出来的喜怒情绪，那和我上面说过的饲养野兽的人差异何在？和这些群众在一起，再把自己的诗作或其他艺术作品，或为城邦所做的服务拿出来让他们评价，承认群众的权威，那结果就是所谓“迪俄墨得斯的必须”[120]使他只会作出符合这些群众的喜好的艺术品。可是，如果说那些群众喜欢的艺术品是至善至美的，那用于证明这一看法的理由是不是十分荒谬的呢？

阿：我也认为它们十分荒谬，现在是以后也是。

苏：那请你记住你说过的话，我们再回想到前面的问题去吧。会不会有许多人认同，事实上存在的只有美本身[121]而不是众多美的具体形态，或者说是个别特殊的美的事物？

阿：绝对不可能。

苏：那会有许多人成为哲学家吗？

阿：不可能。

苏：所以真正的哲学家受到非难也是必然的。

阿：难免的。

苏：那些混在群众中并时常博群众欢心的私人教师，也一定会非难哲学家。

阿：显然是的。

苏：就这么说的话，哲学家要依靠什么动力来坚持自己的研究和追求？请你别忘了我们之前说过，哲学家要具备敏于学习，强于记忆、勇敢、大度这些品质，你回答问题的时候别避开这个准则。

阿：是的。

苏：那这种人从小就应该在所有的孩子里很拔尖才是，如果他的身体素质和灵魂中的品质能够相匹配，那势必更优，你说是吧？

阿：怎么不是呢？

苏：那我想，等他长大了，他的亲友和同胞们都希望他能自己办事。

阿：当然。

苏：于是，这些人估量着他将来的权力，跪在他的脚下，向他表示敬意，甚至向他献媚。

阿：这种现象是很常见的。

苏：这样一来，你认为这年轻人会有什么反应，如果他还腰缠万贯，出身高贵，人品出众，身材魁伟的话，会不会因此而无法节制自己，野心勃勃，欲望膨胀，幻想自己能够操纵除希腊以外的全部世界的事物，他会不会因此而妄自尊大？

阿：他肯定会这样的。

苏：此时若是有人对他说了真话，处于如此精神状态下的年轻人能否听进真话呢？要知道，听进真话是需要理性的，而理性是只有通过奴隶般的艰苦磨炼才能得到的，此刻的他条件优越，头脑糊涂，毫无理性可言。

阿：绝对不能。

苏：那就算是这个年轻人由于良好的素质而接受了真话，动了心，开始被引向哲学之路。那么原本那个圈子里的人就无法从这年轻人的身上得到好处，他们会不会有所行动？难道他们会冷静地接受而不阻挠年轻人这么做吗，他们不会既用私人阴谋又用公众控告来达到这个目的吗？

阿：这是完全有可能。

苏：那么，这个人还能继续研究哲学吗？

阿：已经根本不可能了。

苏：所以我说得没错吧，这些哲学家身上最优秀的天赋也会因为不好的教育或是环境的影响，转换成败坏哲学家的因素，和所谓的美貌、富裕，以及这类的生活福利一样？

阿：说得对。

苏：我的好朋友，那些适合于做至善学问的优秀天赋实在难得，它成为败坏的因素，我们就说这么多吧。你要知道，对城邦和个人做出大奸大恶之事的人和那些对造福于城邦和个人的人很可能同是这一类人，而真正天赋差的人，无论他们做什么事都不可能是大事。

阿：绝对是这样。

苏：那些拥有研究哲学最优秀天赋的人一旦背离了哲学，她必然[122]孤独凄凉，从此过着不真实的生活。此时，那些原本与她不相匹配的追求者一定会乘虚而入，玷污她，致使她蒙受了（如你前面指出的）反对者强加给她的那些恶名，他们会说她的配偶一无是处，而她要为此罪行负责。

阿：是的，这话的确有人说过。

苏：这些话是很有道理的。总有一种小人，只要他们发现里面满是美名和荣誉头衔的哲学神殿无人守护，他们就迅速跳出了自己的技艺圈子（即便这些人在自己的技艺圈里是小有名气的）入了哲学的神殿。尽管哲学眼下的处境不好，但比起其他技艺还是会保持较高的声誉的。就这样很多天赋并不好的人就因此吸引过来了，事实上，他们的身体和灵魂都因长期从事下贱的技艺和职业而变得残废与畸形。而这种情况下，他们不是很容易就被哲学的神殿吸引过来了吗？

阿：是的。

苏：此时的他们虽像刚从监狱中释放出来的癞头小铜匠，但他们交了好运，洗了个澡，穿了件新外套，打扮成新郎，去和他主人的那个失去他人保护孤苦伶仃的女儿结婚。

阿：就是这样。

苏：这样的结合，他们的下一代不是劣等的吗？

阿：必然是的。

苏：所以，如果真正的哲学和那些不想匹配的天赋结合的话，那会生发出什么样的思想和意见来呢？这样的结合应该只会产生那些没有真实，甚至只是接近真实，实质是诡辩的东西来吧？

阿：的确。

苏：因此，阿得曼托斯，那最后剩下来配得上研究哲学的人只会越来越少。他们要不是被流放的出身高贵又受过良好教育的人，他们正因为流放而未受到腐蚀，依然坚持从事哲学；要不就是出生在小城邦里的伟人，小国的事务他不屑为之；要不就是那些天赋优秀的少数人，摆脱了他藐视的其他技艺，改学了哲学；最后还有可能有一部分，也许是被我们的朋友赛亚格斯[123]的缺陷束缚了。我们都知道赛亚格斯之所以在背离哲学的所有条件都具备的条件下没有背离，只不过是因为他孱弱的身体罢了。我自己呢，是个奇迹应该这么说，这是极少数人能碰到的情况。可真正碰到的人，他们会尝到了拥有哲学的甜头和幸福，充分地看到了群众的疯狂，看到当下城邦里没有什么是健康的，也就没有人是正义的盟友，援助他们，使他们免于毁灭。这极少数的真哲学家像孤孤单单地被野兽群包围了一样，他们不愿意作恶，但也无法对抗所有野兽。因此，他们大致只能在尚未为城邦和朋友提供帮助前就早早死去。所以哲学家都保持沉默，只注意自己的事情。就好比是被暴风雨拦住了去路，只得在屋檐下躲避的人，看着他人作恶，但求自己能得终生不沾上非正义和罪恶，最后怀着善良的愿望和美好的期待而逝世，也算是心满意足了。

阿：噢，他生前的成就不算太小呀！

苏：算不上最小，但也算不上最大。只有在合适的国度里，哲学家才能有最大的成就，他本人才能得到充分的成长，进而守护自己的和公众的利益。好了，到现在为止我已经为你解释了哲学之所以遭到非议的原因以及非议的不公正性，你还有什么话要说的吗？

阿：这个问题没什么好说的了。你说当今的制度哪一种更适合于哲学呢？

苏：一个也没有。就因为现行的制度没一个适合哲学的，所以我才埋怨它们。哲学的本性也是因此而堕落的。哲学的本质在不合适的环境中，就像是种子被播种在异乡土地上一样，种子会因为水土不服而无法保住本性，哲学也一样，会因此变坏变质了。如果哲学能找到如它本身一样最善的制度，到那时就会发现哲学才是神物，而其他的一切，无论天赋、学习还是工作，都不过是人事。说到这儿，你接下来一定会问我什么是最善的制度。

阿：你猜错了，我要问的是另一个问题，你说的最善的制度存在于我们建立的城邦吗？

苏：从别的方面来看，它就是我们建立的城邦的制度。不过我们之前还说过，这样的城邦里必须永远有一个这样的人物存在，他对这个国家制度的想法要同你这个立法者立法时的想法一致才行。

阿：是的，那一点我们说过的。

苏：可是，我们对它的解释还不充分，当时你突然插进来的反驳曾使我们害怕。你当时的反驳明确地表示关于这个问题的讨论势必痛苦而漫长，就算仅仅是解释剩下的部分也足够困难了。

阿：接下来要解释的是什么呢?

苏：是这样一个问题，一个城邦可不可以受哲学主宰呢？达到远大目标的沿途总是风险重重，俗话说得好，好事多磨嘛。

阿：那就先把这一问题弄明白了，结束这一解释工作吧。

苏：如果要说缺少什么的话，我不缺少愿望，缺少的是能力，就是它妨碍了我。请你注意我的热情，我会以我的热情去勇敢地宣称，这个城邦应该用和当前完全相反的做法来从事哲学研究。

阿：什么做法?

苏：当前人们研究哲学的年纪还只是少年，也就是说他们只在童年以后到成家立业之前这个阶段学习哲学。当他们刚刚接触到哲学最困难的部分（我指的是推理论证）时就放弃了，此时就称呼他们为真正的哲学家，然后不过是有机会去听一次别人的哲学辩论就很了不起了。在他们看来，哲学研究不过是业余事宜。等到了老年，他们关于哲学的光亮会无一例外地熄灭得比赫拉克利特的太阳还彻底[124]，再也不能重新亮起来了。

阿：那怎么办呢?

苏：其做法应该和当前完全相反才是。年少时，他们的学习和哲学功课要适合儿童的接受能力。当他们正在长大成人时，他们要准备好体力应付此后的哲学研究。随着年龄的增长，他们渐渐成熟，此时就需要加强对心灵的锻炼。当他们的体力下降，过了军事服务年龄时，就不要要求他们担任繁重的体力劳动，只需自在逍遥地从事哲学研究。如果我们想让他们在生前和死后都活在幸福之中的话，大致做法如此。

阿：我相信你的真诚和热情，苏格拉底。不过我觉得，这里的大多数听了你说的以后，怕是很难被你说服，他们甚至会更热忱地反驳你，尤其是色拉叙马霍斯。

苏：请你别在我和色拉叙马霍斯中挑拨离间，我们才成为朋友，当然我们以前也不是敌人。你放心，我会尽力去说服他和其他人，或者只是达到某种效果也可以，我只希望他们重新投胎做人时，如果碰上类似的问题能有所帮助。

阿：你预言的时间相当长啊。

苏：不，和永恒的时间比起来它算不上长。话说回来，说服不了所有人也不算什么，毕竟他们是见不到我们的话变成现实的，他们见过的只是人为地用词语堆砌出来的生硬的哲学，它同我们那么自然地和词语结合完全不同。一个言行都与至善本身相称的人统治着一个同样至善的国家，你说有多少人见过，我想是极少吧？

阿：无疑是这样。

苏：我的好朋友啊！很显然，他们也不曾听到自由人的正当论证。所谓这种论证旨在尽力去得到知识，寻求真理，它与法庭上和私人谈话中争论的狡黠与诡辩是完全不同的。

阿：他们是没听到过这种论证。

苏：就因为这些缘故，且能预见的缘故，尽管我们害怕，但在真理的指引下，我们还是会承认，只有在极少数碰巧的情况下，那些当前被称为无用的哲学家出来管理城邦（无论他们自愿与否），且公民服从他们的管理；或是正当权的这些人的儿子或当权者本人突然受到神的感化，真正爱上真哲学，只有这两种情况发生时，城市、国家还是个人才能真正达到完善。我没有理由就肯定地说这两种情况均不会发生。如果这样的话，那我们一定会被看作空想家，我想这也应该。

阿：是的。

苏：因此，不论是极其遥远的古代，或者目前某一我们所不知道的蛮族国家，还是将来的某一天，命运突然降临在至善的哲学家头上，命令他们管理国家，那我们一定要竭尽全力支持，因此只要是哲学女神控制着国家，那我们所描述的体制就有可能实现过，或正在实现着，也可能将会实现。我们认为这事情不是不会发生，但同时我们也承认它确实存在困难。

阿：我也这样认为。

苏：你的意思是说：大众不这样认为？

阿：是的。

苏：我的好朋友，别完完全全责怪群众。只要你肯和风细雨地劝告，或是慢慢潜移默化地改变他们对学习的憎恶感，详细解释你所谓的哲学家的定义，像我们刚才做的那样说明哲学家的天性和他们要从事的研究，让群众明白哲学家同他们之前所理解的那种人是不一样的，那他们是一定能改变看法的。或者，就像他们那样考察哲学家，你觉得他们不会改变自己的意见和对问题的答案吗？或者，你觉得如果有个原本不忌妒的且温和的人，他会用粗暴对待其他温和的人，而用忌妒对待不忌妒的人吗？让我来帮你回答吧：如此粗暴的天性只会在极少数人身上出现，大多数人是不会有的。

阿：你可以放心，我赞同你的看法。

苏：你难道不觉得，其实群众对哲学憎恶的根源是伪哲学家吗？就是这些，为哲学家闯进与他们不相匹配的地方，互相争吵，并相互进行人身攻击，还有什么比这个更不像是哲学家的？

阿：是最不相称。

苏：阿得曼托斯啊，你要知道，一个专心致力于追寻事物本质的人怎么可能去在意人与人之间的琐碎的事情，还和其他人争吵不休，他的注意力只会集中于研究永恒不变的事物本质上。当他发现这类事物彼此和谐，有秩序地理性地活动着，彼此不互相伤害时，他就会想竭力模仿它们，并且尽可能使自己像它们。换句话说，你认为一个人不会模仿被自己赞赏的东西吗？

阿：那不可能不模仿的。

苏：因此，总是和神圣的秩序打交道的哲学家，也会参照这秩序在他人力许可的范围内让自己变得有秩序和神圣的。但是别忘了，诽谤和中伤是无所不在的。

阿：确实是的。

苏：假设一下，如果有某种必然性迫使他用他自己在彼岸所看到的原型来塑造国家和个人的人性素质，不仅塑造他自己，你说他会表现得像是一个塑造节制、正义以及一切公民美德的蹩脚的工匠吗？

阿：绝不会的。

苏：可是如果群众赞成我们关于哲学家的解释以后，他们会不会相信，其实任何一个城邦都是艺术家根据神圣的原型进行描绘的[125]，它都会有永恒的幸福的？他们还会不会粗暴地对待哲学家？

阿：他们要是知道了这些就不会粗暴地对待哲学家了。不过我需要你告诉我这图要怎么描绘呢？

苏：首先他们要拿起一块画板，我们把国家和个人的人性素质也看成一块画板，把它擦净，这也不是件容易的事。不过，你必须知道他们和其他的改革家的不同之处第一个就表现在这点上。在得到一个对象后，他们动手描画之前，对于国家而言就是立法前，没自己动手把它弄干净之前，他们是不会着手开始操作的。

阿：他们是对的。

苏：擦干净之后，下一步你是不是认为他们就要开始拟定制度草图了吗？

阿：当然是喽。

苏：拟定完制度，他们在工作中就主要参照两个标准，一个是绝对正义、美、节制，等等。另一个标准是他们努力描画的摹本，他们在人世间努力用各种方法描绘人的样子，加上人的肤色，这样它就像人了，再依据荷马称之为类似神的那种特性出现于人类时一一作出修定。

阿：对。

苏：我想他们还要再擦擦再画画，直到他们画出符合神的特性标准的样子。

阿：那这幅画就该是最好的画了。

苏：说到这儿，你说的那些反对我们的人会不会有点被我们说服了呢？我们劝服他们相信，刚才这位制度画家就是最初我们建议委任管理的人，也就是他们最初反对的那个人，也是我们称赞过的人呢！你说他们听了我刚才说的那些话以后态度会不会变得温和点呢？

阿：只要他们明事理，一定温和多了。

苏：他们还有什么理由反对我们呢？他们还不愿意承认哲学家是热爱实在和真理的吗？

阿：那样做就很荒唐了。

苏：他们还会否认我们描述的那种天性是最接近至善的吗？

阿：也不会。

苏：还有，他们会不会否认拥有这种天性的人在接受良好的教育以后，能够成为至善的哲学家吗，还是他们依旧坚持我们反对的那种人仍然称得上是至善的哲学家呢？

阿：一定不会了。

苏：那他们还会不会不同意或是反对我们认为的，在哲学家成为城邦的统治者之前，城邦和公民个人都无法终止，此外，我们用理论为依据制定的制度也实现不了，是吗？

阿：或许怒气不会那么大了。

苏：我们能不能认为，他们不仅仅是怒气消了，而是被我们说服了，变得温和了。因此，光是羞耻心（如果没有别的什么的话）就让他们认同我们的结论了呢？

阿：一定是的。

苏：既然已经假设他们同意这个结论了，那另一个关于国王或统治者的下一代可能生来就具有哲学家天赋的结论他们是不是也不会反对了呢？

阿：没有人反对了。

苏：已经有了这种哲学天才，还会有人论证这个结论的必然性吗？有没有下这样的断言，难道在这些下一代之中就没有人打破这个必然性吗？尽管我们也承认，找到例外总是有一定的困难。

阿：怎么会有人下这样的结论呢？

苏：但是事实的确是这样。这样的人只要有一个就足够了，他就可以在服从他统治的城邦里实现全部的理想制度，即便当前还没有人相信这些制度。

阿：是的，一个人就够了。

苏：所以只要他成为那里的统治者，制定出那些我们描述过的理想法律和制度，公民们就有可能情愿服从。

阿：的确。

苏：同样地，别人赞同我们的看法又有什么好奇怪的吗？

阿：我认为不是。

苏：再说，既然可能，那么我认为我已经充分证明这些事是至善的。

阿：你是已经充分证明了。

苏：所以我们关于立法得出的最终结论是，就算我们的计划实现起来有种种困难，但它有可能实现，只要实现那就必定是至善的。

阿：结论是这样的。

苏：我们把这个艰难的问题结束了，剩下其他的问题再继续讨论下去吧。例如如何产生我们国家制度的救助者，也就是通过什么样的学习和训练方式产生，以及他们在不同的年龄层学习什么样不同的功课？

阿：是的，这些问题是必须讨论的。

苏：此前，我故意避开了娶妇生子和任命统治者这个难题，是因为我心里比谁都明白，绝对的真理会招来妒忌且实现起来有很大的困难。可是，我发现回避是没有用的，现在我们还是避不开它的。之前我们已经讨论过妇女儿童的问题，关于统治者的问题我们还要从头再重新理一理。如果你没忘的话，我们曾经得出这样的结论，当他们经受苦与乐的考验时，他们必须证明自己有坚定的爱国心，并且无论遇到什么情况或是变故都不会改变。我们通过观察要舍弃那些不坚定的，留下那些经得住各种考验而始终坚贞不渝的，才能任命为统治者，让他生时光荣，死后也会得到褒奖。这些话其实我们前面都大致谈过，只是为了避免引起刚才的这场争论，才把讨论悄悄地转移了方向。

3

阿：我记得，你说得没错。

苏：我的朋友，之前我们没有勇气大声地说出自己的观点，现在我们可以放心地说，哲学家是国家守卫者的不二人选。

阿：好，要的就是这个主张。

苏：要知道这样的人数量总是不多，因为在他们身上具备的各种作为受教育基础的天赋，大部分是分开的，同时出现在一个人身上的概率极低。

阿：你说的什么意思？

苏：像是我们前面提过那些，敏于学习、强于记忆、机智、灵敏，还有进取心、豁达大度，他们很少会集中生长在一起，还有秩序地平稳地过日子。就算是一个身上集中具备了全部这些品质的人有时也会被灵敏领着团团转，失去全部的稳定性。

阿：你说得没错。

苏：可是，天性稳定的人，人们常常宁可青睐这种人，因为在战争中他们不容易产生恐惧或是害怕的情绪，但是他们在学习过程中也同样容易麻木，学不进去。所以我们会发现，他们在从事智力工作的时候，容易犯困，打呵欠打瞌睡。

阿：是这样的。

苏：我们也曾经提到，一个人要接受最高教育，得到荣誉和权力，首先必须兼具这两个方面的优点，并且结合妥当才行。

阿：对。

苏：那这种人岂不是很难得？

阿：当然是不可多得的。

苏：因此，他们不但需要接受我们前面说过的劳苦、恐怖、快乐的考验，还要加上一种操练，他们必须在众多不同的学习中操练，以便于我们考察他们的学习能力，能否适应最大的学习，[126]看看他们是不是会和其他人不敢进行体力竞赛一样缺乏接受它的勇气。

阿：这样的做法是对的，不过你提到的最大学习是指什么？

苏：你或许还记得，我们在分别讨论了灵魂里的3种品质后，还比较研究过正义、节制、勇敢和智慧它们的定义。

阿：我要不记得的话，就不配再听下去了。

苏：那你记得此前说过的话吗？

阿：什么话？

苏：记得我们说过，我们必须通过漫长而曲折的过程才能最完善地认识这些美德，走完这漫长的路以后就可以清楚地看见它们了，但是不可否认的是，我们可以暂时先作一个和前面的论证水平相当的解释。我记得你当时说过这种办法就可以了，因此后来我的论证用的是一种不够精密的方法。至于你对我用的这方法是否满意，答案就只有你知道了。

阿：我觉得这个方法已经让我和这里的其他人看到标准了。

苏：不。我的朋友，哪怕只有那一点点够不上事物的本质存在的水平的，都绝对不能作为标准。尽管有的人已经认为自己尽力做了，也足够了，不需要进一步深入了，但实际上任何不完善的事物都不能成为其他事物的标准的。

阿：许多人都有这种惰性。

苏：的确。可是对于城邦和法律的守卫者而言，是绝对不能有这样的惰性的。

阿：是的。

苏：所以守卫者要最终能够完成我们所提到的最大的学习，就要有一条曲折的、更长的路要走，不但要劳心学习，还要劳力锻炼身体。

阿：难道这些课题还不是最大的吗？还有什么课题会比正义及其他美德更大呢？

苏：是的，还有更大的。对正义之类美德本身的研究，我们也不能仅仅满足只是这样观其草图[127]，我们需要的是最后的成品。我们花了这么多气力在这些个小问题上，只为了完全把它们都弄清楚，何况是大问题呢，难道那些大问题就不需要完全透彻地理解吗？这么一说不是显得很荒唐吗？

阿：的确。不过我们是不会轻易地让你溜过去的，你以为我们不会问你，究竟什么是最大的学习，它和什么关联呢？

苏：你随便问吧，我有这个思想准备。不过，我觉得你应该听过不止一遍，如果你还说你没明白，我就会觉得你是诚心跟我过不去。我更倾向于是后一种可能。我已经在这里说过多次，善的理念是最大的知识问题，从善中演绎出来的正义等知识才是有用的、有益的。现在可以确定你一定知道这些就是我要说的了，另外，我还说过我们对善的理念知之甚少，如果是这样的话，其实别的知识再多对我们来说用处也不大。知识就和别的东西一样，只是拥有它们而没有善，必然于我们无益。你说说看，如果是这种情况能有什么益处呢？再说像是不懂事物的美和善，光是有别的一切能有什么益处呢？

阿：那确实，我也觉得益处不大。

苏：再说，众人都只认为善是快乐，只有高明点的人才认为善是知识。

阿：是的。

苏：但是你应该知道，后者之所以说善是知识，只不过是迫于无法指出他们所谓的知识的具体定义才这么说的。

阿：真可笑。

苏：这怎么能不可笑呢，他们会先责怪我们不懂什么是善，再让我们给善下定义，此时又仿佛我们都懂得善一样。他们说知识是关于善的知识，他们在这里所说的“善”的定义似乎我们都已经很清楚了。

阿：对极了。

苏：另外，说善是快乐的人不是一样也是如此可笑的吗？给善下定义说它是快乐的那些人不是也有同样严重的思想混乱吗？他们也在不得已的时候逼迫自己说出恶的快乐[128]吗？

阿：一定的。

苏：这个结论就相当于他们认定同一事物既是善又是恶，是吧？

阿：一定的。

苏：那大家是不是都发现这一问题存在不少争论呢？

阿：的确。

苏：请问，大家还有没有发现，在正义和美的问题上，大多数人都不愿意找寻正义和美的实质知识，宁可要只被意见认为的正义和美，无论做事、说话，还是拥有什么时皆是如此。可是在善问题上，大家基本上都不满足于只被意见认为是善，因为在这个问题上，意见是不受任何人尊重的，所以大家都努力去追求真实实质的善。

阿：的确是的。

苏：因此，善总是每一个灵魂所追求的东西，人们都会将它作为自己全部行动的目标。尽管人们都在追求真正的善，也通过直觉感知到它确实存在，但因为无法充分把握善的概念，他们无法辨认出具体事物中的善的成分，因而无法树立起对善的稳固信念，最终无法把握善的本质。显然这是个重大问题，我们怎么会允许我们委任的统治者，也就是这城邦里最优秀的人物也这么愚昧无知。

阿：绝对不会。

苏：简言之，在我看来，如果不知道正义和美如何能称得上是善的人，是没有资格做正义和美的守卫者的。据我猜测，是不会有人在认识善之前充分认识正义和美的。

阿：你的猜测很有道理。

苏：因此，要让我们的国家步入正轨，只能选拔出那些具备这些知识的人作为守卫者监督城邦的制度的制定、实施，等等。

阿：这是一定的。不过苏格拉底，我想问问你，你同意善是知识还是快乐，或者其他的什么呢？

苏：我太了解你了，你绝不是那种只满足于知道别人在这个问题上的想法的人。

阿：苏格拉底啊，可是你也要知道，你对这个问题的研究时间不短了，你不觉得只谈别人的意见，不表明自己的看法有些欠妥吗？

苏：只是，你不觉得一个人有权力对自己不懂的东西夸夸其谈这种做法也欠妥吗？

阿：那自然不应该。不过，谈谈自己的意见总不至于欠妥吧。

苏：难道你不认为脱离知识的意见看起来实在很盲目吗？就即便挑出其中最好的也是盲目的。换句话说，那些脱离理性来发表意见的人，与那些碰巧走对了路的盲人有什么差别？

阿：没有什么不同。

苏：那既然你可以从别人那儿获知光明的和美的事物，你还去看那些丑的、盲目的和歪曲的东西吗？

格：不是的，苏格拉底，我们的讨论快到终点了，你也不要因此目的而折回原地去呀。此前，你解释了正义和节制，现在你只要给善做个同样的解释，我们也就满意了。

苏：其实，这么做也会让我感到和你们一样满足的，但是，我的朋友，恐怕以我现在的能力是很难办到的，要是仅凭热情，画虎不成反类犬那不就贻笑大方了吗？我亲爱的朋友们，眼下还是别叫我给善也下个定义。我心里是有些猜测，但要跟你们解释清楚我还觉得困难有些大，就算是尽力了也不一定能办得到。不过，关于善的儿子，就是那个很类似善的东西，我倒是愿意和你们一起讨论一下，如果你们愿意继续再听下去的话，如果不是，那就算了。

格：行，那你就讲儿子吧，反正你记得下次要还我们一个父亲的概念。

苏：说实话，我也希望自己能解释完儿子，就直接还债解释父亲，这不是连本带利地都还你们了吗，而不是像现在这样，只付利息讲儿子[129]。可是，现在我只能劝你先收下利息，接受我解释的这个善的儿子吧。如果我当中讲错了，搅乱了你们的观点，你们要小心。

格：好，我们会尽量小心的，你只管讲吧。

苏：好，在讲之前，我们需要在某个说法上取得一致，你可以好好回忆一下，刚才的讨论过程以及其他讨论的场合中，我多次提到的一个说法。

格：什么说法？

苏：一方面我们说美和善的事物众多，且每一种美和善的东西也都有多个，这突出表现在我们在解释它们的定义时用的都是复数形式的词语。

格：我们是这样做的。

苏：另一方面，我们还说过，美本身、善本身以及一切诸如此类者的本身，我们都给它们假定了一个单一的理念，相对于上述的多个，我们假定它是一个统一者，还称它为每一个体的实在或本质。

格：我们是这样说的。

苏： 作为多个的东西，那是可见的对象，不是思维的对象；理念则不然，它是思维的对象，不可见。

格： 确实是这样。

苏： 可见的东西我们用什么来看见它们呢？

格： 视觉。

苏： 那我们的听觉是用来听可听的东西，其他感官也用来感知可感知的东西是吧？

格： 当然是这样。

苏： 可是你注意到没有，我们的眼睛之所以能看，事物之所以可看，感觉的创造者花了多少气力？

格： 我似乎从来没注意过这一点。

苏： 那就好好来说说这个问题吧。听觉和声音两者要听和被听，是不是都要依靠第三者作为介质，缺了它，一个无法听，一个无法被听见呢？

格： 完全不需要。[130]

苏： 那我想，其他的感官直觉是不是有许多也不需要这种介质，虽然不是所有的东西，那么，有什么感觉是需要介质呢？

格： 我不知道。

苏： 你觉得视觉和可见的东西之间不存在介质是吗？

格： 怎么会存在呢？

苏： 可是，纵使世间有各种可见的东西，人也可以利用他们本身就具有的视觉能力，但如果缺乏适用于两者之间的第三方介质的话，你要知道，人也还是什么都看不见，可见的东西也不能被看见。

格： 你说的这种介质是什么呢？

苏： 我说的就是被你叫作光的那种东西。

格： 你说得很对。

苏： 正因为光是连接人的视觉和可见物体之间的纽带，因此它是可敬的[131]，而且它相对于其他感官上的介质和纽带[132]来说要来得更可敬一些！

格：应该是可敬的。

苏：那你能不能告诉我是哪位神的光成了这种可敬的纽带吗？

格：显然，大家的一致意见都是太阳。

苏：那视觉和这个神的关系是不是这样呢？

格：关系怎样？

苏：不管是视觉本身，还是拥有视觉能力的眼睛，都不是太阳。

格：当然不是。

苏：可是在我看来眼睛算得上是所有感觉器官中的太阳一类的东西。

格：是的，它最像太阳。

苏：眼睛具备的能力作为一种射流取自太阳，是吗？

格：是的。

苏：所以事实上，太阳虽不是视觉，却又是视觉的原因，同时还能被视觉所看到，是吗？

格：是的。

苏：说到这里，我们就明白了，之前提到的那个与善极为相似的善的儿子，其实指的就是太阳。显然，太阳跟视觉和可见事物之间的关系，就好比可理知世界里善本身跟理智和可理知事物之间的关系一样。

格：你能给我解释一下这是为什么吗？

苏：事物在夜晚时，因为缺少太阳的照耀，在夜晚的微光下我们的眼睛几乎是看不清楚一切事物的，事物会显得模糊，这时候我们的眼睛就好像瞎了一样，仿佛眼睛里根本没有清楚的视觉一样。

格：的确是这样。

苏：不过，当你的眼睛看到那些被太阳照射的东西时，你的视觉又会重新发挥作用，一切事物都看得很清楚，同样还是这双眼睛，却又有了视觉。

格： 是的。

苏： 人的灵魂就好比这眼睛。当它注视被真理所照耀的对象时，它就可以清楚地看清它们，了解它们，理智从而诞生。但是，那些真理照不到的事物，那些暗淡的事物在它眼前就模糊起来了，它对于它们只有变动不定的意见，仿佛失去了理智。

格： 是这样。

苏： 好了，现在你必须承认，且承认这一点才是对的，就是善的理念以真理为知识的对象，以认识能力给予知识的主体。知识和认识中的真理也归因于它。真理和知识都已经是美的了，但比它们更美的是善的理念。在我们前面的比喻中，我们把光和视觉视作如太阳一般的东西，却不认同它们就是太阳，在这里，我们可以同样把真理和知识视为同善一般的东西，但绝不能说它们就是善，毕竟善要比它们可敬得多。

格： 既然善是知识和真理的源泉，还比二者在美这方面可敬得多，那这是种多妙不可言的东西啊！你不会想说它是快乐吧？

苏： 我绝对没有这个意思。我请你再来讨论一下这个比喻吧！

格： 怎么讨论？

苏： 我想你应该会说，太阳不仅能让可见之物被视觉所见，它还能促进它们产生、获取营养成长，尽管太阳本身不会有产生或是成长。

格： 当然不是。

苏： 你同样也会这么说，知识的对象也从善那儿获得可知性，以及更重要的是它们自己的存在和实在，而善本身却不是实在，但是无论地位和能力上善都高于实在的东西。

格（非常滑稽地）：太阳神阿波罗做证，没人比这说得更夸张啦！

苏： 这是你的责任，我说出这个观点还不是你逼的！

格： 请你继续说下去吧。别漏了这个关于太阳比喻的其他东西。

苏： 是的，还有很多话要说。

格：哪怕一点点都别漏了。

苏：我会尽力的，只不过，有许多东西不得不省略过去。

格：别省略。

苏：那么请你设想，有两个世界，一个可见世界，一个可知世界，这你一定知道。我也假设有两个王，一个统治着可知世界，另一个统治着可见世界。我可没用"天界"这个词，省得你说我在玩弄术语。

格：是的，我知道。

苏：接下来请你用一条绳子来代表它们。先把这条绳子分成不对等的两部分，再把这两部分其中的每一部分都按第一次的比例拆分成两个部分。若第一次分的两个部分分别相当于我们刚才提到的两个世界，再假定第二次每一条绳子拆分出来的两个部分分别表示清楚和不清楚的程度。很快你就会发现，可见世界区间内的第一部分可以代表影像。这里所谓的影像首先指的是阴影，其次才指的是水或平滑固体反射出来的影子或其他类似的东西，你懂我的意思吗？

格：我懂你的意思。

苏：再说第二部分。第二部分是第一部分的实物，第一部分是它的影像，它指的是身边的动物、植物以及其他人造物。

格：好的。

苏：你愿不愿意承认，我们刚才拆分出的可见世界的这两个部分，即真实性或不真实性程度的比例，影像与实物的比例，就如同是意见世界与知识世界的比例呢？

格：我很愿意这么说。

苏：请你再深入一步考察可知世界的划分方法吧。

格：它该怎样划分呢？

苏：是这样的。这个世界也同样被划分成两个部分，第一部分，那些在可见世界里具有影像的实物也被灵魂视为影像。此时研究只能从假设出发，因此它的过程不是假设上升到原理，而是假设成了结论。第二部分，一切正好相反，是从假设上升到高于假设的原理。

它和第一部分中使用影像不同，它依靠理念来研究。

格：我不太懂你的意思。

苏：那我们试一次。等我做完序文式的解释，你就能明白我的意思了。我想你知道，研究几何学、算学和其他类似学问的人，通常都会先假设偶数与奇数、各种图形、三种角以及其他一些东西。随后他们假设这些东西都是已知的，也就是绝对假设，因此这些东西不应该做过多的解释，它们是作为常识存在的。于是他们就从这些假设出发，从头到尾进行推理，最后达到他们想要得到的结论。

格：是的，这我知道。

苏：虽然他们眼中常常利用各种可见的图形，还对它们进行讨论。但实际上他们在思考时关心的并不是这些图形，而是图形所临摹的其他东西。例如他们讨论正方形或是对角线时，他们利用某个特殊的正方形或是对角线，却意不在它们身上。他们做的图形应该是水中影子的实物，此刻它们也被当作了影像，而那些研究者真正在思考中“看到”的只是这些实物的实在。

格：是的。

苏：尽管这种东西属于可知的东西中的一类，但是有两点除外：第一，研究过程中只得使用假设，也正因为灵魂不得超出这些假设，因此无法向上活动而达到原理；第二，虽然这些被研究的实物自己本身具备影像，且比影像清晰和重要不少，但在研究过程中，还是会利用在它们下面的那一部分实物作影像。

格：我知道你要说的是几何学和接近于几何学的学科。

苏：至于可知世界的另一部分，我指的是逻各斯本身凭借辩证的力量获取的那部分知识。在这里，假设就仅仅是假设，而不会向上运动为原理，此时的假设不过是研究某一定阶段的起点，研究就顺着这个起点上升至一个高于假设的世界，达到绝对原理。达到绝对原理之后，再回过头来理解参照绝对真理提出来的那些东西，最后下降为结论。这一过程中，感性事物几乎不起任何作用，其中只有理念的作用，从一个理念到另一个理念，最后也归于理念。

格：你整个描述的过程对我而言似乎有些困难，因此，我听懂了你的意思，却不完全明白。不过多多少少我懂了你的意图，你无非就是要区别开辩证法研究的可知的实在和技术研究中那些把假设当作原理的研究，你认为比起后者，前者更实在。技术研究的人往往从假设出发进行研究，他也不能使用感性，不得不使用理智，但是他们那从假设出发的研究是绝对到达不了真理的。所以，就算这些对象与绝对真理连接时也是可知的，但你不会认为他们具有真正的理性。你应该更倾向于把几何学家和研究类似学问的人的心理状态称作理智，这是种介于理性和意见之间的东西。

苏：你已经很明白我的意思了。现在你明白我们刚才划分的这4个部分，相应的有4种灵魂状态：其中相当最高一部分的是理性，相当第二部分的是理智，相当第三部分的是信念，相当最后一部分的是想象。现在就请将它们按照所占的比例排个顺序，再赋予与之程度相当的真实性。

格：我同意你的看法，也明白你的意思，我也愿意按照你说的做法排列它们。

第七卷

1

苏：我们还要把受没受过教育的人的本质的区别做以下比喻。假设有一个洞穴式的地下室，它有一条长长的通道通往外界，以便洞穴中能获得同洞穴一样宽的光亮可以照进来。有一些被绑住了头颈和腿脚的人从小就住在这洞穴里，不得动弹的他们只得盯着洞穴后壁。而他们背后的远处，有一些东西在高处燃烧并发出火光。火光和这些囚禁者之间的洞外上面有一条路，路边筑着一排矮墙。这里的矮墙就仿佛傀儡戏演员表演木偶时使用的屏障，它天然地横亘在自己和观众之间。

格：我看见了。

苏：接下来假设有这么一些人从墙后面走过，把一些器物举过了矮墙，有的举的是用木料、石料或其他材料制作的假人和假兽。而这些路人他们中有的在说话，有的并没有说话。

格：你打的比方很奇怪，那些被囚禁的人也很奇怪。

苏：我不这么觉得，其实他们和我们一样呢。你说说看，这些囚徒能看到的东西除了火光投射到他们对面洞壁上的阴影，还有什么关于自己和同伴的呢？

格：他们是看不到别的，只要他们一直保持头颈被绑不能转动。

苏：那么这些人除了看到过路人举的东西的阴影以外，还能看到过路人的其他东西吗？

格：当然不能。

苏：要是囚徒们互相讨论，那你不觉得他们谈论阴影时事实上思维中考虑的是事物本身吗？

格：那是的。

苏：假设有路人发出声音，囚徒听后做了回应，那你不觉得囚徒们会认为他是洞壁上移动的阴影发出的声音吗？

格： 他们一定会这样想。

苏： 所以这种人除了阴影是想不到什么别的实在的。

格： 无疑是这样。

苏： 再设想一下，如果解开他们绑着的头颈和手脚，他们会如何？一旦有人真的被解除了桎梏，突然站了起来，来回自由走动，并回头环视，抬头望着火光，你认为此时他会怎样呢？如果这真的发生，那想必他做这些时一定会无比痛苦，且由于眼花缭乱，他是无法辨认那些原本只是阴影的实物。要是有人告诉他现在看到的才是真实，才是实实在在的实物，更接近实在的实物，而从前他看到的那些都是虚假的阴影，他听了这话会作何反应？要是再有人把墙头上过去的每一器物指给他看，还强硬要求他说出那分别是什么，你觉得他会自如地应答吗，他会认为现在看到的更真实，还是过去的阴影比现在更真实呢？

格： 更真实得多呀！

苏： 如果让他看着火光本身，他的眼睛会因此感到痛苦，最终他还会选择那些从前他看的比后来的实物更为清晰的影像的，不是吗？

格： 会这样的。

苏： 再说，就算有人强行拉他走上一条陡峭崎岖的坡道，直至走出洞穴见到了外面的阳光，且不让他中途打退堂鼓。这么做只会让他恼火，并因为强制而感到痛苦，他来到阳光下，会顿时觉得眼冒金星，以至于任何一个被称作真实的事物他都看不清，你觉得是吗？

格： 噢，那是没法一下子都看见。

苏： 所以这需要一个循序渐进的过程，他只能一步一步慢慢学会在洞穴外面的高处看得见东西。首先是看最容易看清的阴影，然后是看人和看事物在水中的倒影，在随后就可以看事物本身了，经过这些适应之后，他大概就会觉得在夜里观察天象和天空本身，看月光和星光，要比白天看太阳和太阳光容易得多。

格：当然喽。

苏：这样一来，他直接观察太阳本身就没太大的问题了，而其他事物的本来面目也可以以原来的方式被他所认识了，再不需水中的倒影或影像，或是其他媒介中显示出的影像了。

格：这是一定的。

苏：据此他就可以得出结论，正是太阳主宰了世界的一切，和四季交替以及时间轮回，他们从前通过某种曲折看见的一切事物的起因也是这太阳。

格：是的，他是会得出这样的结论的。

苏：当他回想起自己当初被囚禁的穴居，自己那时的智力水准，和他那些还在禁锢中的伙伴们，他会不会为自己的这一提升而感到幸运不已，同时也为他的伙伴们感到可惜？

格：确实会的。

苏：假如在这些囚徒间也有某种奖励，他们会挑选那些最善于记忆过往影像的惯常顺序，且能准确预言下一个影像的人，给予他们奖励和荣誉。你说，这个被我们解放，脱离了洞穴的人还会再热衷于这种奖赏吗？他会忌妒那些被囚徒们尊为领袖的人吗，他会和他们争夺那里的权力地位吗？还是你认为，他会和荷马说的一样，再也不愿回到囚徒的生活中去，与他们有共同意见，只求在这个世界上，宁可是一个穷人的奴隶，受苦受难呢？

格：我想他宁可受再大的痛苦也一定不愿意回去过囚徒生活的。

苏：那我们设想一下，如果他又回到洞穴中去，他坐在原来他自己的位置上，他的眼睛会不会由于突然地离开阳光而变得什么都看不见吗？

格：一定是这样的。

苏：此刻他还没适应黑暗，所以他的视力还很模糊，要重新适应黑暗中的视觉习惯也要经过很长一段时间。你猜想，如果此时有人趁火打劫地要他和其他囚徒较量一下“评价影像”，他会不会因此遭到众人的嘲笑？大家是不是一定会认为就因为他上去了一趟，回来就失去视觉了，甚至会说这一趟走得没有意义没有价值吗？如果允许杀掉释放他们的人的话，你觉得他们不会杀掉他吗？

格：他们一定会的。

苏：亲爱的格劳孔，现在我们就把刚才的比喻替换成前面我们说的那些事情看看。我们把洞穴替换成可见世界，火光替换成太阳的能力，还有把从地穴到上面世界并在光亮之下看见东西的一系列上升过程替换成灵魂上升到可知世界的上升过程，这样你就能更好地了解我要说什么了。主要是你急于要求我解释，所以这样的比喻方法是否妥当，那只有交给神来判断了。不过我坚持认为，在可知世界中需要花费最大气力，最后被看见的就是善的理念了。但只要看见了它，就会认定它才是一切美和正义的原因，它是可见世界中的光源，创造光亮，在可理知世界中它本身又是真理和理性的决定性源泉。任何人但凡是看见了善的理念的人，在私下生活或是公共生活中行事皆可符合理性。

格：就我所能了解的，我都同意。

苏：那好，那也请你认同我下面要说的这个吧，千万别在我说这些的时候感到讶异。你知道，那些已站在某一高度的人是断然不愿意碰那些琐碎俗事的，他们希望自己的心灵永远逗留在高处的真实之境。只要我们的比喻恰当，这一切应该不为怪吧。

格：是不足为怪的。

苏：再说，这些人一旦从神圣的观察再回到人事，你会觉得他们在做这些事情时候的样子很可笑很奇怪吗？你想，他尚未习惯黑暗的环境，还看不清楚任何东西时，就在法庭上的辩论中与人争讼关于正义的影子或产生影子的偶像，与从未见过正义本身的人辩论关于正义的观念，那会怎么样呢？

格：一点也不值得奇怪。

苏：大家应该都还记得，我们刚才在描述中发现眼睛在两种情况下，会出现视觉模糊，一个是从亮处到了暗处，另一个是从暗处到了亮处。那么但凡思考过的人也会知道灵魂会出现同样的情况。当他发现某个灵魂迷茫看不清事物时，不会轻易去嘲笑它，他会认真思考这灵魂究竟是离开了光明进入了黑暗而无法适应，还是适应不了从黑暗进入光明呢？由此，他会认为其中的一种经验与生活道路是幸福的，而另一种经验与生活道路是可悲的。如果他真觉得某种生活可笑的话，那一定是从上面到下面比从下面到上面要可笑得多。

格：你说得非常有道理。

苏：既然你认可了，那我们就可以有接下来的这些看法了。事实上，眼下的教育并不如某些人在自己的职业中所宣称的那样，教育可以弥补灵魂中缺失的知识，就仿佛教育如视力般弥补了盲人的视觉缺陷一般。

格：他们的确这么说过。

苏：我们现在已经可以证明，我们拥有具备眼睛一般功能的学习器官，我们的灵魂也具备知识的能力。只要整个身体不改变方向，眼睛就不会离开黑暗走向光明。相同的道理，作为整体的灵魂也必须转离变化的世界，它的“眼睛”才会转向正面看到实在，最后看到其中最明亮者，即我们所说的善者，是这样吧？

格：是的。

苏：于是这其中就蕴含着一种灵魂转向的技巧，也就是说如何才能使灵魂更有效地转向的技巧。这种技巧的前提肯定灵魂本身有视力，而不是重新为它创造新的视力，它不过是认为现有的视力无法准确地掌握方向，或是在看不该看的方向，只要想方设法努力促使它转向就可以了。

格：很可能有这种技巧。

苏：因此，灵魂的美德与身体的优点颇为相近。不过，身体的优点并非天生，是经过后天教育和实践培养起来的。心灵的优点的性质则较为神圣，它永远不会丧失；它会根据取向的不同，变得有用或是有害，所取的方向不同。但是你注意到没有有一种通常被称作机灵的坏人，尽管他们的灵魂很小[133]，但他们一旦注意到某事，他们的目光就变得异常敏锐。说他们“小”不是说他们视力差，而是视力只用于盯着恶，这样的话，视力越好，恶事也就做得越多。

格：这没错。

苏：但如果我们可以从小就教育和训练这类灵魂，让他们摆脱与生俱来的欲望，那些来自变化世界的，纠缠着他们的灵魂视力只注意感官物欲的欲望。只要摆脱了这些欲望，这些人的灵魂就有一部分被转向了真理，那么他们就会像现在重视那些欲望一般转向敏锐地发现和面对真理了。

格：很可能。

苏：因此，我们不能让没受过教育对真理毫无了解的人，和被任命终身从事研究的人去治理国家的。这个结论是上述的必然结论，难道不对吗？第一种人难免会把所有的公私活动都归根结底为了一个生活目标，而后者总是认为自己已经超脱了生活着的世界，进入了乐园，因此他们是不愿意干实务的。

格：对。

苏：我们建立了这个国家，就要让最优秀的灵魂因达到我们前面说是最高的知识高度，看得见善，并由此上升至善的高度。就算他们已经攀到了那般高度，我们也不容许他们像现在这样做。

格：什么意思？

苏：只逗留在上面，再不愿回到囚徒的群体中，同他们同甘共苦。

格：那你的意思是，当他们已经可以过上高一层次的生活时，我们仍然要委屈他们，让他们过较低级的生活，是吗？

苏：朋友，看来你已经忘了，我们最初提过的我们的目的是整个国家作为整体的幸福，而不单独只求一个阶级的幸福啊。因此，只有运用说服或强制，使全体公民彼此协调和谐，这样才能让大家一起分享彼此向国家提供的各种利益。而它在城邦里造就这样的人，目的显然是让他们团结成一个密不可分的整体，要防止他们各行其是。

格： 我忘了，你的话很对。

苏： 其实，格劳孔，你可以看出来我们对哲学家并非不公正，就算是我们强迫他们关心和守卫其他公民的主张也是公正的。我们会告诉他们，在其他国家，哲学家可以拒绝参加艰辛的劳动，很大一部分的原因在于他们不是政府有意培养出来的人才，他们大多数是自觉自发发展而来的。那他们这么做就是正当的，毕竟他们并非政府培养，不欠任何人的情，自然也就无须怀着报恩之心。可是，我们的国家并不相同，是政府出于众多考虑培养了他们，培养他们作为国家的治理者。他们不但可以接受比别人更好更完全的教育，还可以有更大的能力参加两种生活[134]。基于这些原因，你们都必须轮值下去和其他人同住，慢慢习惯观看模糊影像。只要习惯适应了，看得就比他们还清楚得多，因为他们见过美者、正义者和善者的真实，因此他们可以清晰地分别各种不同影子，还可以知道影子所反映的实物。而我们的国家有了你们这样具有智慧的人才治理得如此清楚，才不至于和其他多数国家一样，为了貌似世上最大的善——权力而互相争夺。事实上，但凡由不热衷于权力的统治者统治的国家必是管理最善最稳定的，反之，管理必是又恶又乱的。

格： 一定的。

苏： 纵使大多数时间，我们的学生还是允许生活在高一层次的，不过我想问的是，你觉得我们的学生听了上面一番话，他们还在轮值时拒绝分担管理国家的辛劳吗？

格： 他们不会拒绝的，因为我们是向正义的人提出正义的要求。只不过，他们要同当前的那些统治者的想法不同，他们要把自己的公职视为一项义不容辞的责任来对待。

苏： 亲爱的朋友，要管理好一个国家，只有帮未来的统治者找到一种比统治国家更善的生活才行。这样的话才能保证国家由最富有的人来治理，不过值得注意的是，这里说他们富有并不指钱财富有，而是富有幸福所必需的那种善的和智慧的生活。试想若统治者本身就是个缺乏个人福利的人，当他们投身公务时，他们最容易想到的是如何中饱私囊，国家由这种人治理结果也就可想而知了。如此一来权力成了大家纷纷争夺的对象，国家内部自相残杀到头来伤了国家也伤了自己。

格：说得没错。

苏：那你说除了真正的哲学家以外，还有谁能淡泊名利，不过分重视权力？

格：的确举不出来。

苏：所以防止权力争斗，我们就要挑选不爱权力的人掌权。

格：这是一定的。

苏：你说说看，还有没有其他人，除了我们刚才说的那些知晓如何管理好国家的，过着至善生活的且有报酬可取的人外，可以被委任为国家的守卫者呢？

格：再没有别的人选了。

苏：好的，那一起来研究一下下面这些问题，你意下如何？这种人才应如何培养？如何将他们像故事里描述的那样从冥土升到天上一样，带到光明的世界里来？

格：当然愿意。

苏：这可不比游戏中翻贝壳那般简单，我们需要把他们的心灵从朦胧的黎明转向真正的白昼，上升到真正哲学的实在。

格：毫无疑问是这样。

苏：那就有必要好好讨论一下，什么学问有这种能耐？

格：当然应该。

苏：格劳孔，我问你，这种能够胜任把灵魂带离变化世界上升至实在世界的学问到底是什么呢？话说到这里我突然想起来了，是不是我们说过，这样的人年轻的时候必须是战场上的斗士？

格：我们是说过这话的。

苏：那这门学问就还必须再有一种能耐。

格：什么能耐?

苏：还得对士兵也适用。对士兵不是无用的。

格：如果可能的话，这点当然要有。

苏：我们前面提过，他们必须接受体操和音乐教育。

格：是的。

苏：体操关乎的是事物的生灭[135]，因为它会影响体质的增强与变弱。

格：这道理很显而易见。

苏：因此，它定不是我们所说的那门学问。

格：它不是。

苏：那音乐教育是吗?

格：你要没忘的话，就应该知道，音乐是和体育相对的，它以习惯[136]教育守卫者，以音调陶冶精神（这里不是知识），以韵律培养优雅的气质，还以故事（或是传说或是相似的故事）的语言培养与此相近的品质。可是这些途径中没有一个会通向你正在寻求的那种善。

苏：你记得一点都没错，事实上其中没有这类的因素。格劳孔，可是我们要找的学问究竟是什么呢?你也知道，类似手工技艺都是比较低层的学问。

格：确实是的。那么在音乐、体操和手艺之外还有什么学问呢?

苏：这样吧，既然我们都找不出其他的学问，那就先找出一个都需要用到的东西吧。

格：那是什么?

苏：就是一种一切技术的、思想的和科学的知识都要用到的东西，也是大家都必须学习的最重要的东西之一。

格：什么东西?

苏：一个极其平常的东西，即分辨“一”“二”“三”，其实就是数数和计算。难道一切技术和科学的知识不用用到它们吗？

格：是要用到的。

苏：战术不也用到它们吗？

格：这是一定的。

苏：因此，只要巴拉米德斯一在舞台上出现，阿伽门农就会变成一个很可笑的将军。你注意到没有，巴拉米德斯总是宣称，特洛伊大军是在他发明了数目后才排列好了旗下的各支部队，并点清了船只和其他一切的数量。这么一说，就仿佛此前的阿伽门农从未做过此事，只因他不会数数，他也就更不可能清楚地知道自己手下多少步兵。在这种情况下，在你看来阿伽门农是一个什么样的将军呢？

格：如果这一切是真的话，那他还真是个荒谬可笑的将军。

苏：这么说的话，数数和计算要不要也视为一个军人必不可少的本领呢？

格：当然不可少，只要是个普通人都尚且如此，更何况他还要指挥军队。

苏：那么，你和我想的是不是同一门学问呢？

格：哪一门学问？

苏：它应该就是我们正在寻找的那些本性能引领思想的学问之一。尽管如此，可现在却没有一个人在正确地使用它。

格：你这话是什么意思？

苏：我尽力解释给你听吧。我先告诉你，我提到的那两种事物，一种有牵引力，另一种没有牵引力，它们在我心里是怎么区分的。你愿意和我继续下去的，就请你告诉我，你同意什么不同意什么，这样一来才更明白我说的是否正确。

格：请说吧。

苏：好，有些感觉里的东西单靠感官就可以判断了，是不用求助于理性思考的。但是如果感官做不出可靠的判断时，还是必须求助于理性的。

格：显然你指的是远处的东西或画中的东西。

苏：你没完全领会我的意思。

格：那你说的是什么意思呢？

苏：所谓我说的不需要求助于理性的东西指的是不会同时引起彼此相反的两种感受的东西，而需要求助的则是会引起相反反应的东西，此时感官已经无法做出合理判断了，这与所谓的距离远近无关。我作了如下说明之后，你就更明白了。例如这里有三个手指头：小指、无名指、中指。

格：好。

苏：我举手指为例，你别忘了它们可是在近处的东西，我要你注意的是另外一点。

格：哪一点？

苏：每一个指头其实看上去都没太大差异，无论是哪个指头，无论是什么肤色，无论粗细，这些都不影响它仍是个指头。一般来说，没有人会因此去调动自己的理性思考什么手指的问题，或是提出其他的什么问题，视觉感官已经向人的思维作出判断，手指就是手指，它的反面也是手指。

格：是的。

苏：这种判断就不用依靠理性。

格：当然。

苏：那视觉感官是不是也能区分手指的大小吗？哪一个手指在中间、哪一个在边上对视觉而言有什么分别吗？同样地，触觉能不能清楚地分辨粗和细、软和硬呢？这一类的性质，能不能说所有的感觉都有缺陷呢？事实上，并非如此，像是触觉，它可以感受到硬同样也能感受到软，它给灵魂发去的信号是，同一物体又是硬的又是软的，是吧？

格：是这样。

苏：当触觉告诉灵魂，同一物体是硬的也是软时，心灵就一定会提出这么个问题，触觉说的硬是什么意思？或者像是感觉如果反馈说重的东西是轻的，或轻的东西是重的，那它所说的轻或重是什么意思？

格： 的确，这些性质感官无法判断，因此迷惑不解的心灵是要加以研究的。

苏： 因此，在这种情况下，灵魂就必须调动计算能力和理性进行努力研究，对传来的信息是一个还是两个进行判断。

2

格： 当然。

苏： 如果最终得出两个答案，那它们一定彼此不同吗？

格： 是的。

苏： 因此，如果结果是两个，那势必是理性认为的各不相同的分离的两个，如果二者不能分离，那理性就会索性将它看成一个了。

格： 对的。

苏： 我们也说过，视觉看见的大和小也不是分离的状态，是吧？

格： 是的。

苏： 为了清楚地分辨开它们，理性“看”大小，只得采用与感官不一样的办法，分开看。

格： 真的。

苏： 首先我们要解决的问题就是，大和小究竟是什么？

格： 一定的。

苏： 这就是我们之所以用“可知事物”和“可见事物”这两类不同名称的原因。

格：太对了。

苏：我刚才说的，诸如有的事物要求思考、有的事物不要求思考，把那些会同时给感官两种相对反应的事物定义为要求思考的事物，而那些引不起相对反应的则定义为不要求理性思考的事物，这些都只为了解释这个意思。

格：现在我明白了，而且我同意你的观点。

苏：那么你觉得数和"一"分别属于这两种事物中的哪一种呢？

格：我不知道。

苏：你可以根据我们说过的话进行推理。我们假设"一"属于可见事物，那么视觉本身就可以看清楚了，可以判断了，那就不用依赖理性去把握了，那就像我们前面的手指那个例子一样了。但是，如果视觉同时看见了两个相对的方面，且彼此分离，那就会立刻需要另一个东西对它们作出判断，灵魂才不会因此迷惑不解，而要求研究思考，询问"一"究竟是什么。这样一来，"一"的研究就会不自觉地被引领到对事物实在的关注上去了。

格：关于"一"的视觉确实有这方面的特点，我们看到的一是同一事物，但同时也是无限多。

苏：如果这个原理用在"一"这个问题上没什么问题，那其他的数不也就如此了吗？

格：当然。

苏：还有，算术和算学全是关于数的。

格：当然。

苏：那这个学科看来可以把灵魂引导到真理上去。

格：是的，它超过其他任何学科。

苏：看来，这个学科应该属于我们寻找的学科中的一分子。我们知道军人学会了它才会统领自己的军队；哲学家也要学，这样才能超越变化世界，进入真理世界，否则他们就永远不会成为真正的计算者。

格： 是的。

苏： 我们的守卫者既是军人又是哲学家。

格： 当然。

苏： 因此，格劳孔，我们有必要用法律的手段来规定一下算学的学习问题：将来身处高位的人要学算学，而且要认认真真地学，深入地学，直到用自己的纯粹理性看到了数的本质。之所以要求这么严格地去学算学，不是为了让他们当小商小贩，是为了用于战争和灵魂上升转向真理与实在。

格： 你说得太好了。

苏： 既然我们提到学习算学不是为了做买卖而是为了真理的话，那它就是一种精巧的，且对我们极有益处的工具了。

格： 为什么？

苏： 我们刚刚说过的，它能促使灵魂转向纯数本身，所以它不会苟同那些属于可见物体或可触物体的数的讨论。因为你一定知道，精于算术的人，一定会嘲笑那些企图在理论上分割“一”本身的人，也不会认同他们的做法。就好像你企图用除法把“一”分割，他们就会跟在你后面使用乘法对付你。他们绝不会让“一”不是个整体，而是由众多部分拼合而成。

格： 你的话很对。

苏： 格劳孔，假如有人问他们，我的好朋友，你们谈论的究竟是哪一种数，既然其中的“一”就是如你们主张的那样，“一”是个真实的整体，内部也不分部分，是吗？你认为他们会怎么答复？

格： 我想他们一定会说数只能用理性去把握，除此之外别无他法。

苏： 因此，我的朋友，你也看见了，这门学问着实是不可缺少的，它会敦促灵魂使用纯粹理性[137]通向真理本身。

格： 它确实是这样。

苏： 另外，你有没有发觉有算术天赋的人，其他学科的学习也常常是不在话下。而天赋较差的人，接受了算术的训练后，别的方面是否受益且不论，他们的反应速度已经得到相应的改善。

格：是这样的。

苏：其次，在我的观念里，没什么学科的学习会比算术更难，就算是和它难度差不多的也不多。

格：确实如此。

苏：千万别因为这些原因就忽略了它，我们可是要用它来教育我们国家里天赋最优的那些公民的。

格：我赞成。

苏：好，我们要找的学科算是定下来一门，接着再看看有哪门对我们有用的课程可以接在算术后面呢？

格：哪一门功课？你说的是几何学吗？

苏：正是它。

格：几何学在军事上的作用是很显著的。军事指挥官常常要考虑军队的安营扎寨，划分地段，以及作战和行军中纵队、横队和各种队形的排列问题，显然会不会几何学影响是很大的。

苏：不过，满足军事方面需要的几何学和算数知识也不必过多。我们需要重点注意的是，几何学中的知识大部分比较高深，这些知识是否有助于人们更容易地把握善的理念？在我们看来，各种学科当中人们的灵魂要着重努力学习的是那些能够迫使灵魂转向神圣的真实的部分。

格：你说得对。

苏：因此，它若是能有助于灵魂转向真实实在，便有用；若不然，而是将灵魂引向了变化世界[138]，则无用。

格：我们也这么认为。

苏：于是，大多数人即便是只懂些几何学科皮毛的人也认同，这里几何学科的作用正好和几何学科行家们所说的作用完全相反。

格：怎么了？

苏：虽然不得不这么说，但是他们的话听起来实在是太可笑了。

例如“画方”“作图”“延长”等问题，他们所用的推理都只为了实用，可事实上这门学科的真正目的应该是知识。

格：绝对正确。

苏：那下面要说的这点，不知道大家会不会和我有一致意见？

格：哪一点？

苏：几何学的对象是永恒不朽的事物，而不是某种瞬间产生和灭亡的事物。

格：几何学就是用来认识永恒事物的，这点毫无疑问。

苏：那我的好朋友，几何学大致就可以用来把灵魂引向真理，并且有可能引导哲学家的灵魂转向上面，而不是下面，像我们现在错做的那样了。

格：一定能如此。

苏：基于此，理想国的公民就一定要重视几何学，更何况它还有重要的附带好处呢。

格：什么附带的好处？

苏：就比如你刚才提到的它在战争中有用。此外，学没学过几何学对其他学科的学习也有很大的影响，它对其他功课的学习会有很大的帮助。

格：学没学过确实有很大的差异。

苏：那就这么定了，几何学就是第二门青年必学的功课，可以吗？

格：定下来吧。

苏：天文学是我们将要定下来的第三门功课，你觉得怎样？

格：我当然赞同。学好天文学可以对年、月、四季有敏锐的观察力和理解力，这不仅有助于农事和航海事业，同时在行军作战中也有不小的作用。

苏：真有意思，你看来明显在害怕众人说你推荐了一些无用的学科。不过这件事确实不易，每个人的灵魂里都有一个知识的器官，它在被习惯毁坏和迷惑之后，还能够按照新的建议去学习，以期拂去尘埃，恢复光亮。（切记，维护这个器官远比维护一万只眼睛重要得多，毕竟它是人身上唯一能接触到真理的器官。）那些赞同我们上述观点的人，也会同意你的说法的，可惜那些对此一无所知或是茫然的人，他们就会认为你说的尽是废话，因为在他们看来，学习的价值和益处是看不到的。现在请你自己决定和哪一种人进行讨论，也或者你不愿意和任何一种人讨论，不愿通过反驳他人意见让自己获益，你做的这些论证只为了你自己。

格：我宁可这样，我论述、提问、回答都是为了我自己。

苏：那你可能要稍微往后退一些，因为在几何学之后我们紧接着讨论的刚才那个科目选得并不对。

格：怎么不对？

苏：在讨论了平面之后，我们的讨论跳过了纯立体本身，直接跳跃到了有运动的立体事物了，这显然不对。正确的讨论顺序应从二维依次递进到三维，因为我觉得，三维是立方体和一切具有厚度的事物都具有的。

格：是这样。但是，苏格拉底，研究三维学科的发展似乎并不好。

苏：之所以有这种现象的原因有二：第一，没有城邦愿意予以过多的关注，再有就是它本身的难度就不小，人们总是不愿意花精力去研究它。第二，即便有人研究，也必须有人指导，否则成功就是奢望；而这方面的导师数量本来就少，即使找到了，按照当前的风气，研习者也未必就能虚心接受指导。但是，如果可以在城邦里推动提倡这项学习的话，研习者应该就会虚心学习的，经过长时间艰苦的研究工作，立体几何这个学科中的众多课题必然会一一被解开。现在之所以没能得到适当的发展，就因为它被轻视了，它的研习者也因不了解它的真正作用而以错误的态度对待它，从而使发展遇到了一些困难，不过，它仍然以自己的魅力，克服了种种障碍，取得了一定的进展，如果有一天它真的被研究透彻了，我们也不以为怪。

格：它的确很有趣也很有魅力。不过我想请你重新把话说得更清楚一些，你认为几何学是研究平面的。

苏：是的。

格：然后，你先谈着天文学，接着又退了回来。

苏：我这完全是欲速则不达呀。原本接在平面几何后面的就应该是立体几何问题，只因它的发展程度太低，我忙中遗忘了它的存在，居然直接跳到了讨论运动中的立体的天文学。

格：是的，你是那样做的。

苏：我们先假定被忽略了的那门学科也在城邦管理方面有自己的作用的话，那天文学就只能作为第四学科。

格：这可以。苏格拉底，另外你刚才批评我，认为我在评论天文学时有功利主义倾向，动机不够高尚。那我现在就改用你的原则来赞美它好了。要知道，这个学科也一定是迫使心灵向上看，带领心灵离开变化世界去往更高处的。

苏：或许大家都知道，不过我不在其中，我不这样认为。

格：你认为怎样呢？

苏：如果只是如引导我们掌握哲学的人目前那样的方式去讨论天文学，那天文学只能让灵魂的视力看到下面的东西。

格：为什么？

苏：其实，你对“学习上面的事物”的理解并不低级。你是不是觉得，只要是抬起头来看的东西都是灵魂在看高处的东西，而不是眼睛在看。也可能你是对的，而我是无知的。对我而言，我只认为研究实在和不可见者才是唯一的能使灵魂的视力向上的学习。如果研究的只不过是可见事物，那即便是张开嘴巴向上望[139]还是眨着眼睛向下看，我都不赞同称之为真正学习，这样的学习里是不包含任何真正的知识的，那也就理所应当不会认为他的灵魂是在向上看。就算无论什么地方他都保持着仰卧去学习，在我眼里实质也仍是向下看。

格： 我错了，你批评得对。你说目前学习天文学的方法有问题，那要达到我们的目的，你的主张呢？

苏： 要我说的话，我们把这些装饰天空的天体视为最美最准确的，这一观点自然没有错误，但别忘了，它们作为可见事物是远不及真实者。所以，它们也是具有真实的数和一切真实图形的，真正的快者和慢者是相关着并托载运动的。我们的眼睛是看不到的真实者的，它仅为理性和思考所把握。怎样，你有什么不同意见吗？

格： 不，完全没有。

苏： 因此，天空图只作为学习实在的参考图，这就和碰巧看见戴达罗斯或其他画家画匠细心画出来的设计图是一样的意思。任何具有几何知识的人，看到这种图画后尽管也会称赞画工精湛，但他们还是会认为那些以假当真，并企图在图上找到绝对真理的做法荒谬无比。

格： 怎会不荒谬呢？

苏： 那你觉得一个真正的天文学家在举目观察天体运动时的感受是否也是如此？他已经认定老天对天体的创造犹如鬼斧神工，只不过若是有人认为有一种恒常的比例关系存在于白天黑夜之间、日与月或月与年之间，还有其他星体的周期与日、月、年之间或是与其他星体周期相互之间，他一定会觉得荒谬无比。要知道在可见的事物身上寻找真实是件多让人不可思议的事情啊。

格： 你这么一说，我就同意你的观点了。

苏： 因此，真正研究天文学的态度就如前面我们说的研究几何学那样，提出问题解决问题，别再去管天空中的那些可见事物，这样才能保证正确使用灵魂中的天赋理智。

格： 可是你这么做只会把天文学的工作复杂化啊。

苏： 我想，如果我们想充分发挥立法者的全部作用的话，还有些要求需要提出来。你还想建议什么别的合适的学科吗？

格： 我一下子说不上来。

苏：照我看，运动应该有多种，不只有一种。通常情况下只有哲人能列举出所有运动种类，但我们也能举出其中的两种啦。

格：哪两种？

苏：一个是天文学，另一个是和它成对的东西。

格：是什么呢？

苏：既然眼睛是为天文学而准备的，那我也可以这么说，耳朵就是为和谐的声音而准备的。正如毕达哥拉斯派主张的那样，我们也应该赞同，这两个学科应该是兄弟学科，格劳孔，对吗？

格：对。

苏：这么重要的事情我们要不要去问一下毕达哥拉斯派学者们，问问他们的意见和主张。只不过，这里我们的事情也要一直关注下去。

格：什么事情？

苏：自然是阻止我们的学生去学习那些在我们要求之外的，且总达不到某事物目标的东西，就像我们讨论天文学说的那样。也许你还没注意到，他们研究和音问题时也犯了同样的错误。他们和当前的很多天文学者一样，费心费力去听音，并把可听音加以比量。

格：真是这样。他们也真荒谬。他们在研究的过程中，研究音程，辨认听音，就好比听隔壁邻居的谈话一样。有的人通过这一过程说是自己可以在两个音之间听出最小的音程，最小的计量单位，而另一些人则坚持说这些音彼此并无区别。原因就在于他们全都是在用耳朵听而不是心灵。

苏：你说的是那些名人，他们把琴弦绞在弦柱上，然后拷打想问出真话来。这个比喻我原本是想接着说的，说说他们对琴弦的指控，以及在拷打下琴弦的无耻抵赖，等等。可是我现在还是要放弃这个比喻，因为我并不重视这些人，如我重视毕达哥拉斯派那样（我们刚才说要问他们关于和音问题的）。他们做的和天文学家们做的基本相同，他们只会寻求可闻音之间数的关系，却从不深入说明问题，从未具体考察什么样数的关系是和谐的，什么样是不和谐，而这一切都是为什么等问题。

格：可这一般人都办不到。

苏：这门学科目的若是为了找寻美者和善者，那我认同它是有益的，目的若不为此，那必然是无益的。

格：这是很可能的。

苏：我还认为，为了不白费工夫，对这些学科的研究必须要深入弄清它们之间的相互联系和亲缘关系，总结出最终认识和结论，那才算是给我们艰辛的研究一个交代。只有这么做才能达到我们的既定目标。

格：我也这样认为。苏格拉底，不过这样的话工作量就大大增加了。

苏：你指的是序言[140]，是吗？你难道不知道吗，这些学习全都是我们要学习的法律正文前面的一个序言而已？你应该不会就草率地认定学好这些学科的人就算是辩证法家吧。

格：不会的，除了极少数我碰到过的例外。

苏：设想一下一个人无法从逻辑角度对自己的观点作出论证的话，那他能掌握我们主张应当具备的所有知识吗？

格：是不能的。

苏：格劳孔，到此为止我们不已经到了辩证法订立的法律正文了吗？它虽然属于可知世界，但是我们说过一个视觉能力的变化过程，从先看到阴影到看到实物，随后是星星，最后是太阳本身，这个过程中，我们可以看到它的摹本。与之类似，正如比喻中的那个人达到了可见的最顶峰一样，有人期望不靠感官知觉用辩证法进行推理以达到每一事物的本质，还能坚持用思想去理解善的本质时，那我们可以说他也一样的已经达到了可理知事物的顶峰了。

格：的确是的。

苏：那么，这整个思想的过程不能称为辩证的过程吗？

格：当然可以。

苏：那个被我们解放出来的囚徒，最开始从阴影转向投射阴影的影像[141]，再到火光。他随后从洞穴上升到阳光下，此时的他只能看水中的神创幻影和真实事物的阴影（不是那个远不及太阳真实的火光所投射的影像[142]的阴影），尚不能直接看动物、植物和阳光。而事实上，这些学科的学习过程就是将灵魂的至善部分引领至最高处看到实在的最善部分，正如比喻中那个人身上最明亮的东西被转向后，看见了最明亮的可见物质一般。[143]

格：我同意你这个说法，尽管我现在一面很难赞同，一面也很难反对。但不管怎么说，既然我们可能要重复听多次，那就姑且假设事情确实如此，让我们继续像讨论序文一样讨论法律正文吧。请告诉我们，辩证法有什么能力，它有哪几种，分别用什么方法？之所以问这么多问题，是因为我觉得回答这些问题似乎有助于带我到休息地，最终到达旅程的终点。

苏：亲爱的格劳孔，你不能再跟着我一起往前走了，不是我不愿意，而是我要你看的现在已经不是作比喻的影像了，是事物的实在本身了。当然我也是尽量去看，即便不能断定我们所看见的东西这么凑巧就是实在。不过可以肯定的一点是我们需要看到的就是这一类东西，你说是吗？

格：当然是的。

苏：是不是还可以宣布，通过别的途径是看不到实在的，只有两种人，学过辩证法有能力的人，和学过刚才我们列举过的那些学科的人，对吗？

格：这个结论我们可以肯定。

苏：这一点不论怎样应该没有人提出还有其他途径以此来反驳我，他们还有别的方法可以确定事物的真实本质。要知道，其他的技术科学，要么为了满足人的意见和欲望，要么为了事物的产生和制造，要么照料那些已经生产出来的事物，等等。至于我们提到过的那些与几何学相关的学科，即便也能在一定程度上看到真实，但总是似有似无地看见，只要它们无法通过它们自己的假设给予真实准确的解释，那我们还是认为它清楚地认识真实。因为以不知道的东西为前提而得到的结论和论证的中间部分也应该是由不知道的东西组成的，在这种情况下得出的一致结果也算不上是真正的知识吧？

格： 无论如何都不能算。

苏： 因此，能不通过假设就直达真理所在，并在那里找到可靠根据的，唯独只有辩证法这种研究方法。辩证法可以把灵魂的眼睛从泥淖中拉回来，指引它向上，再应用我们说过的那些学科的知识帮助完成这个向上转变过程。我们习惯称呼这些学科为一门一门独立的知识，实际上，我们可以给予它们整体一个表明它比意见明确些，同时又比知识模糊些的名称。前面我们曾用“理智”这个名称，我觉得如今没必要再去抠字眼，我们眼下还有如此重大的课题放在我们面前亟待解决。

格： 是的。

苏： 那就让我们先用前面用过的那些名称吧。第一部分就叫作知识，第二部分叫作理智，第三部分是信念，第四部分是想象。我们还可以把第三部分和第四部分合称为意见，把第一部分和第二部分合称为理性。意见是产生世界里的，理性是关于实在世界的。理性和意见的关系与实在世界和产生世界的关系类似，其他的诸如知识和信念的关系，还有理智和想象的关系却与理性和意见的关系相类似。还有它们和这些灵魂状态对应的事物之间的关系，它们以下还可以分别进行细分，都可以分为能意见的和能理知的两个部分。格劳孔，我看这些问题还是先别去管它，要不然我们就会因此陷入更长更复杂的辩论中。

3

格：行，在我能理解的范畴内，你对其余部分的说法我也认同。

苏：你会不会赞成把一个能正确论证所有事物真实存在的人称作辩证法家吗？那做不到的人呢，就是无法做出准确论证的人，是不是就说他缺乏理性，看不见事物的实在呢？

格：我怎能不赞成呢？

苏：这个说法应该也适用于善者的问题吧？假设有一个人，他很难将善者的理念从其他事物中间抽离出来，并且对它做出准确的定义。这样的人在考察事物时就无法使用实在，而只能用意见，他就像是战场上经不住各种考验的人，在论证过程中，他会因此缺乏把论证朝正确的方向进行到底而不出现失误的能力。这种人你一定会说他确实不了解善本身和任何特殊的善者，即使他触及了善的大概轮廓，也只是意见不是知识。那是不是说他其实一辈子都未醒过，直至他生命结束的那一刻，是吗？

格：真的，我完全赞成你的说法。

苏：但是，那些如几何学里的无理线一般无理性的孩子，目前你还在用口头教育的孩子，你打算用事实教育他们，我想你断然不会让他们来管理国家，决定国家大事。

格：当然不会容许的。

苏：所以，你必须制定相关法律，以训练他们用最科学的方法提问和回答问题的能力。

格：那我的法令就要按照你说的那些来制定了。

苏：这么说的话，我们的教育体制最顶上的那个部分就应该是辩证法了吧，应该没有什么学科再高于它了吧？学完了辩证法，是不是就代表着我们的课程学习也就完成了呢？

格： 我同意。

苏： 最后剩下要做的事情，就是如何选拔人才去学习这些课程，以及选拔哪些人才。

格： 显然是的。

苏： 你还记得我们在选拔统治者时选拔的那种人吗？

格： 当然记得。

苏： 一般而言，我们也必须挑选那些具有同样天赋的人，那些最坚定、最勇敢、在可能的范围内最有风度的人。此外，他们还要有能接受这种教育的天赋，性格上也必须高贵严肃。

格： 你想说的是哪些天赋呢？

苏： 我的朋友啊，首先他们要热爱学习，还要觉得学的过程并不困难，要知道灵魂在学习中的艰辛和痛苦要远远高于体力劳动，这种痛苦只有灵魂体会得到，而肉体体会不到，所以它更接近灵魂。

格： 对。

苏： 另外，他们还要有很强的记忆力，他们必须是百折不挠，不惧怕一切痛苦和艰辛。要不然很难想象，要经过如此漫长复杂的学习和训练，怎么会有人愿意承受如此的痛苦呢？

格： 除了天赋极好的人外，应该是没人能承受得了吧。

苏： 目前我们的一切错误包括对哲学的轻视，都源自研究哲学的人还不具备研究哲学的资格，他们不是螟蛉假子而应当是真子。

格： 我不明白。

苏： 真正想致力于哲学研究的人，对待劳苦的态度应当是全身心的，不能是半个人爱劳动，半个人怕劳动。就好像是一个人只喜爱打猎、角斗和各种体力劳动，却不爱学习、听讲、研究等智力上的劳动，说的就是这个意思。反之，只爱智力方面而不爱体力也是同样的情况。

格： 你的话说得很对了。

苏： 这种人的灵魂从真实的角度来看是不是也是个残废呢？他

会嫌弃他人身上的虚假，看到这样的人他会发脾气，可对自己，他却没这方面的要求，反而是顺其自然地接受了无意的虚假，他会若无其事地面对自己无知的缺陷，就好比是一头猪在泥水中打滚一样。

格：这种人的灵魂就应该视为完完全全的残废。

苏：因此，我们要警惕一切关于节制、勇敢、宽宏大量以及所有美德的真伪。要是个人或国家难以分辨这些美德的真伪，那就很有可能错误地任用一个假好人来管理国家。

格：是会这样的。

苏：那我们就要防止这种错误的发生。如果我们挑出来的是身心健全的且能够接受我们长期训练和教育的人，那正义就能得到守卫，国家的制度也会得到维护。反之，我们选了另一类残废的人，结果只能是我们被哲学大大地嘲弄。

格：那样的话是足够可耻的。

苏：事情虽说如此，可是此时此刻我觉得自己在变得越来越可笑。

格：为什么？

苏：我似乎有点过于严肃了，居然忘了我们不过是在说笑而已。我只是因为在讨论的过程中，看到哲学受到了不应有的诽谤，顿时反感了，所以在说到这些应对此负责的人时，我说话的态度太过严肃了，像是要发怒了。

格：说实话，我不觉得你刚才说得太过严肃。

苏：可是，我作为说话人的身份觉得自己太严肃了。只不过我们一定不能忘了这里是不能选举老年人的。千万别信梭伦说的，人老了还能学很多东西。我们一定不要相信他这话，要知道人上了年纪不但不能多奔跑，学习能力也下降了，许多重体力的事情也都只能是年轻人去做。

格：这有一定的道理。

苏：所以我们刚才说的算学、几何和凡是要在辩证法学习之前预先学习的学科，都要教给年轻人，还不能强迫他们接受。

格：为什么？

苏：因为一个自由人是不应该被迫地进行任何方式的学习的，毕竟身体上的劳苦虽不影响身体健康，但会影响学习的效果。

格：真的。

苏：因此，我的朋友，请采用游戏的方式来让孩子们学习吧，别强迫他们，这样的话你才能更好地了解到他们每个人的天性。

格：你的话很有道理。

苏：你应该没忘记，我们曾经提到要让孩子们骑着马到战场上去观摩实习，让他们以一种安全的方式慢慢接近前线，也像小野兽一样尝尝血腥味。

格：我还记得。

苏：在众多劳苦训练中，我们应当着重挑选出那些在战争观摩实习中表现最为出色的孩子。

格：要挑几岁的孩子呢？

苏：只要必要的体育训练一结束就可以了。因为在这两三年里，他们是不容许干其他事情的。要知道，疲劳和长时间的睡眠是影响学习的最大因素，加之，他们每个人在体操方面的表现也是考察他们整体素质的一种重要部分。

格：当然。

苏：这段时间过后，从 20 岁起，我们要给予这些选拔出来的出色青年更多的荣誉，另外还要求他们综合之前所学的知识，去研究彼此间的联系以及它们和事物本质的关系。

格：这是唯一一个能获得永久知识的途径。

苏：同时这也是测试有无辩证法天赋的重要方法。有辩证法天赋的人才能从联系的角度来看事物，反之则不然。

格：我同意。

苏：你要牢牢记住这些天赋上的条件，然后从第一次根据学习、战争以及履行其他义务中的表现挑选出来的那些青年里再作第二次挑选，选出最符合这些条件的人，当他们年满 30 岁的时候，将最高的荣誉授予他们，然后再用辩证法测验他们能否凭借眼睛以及其他感官随真理到达实在本身。只不过，我的朋友啊，你在这儿也要多留点心才是。

格：为什么这么说呢？

苏：你有没有注意到，目前因辩证法而导致的恶果？

格：什么恶果？

苏：搞辩证法的人违反法律。

格：确有其事。

苏：你觉得这种状态是不是不可原谅，它有什么让人感到奇怪的地方吗？

格：什么意思？

苏：我举个例子给你听。我们假设有个富裕的大家族里有个养子，小时候总有很多阿谀奉承的人在他身边伺候他，直到他长大以后，他才知道原来自称是他父母的人其实不是他的亲生父母，可是他又不知道自己的亲生父母是谁。你考虑一下，在他知道这个实情的前后，他对身边那些阿谀奉承之人和自己的养父母的态度会有什么变化？你愿不愿意听听我的猜测？

格：我愿意。

苏：我猜想，在他知道实情之前，相对于身边的那些谄媚之人，他应该更尊重的是他的养父母和其他的亲属，关心他们的需要，不会考虑对他们做出什么非法的事，或者说什么非法的话，发生重大的事情时，也会考虑听从他们的劝告。

格：很可能是这样的。

苏：但一旦他发现了实情，我想，他就会转而去关心起那些谀媚之徒来，反倒是缺少对养父母的尊重和关心了。他日益更注意后者，与他们公开在一起，按照他们的生活方式生活，渐渐地就对养父母和其他亲属越来越不关心，除非他的天性特别正，兴许有可能不会发生这种情况。

格：你说的确实很可能发生，可是这个比喻与从事辩证法的人又有什么联系呢？

苏：我解释给你听。正义是什么，光荣又是什么？似乎我们一出生就有了关于这些问题的观念，然后我们带着这些观念，被父母抚养成人，服从它们，尊重它们。

格：是的。

苏：与此同时，还有与之相反的生活习惯风尚。它们可以征服很多人，只因它们用快乐来蛊惑人们的灵魂，但它对正派的人起不到任何作用，正派人始终尊重和服从父亲的教诲。

格：的确有这种习惯和风尚。

苏：那如果有人遇到了“什么是光荣”这问题，他的回答用的是从立法者那里学得的知识，却遭到了无情的反驳，反复多次被驳倒了以后，或是在许多地方都被驳倒的话，他的信念就会动摇。他有可能就会认为，光荣与可耻相比并没有从前那样的优势了。你想想，如果他在正义、善以及其他他曾经尊重的美德方面都有这样的想法以后，那他在将来的行为举止中还会是怎样的呢？

格：他自然是不会像以前那样尊重和服从。

苏：那既然从前的那些原则和信念，对他来说已经失去了原来的约束力，他也不再尊重和服从，那在他发现真理之前，他会采用哪种生活方式呢？他会不会去采用那种蛊惑他的生活方式呢？

格：会的。

苏：于是，他就会从一个守法者变成一个违法者。

格：必然的。

苏：可是，这发生的一切都是以这样的方式从事哲学辩论的一个自然结果，像我刚才说的，这是可以原谅的，对吧？

格：这看起来是挺可怜的。

苏：所以，你必须好好引导那些已经30岁的学生，应当谨慎对待类似的辩论，只为避免再度出现你可怜他们的局面，是吧？

格：是的。

苏：最重要的预防措施，不就是别让他们年轻时就去尝试辩论吗？我相信你一定发现了，年轻人一旦开始与人辩论，就会因为好玩好斗，总跟各种各样的人辩论，不但模仿别人的互驳，还会自己反驳别人，就像喜欢追咬周围的人的小狗一样，他们是用言辞咬人。

格：完全是这样。

苏：只要他们经历过多次的驳倒他人和被他人驳倒后，就很可能产生一种很强烈的怀疑情绪，对从前的一切进行怀疑，结果自然是既损坏了自己，也损坏了整个哲学事业在世人心目中的信誉。

格：说得太对了。

苏：可是上了年纪的人就不会如此疯狂，他对只会耍嘴皮子的人不感兴趣，他只效法那些为了真理而辩驳的人。他们处世把握分寸，知道自己的最终目的在于让哲学信誉提高而不是信誉降低。

格：对。

苏：之所以说这么多就只为了预防这一点。参与这种讨论的人必须是具有适度和坚定品格的人，我们不容许随随便便什么人都可以进来。必须像现在这样，是吧？

格：完全是的。

苏：那如果也像体操训练那样，专心研习辩证法的话，两倍于体操训练的时间是不是足够了呢？

格：你的意思是说用 4 年或 6 年？

苏：嗯，就定为 5 年吧。在这之后，他还会被要求回到洞穴里去，强制去负责指挥战争及一切适合青年人干的公务，保证他们的实际工作经验不逊于他人。此外，他们还要在公务中接受考验，我们才能考察他们是否会在各种公务面前保持自己的立场不退缩。

格：你留给这个阶段多长时间？

苏：15 年。到了 50 岁上下，在实际工作和知识学习所有方面都经历考验且以优异成绩通过的人还有最后的考验。他们灵魂的目光只能朝上，只能注视着照亮一切事物的光源。只有这样看着善本身，他们才会以它为原型，管理好国家、公民个人和他们自己。其余的时间，我们要求他们大部分用来研究哲学。到轮岗值班的时候，我们要求他们不辞劳苦地处理公务，他们必须以国家为己任，放弃那些私人荣光方面的想法，走上统治者的岗位。直到和他们一样的继承人培养出来以后，他们才可以卸下工作，步入乐土并定居下来了。另外，国家还将为他们立碑，并像祭祀神一样去祭祀他们，只要得到庇西亚的神示，即便没有得到神的同意，我们也要以神一般的伟人的规格去祭祀他们。

格：苏格拉底，你就像一个雕刻师完美地结束了统治者形象的雕塑工作了。

苏：格劳孔啊，别忘了，我们说的统治者里还有妇女。你必须知道，只要妇女们也具备同样的天赋的话，我刚才提到的一切关于男人的原则同样适用出身于他们中间的她们。

格：对，如果她们也要和男人一样参与一切活动，那就必须具备我们描述的那些品质。

苏：实际上，虽然我们提出的国家和制度实现起来困难重重，但它并非全属空想，实现起来还是具备可能性的，只要选对路，这路就是我们前面说的那样。首先要保证让一个或多个掌权，由他们判断当前这些被认定为光荣的事情皆为无价值的下贱的事，而只有真正正义的事情才是光荣的。他们会把正义看作最重要的和最必要的事情，并通过推崇正义让自己的国家步入正轨。你看我说得对吗？

格：怎么做呢？

苏：10 岁以上有公民身份的孩子会被他们送到乡下去，由他们接收这些孩子，开始改变孩子们从前的生活方式，制定相关的法律和规则（也是我们前面描述过的那些）培养他们成人。这就是使我们理想中的国家和制度得以建立，并得到繁荣发展，人民幸福生活的便捷途径。

格：这的确是非常便捷的途径。在我看来，苏格拉底，你已经充分说明了如果这种国家要得到实现应如何实现的方法了。

苏：至此关于我们要建立的国家以及与之相应的那种人都已经谈完了吧。那我们究竟需要什么样的人，这就已经很清楚了。

格：我想我也回答完你的问题了，这也是很清楚的。

第八卷

卷八詩

1

苏：很好，格劳孔，说到这里我们就都认为，一个秩序井然的国家，就应当妇女公有，儿童公有，全部教育公有。无论战时还是平时，男女干的事情都必须是一样的。他们的统治者也被要求是那些被证明了的文武双全的优秀人物。

格：这些我们显然已经达成一致意见了。

苏：还有一点，统治者一经上任，就要带着部队驻扎在一切公有的那种营房里，那里没有什么东西是私有的。你还记得我们说过他们还要有其他的什么东西吗?

格：是的，我记得。之前我们说过他们不能拥有一般人现在所有的那些东西。但是他们可以每年都获得大家提供的供养以作为守卫国家的一种报酬，只因他们不但需要训练作战，还要做护法者。

苏：你的话很对，这些我们都讨论过。不过还请你告诉我，我们是从哪里开始偏题的？我们还是言归正传吧。

格：无论是当时还是现在要回到本题都不算太难。当时如果在你描绘完理想国以后，就进一步主张你描绘的国家和与之相应的人都是最完美的，即便此时我们觉得还有更完美的空间。但无论如何，你都认为只有这种形态的国家是好的，其他种种都必定是错误的。我还记得，你说过其他国家大致有 4 种制度，我们是有必要去考察一下这 4 种国家制度它们各自的缺点以及与之相应的代表人物的。只需弄清楚这些问题，再在哪些人最善，哪些人最恶的问题上取得一致意见后，可以确定究竟是最善的人还是最恶的人，哪个生活更幸福，哪个更痛苦？可惜的是，当我问你说的 4 种制度分别是什么时，玻勒马霍斯和阿得曼托斯突然插了进来，于是，你就从头又重新讲了一遍直到现在。

苏：你的记忆力真了不起！

格：那就让我们像摔跤一样，再来一个回合吧。我问你同样的问题，你就回答我你原本想说的就可以了。

苏：我会尽我所能。

格：我本人非常好奇你所说的4种国家制度究竟是什么。

苏：这并不难。我所说的4种制度都有它们各自的通用名称。第一种是斯巴达和克里特政制，这是种受到广泛赞扬的制度。第二种是寡头政制，这种国家由少数人统治，在荣誉上居第二位，却害处多多。第三种是政制，它与寡头政制相对，紧接在寡头政制后产生。第四种，是与前面三种都不同的高贵的僭主政制，也是城邦的最后的祸害。你还知道其他政制吗？不过我觉得，就算是有也只能是这四者之外的特殊种类，例如世袭的君主国，买来的王国，以及一些介于这几种制度间的制度。这些制度在野蛮人的国度中似乎要比希腊人的国度要多得多。

格：我也听说过许多离奇的制度。

苏：那么，你也应该知道，有多少种不同类型的政制就会产生多少种不同类型的人的性格。制度总是源于公民的习惯，可不是从石头缝里蹦出来的，习惯的倾向决定了它的倾向。

格：制度正是由习惯产生而非其他。

苏：所以如果有5种制度，就应有5种性格。

格：当然。

苏：就像我们曾经说的正义者和善者，他们就是和贵族或好人相应的人。

格：我们已经描述过了。

苏：那下面我们要考察的就是较差的几种。第一种是争强好胜且贪图名利的人，与之最相应的制度应当是斯巴达制度，依次往下是寡头分子、民主分子和僭主。在我们考察了最不正义的人之后，我们就可以拿正义的人与之比较，也就很容易弄明白究竟是纯粹正义的人还是纯粹非正义的人哪个更幸福？如果非正义的人更幸福，那从此以后我们就可以相信色拉叙马霍斯说的话，走不正义的路；

如果答案相反，那就必须听从我们的说法，走正义之路了。

格：下一步我们无论如何都要这样做。

苏：我们先从考察国家制度中的道德品质开始，再去考察个人的道德品质，毕竟国家的品质更容易看得清楚一些。首先，考察的是爱荣誉的那种政制，因为在希腊文中我们找不到合适的名词来替代，正好称为荣誉统治或荣誉政制。接着我们再联系这种制度来考察制度下的个人。其次，考察的是寡头政制和寡头式的个人。再来就是考察无政府政制和无政府式的个人。再次，的制度是僭主统治的国家和僭主式的个人心灵。最后，我们再试着回答我们所面临的问题。你说这样做好吗？

格：这至少要是个符合论证程序的研究方法与判断方法。

苏：好。先来谈谈荣誉政制是怎样从贵族政制中诞生的。我觉得，很显然所有制度的变动都和领导阶层不和有关。如果他们团结一致，哪怕只是那么一点点的团结，都不会引起任何制度的变动。

格：这是真的。

苏：那么，格劳孔，我们的国家是怎么建立起来的呢？我们的辅助者和统治者会因为什么彼此矛盾同室操戈呢？是不是需要像荷马一样祈求文艺女神神示第一次内讧究竟是怎么发生的？另外，还要不要想象文艺之神会像逗弄小孩子一样地，说话的语气都是如悲剧的崇高格调一般一本正经的呢？

格：怎么说呢？

苏：大致如下：要动摇一个建立得如此之好的国家确实不太容易，但凡事有产生就一定有灭亡，所有的社会组织结构都不可能是永久的，是一定要解体的。就如同下面的这种情况，无论是地下长出来的植物还是在地上生出来的动物，它们的灵魂和躯体的生育都有有利时节和不利时节，而两种时节在它们组合下，环绕整整一圈就是一个周期了（活的时间越长的东西周期也就越长）。虽然你们为城邦选拔了拥有智慧的统治者，但无法确定的是他们不可能永远都凭感官观察和理性思考准确无误地为你们的种族繁衍选定对的时节，兴许他们有时也会选错，这必然导致一些不在有利时节出生的孩子出生了。神圣的诞生物它们的周期总是一个完美的数，而会灭亡的诞生物的周期只是一个最小的数通过一定的乘法（控制的和被控制的，包括三级四项的），使有相同单位相似或不相似的有理数，也或者通过加法或减法，得出的一个最后的得数。其 4 对 3 的基本比例，和 5 结合，再乘 3 次，产生出 2 个和谐，其中之一是等因子相乘和 100 乘以同次方结合的产物；另一个则是一些相等和一些不相等的因子相乘的产物，即其一或为有理数（各减“1”）的对角线平方乘 100，或为无理数（各减“2”）平方乘 100，或为“3”的立方乘 100[144]。这全部的几何数就是优生和劣生的决定性因素。假如守卫者选错了，选了一个不利时节让新郎新娘结了婚，那他们生育出来的子女就一定不会是最优秀的或是最幸运的。尽管人们在选拔治理国家的人时也会尽量从后代中挑选最优秀的人，但由于他们实际上算不上优秀，因此，当他们继承了父辈守卫者的工作时，他们便开始轻视我们这些人，轻视音乐教育随后轻视体育锻炼，这样我们国家里的年轻人就会越来越缺乏教养。从他们当中挑选出来的统治者自然也就不具备赫西俄德和我们都说过的那种能力，那种真正的守卫者可以分辨金种、银种、铜种、铁种的能力。铁和银、铜和金一经混杂起来，势必导致不平衡、不一致和不和谐，这就容易导致仇恨和战争。不论何时何地发生何种冲突，你都必须认为这就是这种血统的冲突。

格：难道不认为女神的答复是正确的吗？

苏：既是女神，那她们的答复必然是正确的。

格：接下来女神还会说些什么呢？

苏：她还会说，一旦发生这种冲突，统治者内部就会分划为两种集团，并采取两种不同的措施：铜铁集团喜好追名逐利，他们会兼并土地房屋、聚敛金银财宝；而金银集团则由于其自身内心还趋向美德和传统秩序。尽管他们斗争，但到最后他们仍会妥协，只是将土地和房屋分为几份，分别占为己有，并把原先的朋友和供养的人变成边民与奴隶。原本，守卫者的职责是守卫这些人的自由的，专门通过打仗来捍卫这些人的利益的，如今却成了奴役他们的人。

格：我还以为变动就是从这里开始的。

苏：这种制度难道不是介于贵族制和寡头制之间的某种中间制度吗？

格：是的。

苏：变动就跟上面说的一样，那变动后的情况又会怎样呢？既然这种制度介于贵族制和寡头制两者之间，那在某些事情上它会倾向于前者，而有些则倾向于后者，除此之外，它也有自己的一些特点，你说是吧？

格：是这样。

苏：像前者的地方主要表现在，他们尊崇统治者，战士阶级不得从事农业、手工业和商业活动，他们有规定的公餐，还有要求统治者必须终身从事体育锻炼、竞技和战争，等等，不是吗？

格：是的。

苏：但是，智慧的人无法掌权（现有的智者已经不是那种单纯而忠诚的人物了，他们的品质已经混杂了），宁可选择较为单纯且勇敢的人来统治国家。要知道，这些人是适合战争的，他们推崇战略战术，大部分时间都花在战争上了。而这些特征大都是这种国家所特有的特点，不是吗？

格：是的。

苏：这种统治者必定贪财，这和寡头制度下的统治者极为相似。他们心里暗暗盘算如何得到钱财；他们有私藏金银的密室，住家四面有围墙；他们有真正的私室，他们可以在里面挥霍财富以取悦妇女以及其他宠幸者。

格：说得极是。

苏：他们一面爱钱一面却不允许公开捞钱，所以他们总是很吝啬，只有花别人的钱满足一己私欲才能使他们高兴。由于他们轻视了哲学和理论之友文艺女神，且只重视体育训练却放弃音乐教育，所以他们受到的教育只能是强制教育，他们只会像孩子逃避父亲的监督一样秘密地寻欢作乐，以避开法律的监督。

格：你非常出色地描述了一个混杂了善恶两方面的制度。

苏：是的，已经混杂了。但是在这种制度中勇敢的作用十分的突出，因此这种制度的好胜和爱荣誉特点是非常明显的。

格：完全是这样。

苏：如果区区几句话就可以勾勒一种制度的概貌且不必举例说明的话，上述这些就是这种制度的起源和本性。这种概述已经足以让我们知道哪些人是正义的，哪些人是非正义的了，而且要具体地把各种制度下的各种习性的人都一一列举也是不现实的。

格：对。

苏：那与我们刚才概述的那种制度相应的人的个性是什么人呢？这种人是怎么产生的？他们的性格如何？

阿：我觉得，这种人在好胜心方面与格劳孔相似。

苏：这点是有些相似，但其他方面就不太像了。

阿：哪些方面？

苏：例如，他们自信却缺少文化，但他们却爱文化爱听讲，自己本身却不擅长演讲；一个受过充分教育的人对待奴隶会一直保持对他们的优越感，而这种人的态度总显得很是严苛，他们对自由人的态度总是和蔼的，对长官也总是恭顺的；他们爱权力爱荣誉，达到这个目的的方式一般来说都是依靠战功和自己的军人素质，全然不是三寸不烂之舌等长处；还有他们喜爱锻炼身体，喜爱打猎。

阿：是的，这是和那种制度相应的习性。

苏：这种人年轻时兴许不那么贪财，但是随着年龄的增长，他们会变得越来越贪财。这主要是因为他们年纪大了以后，慢慢开始接触爱财之心，由此破坏了至善的保障，向善之心也不如从前那么单纯了。

阿：这个至善的保障你指的什么？

苏：它指的是掺和着音乐的理性的善，它存在于满是美德的心灵里，也是人一生全部美德的唯一内在保障。

阿：说得好。

苏：与爱荣誉的城邦相应的年轻人的性格就是这样。

阿：没错。

苏：这种性格大致是这么产生的：例如有一个父亲为善的年轻人，他的父亲生活在一个政局混乱的城邦里，他既不要荣誉、权力，也不爱诉讼及所有无事生非的东西，甚至为了避免麻烦，他宁可放弃一些自己的权利。

阿：那他的儿子为什么会如此贪图荣誉呢？

苏：他会听到很多的怨言，一开始是他的母亲抱怨，由于父亲不是统治者，弄得她也被其他妇女瞧不起；父亲总是与世无争，不喜欢与人诉讼，且对钱财也没有太大的欲望，只是全身心地投入自己的心灵修养，有时也对她很淡漠，既无尊重也无不敬，此时他的母亲就会叹着气对儿子说，你的父亲太懒散了，他缺乏男子汉气概。另外还会有些父母常常唠叨的怨言。

阿：这一类的怨言的确不少。

苏：你要知道这种人家很多外表忠厚老实的仆人在主人背后也会对孩子们唠叨这类的怨言。当他们看到主人不去控告那些欠债的或为非作歹的人，就会鼓励孩子长大后要做一个堂堂正正的男子汉，去惩办那种人。此外，孩子们走出门去听到的也多半是这样的怨言，看到的也是这类的人。大家纷纷称赞和重视那些到处奔走专管闲事的人，反而是安分守己的人被视为笨蛋。那么这个年轻人一方面耳濡目染外界的这种情况，另一方面听着父亲的话语，看着父亲的一切言行举止。两相比较，就会发现父亲与他人的举动大相径庭，格格不入。两种力量就像是拔河似的争夺青年，一边是父亲灌输给他的心灵上的理性，另一边是受到他人影响而增强的欲望。因此，他的天赋并不差，只不过是受到了他人的坏影响罢了，两股在他身上的博弈让他最终成了一个折中性的人物，自行成为一个介于欲望和理想间的人，一个傲慢的喜爱荣誉的人。

阿：你已经很准确地描述了这种人的产生过程了。

苏：那对于第二类型国家制度和与之相应个人性格的描写也可告一段落了。

阿：是的。

苏：接下来我们要不要像埃斯库罗斯那样，谈论另一种国家对应的另一种人，还是仍然按部就班地先谈国家再谈个人呢？

阿：当然先说国家。

苏：第三个要我看就要说寡头制了。

阿：这是什么制度？你知道寡头制是什么制度？

苏：这指的是一种根据财产分配资格的制度。在这种国家里，权力集中在富人手里，而不是穷人。

阿：我知道。

苏：我们先要弄清楚，寡头是怎样从荣誉中诞生的？

阿：是的。

苏：说实话，这个过程就算是盲人也看得明白。

阿：这是怎么一回事？

苏：私有财产是会破坏荣誉的，拥有私有财产的人总是想方设法挥霍浪费，无恶不作。男人们如此，女人们也是跟风效仿。

阿：很有可能。

苏：就我看来，他们互相跟风效仿，最终在统治阶级里形成了一股风气。

阿：很可能的。

苏：长此以往，发了财的人，越发财越贪财，善和美德越被抛之脑后，钱财和善就仿佛一个天平的两端，一边往下沉，一边就向上翘，两边总是相反，不是吗？

阿：确实如此。

苏：所以，只要一个国家重视的是钱财和有钱的人，那善和美德自然就不受尊重了。

阿：显然是这样。

苏：人们总是实践那些受尊重的，放弃那些不受尊重的。事实就是这样。

阿：是的。

苏：最终，好胜的爱荣誉的人成了拜金者，他们会歌颂富人，让富人掌权，而鄙视穷人。

阿：是这样的。

苏：这时候，他们就会颁布相关的法律条款规定寡头的标准，规定寡头资格一个最低限度的财产数目，一般来说，寡头制程度高的地方这个底线就高些，程度低的地方底线就低。法律规定，只要财产达不到规定标准的人就不能当选。而这项法律的通过一般是通过武力或是恐吓来实现的，你说是吧？

阿：是的。

苏：那就可以说寡头政制就是这么建立的。

阿：是的。那这种制度的特点是什么，有没有什么缺点呢？

苏：首先，这一制度本身确定的那个标准就有问题。你想想如果也用财产的多寡来挑选船长的话，那一个掌握航海技术的穷人，显然是无法被选中的。

阿：那挑选出来的所谓船长就会弄糟整趟航行。

苏：其他领导方面的工作道理也是如此吧？

阿：我个人认为是的。

苏：除此之外的工作呢，是不是也是相同的道理？

阿：政治上尤其应该这样，毕竟政治上的领导是最大最难的领导。

苏：所以寡头制度的缺点就在于此。

阿：显然是的。

苏：那这个缺点很小吗？

阿：什么意思？

苏：这样的国家势必要分化为两个国家，纵然住在同一个城里，但这富人的国家和穷人的国家之间却总是互相斗争，互相对付。

阿：说实话，这缺点不能算是小毛病。

苏：它的另一个缺点是在这种制度下，是无法进行战争的。要打仗，这些寡头统治者必然要武装他的群众才可以，但他们都害怕他们的群众，更甚于敌人。但如果不武装群众，就要亲自作战，这时他们就会明白他们可领导的人实在是少得可怜，果然是寡头了。此外，他们还有个缺点是既贪财又吝啬。

阿：这真是个不光彩的毛病。

苏：还有一种现象不知道你怎么看，就是一个人兼有多种不同的职业，既是农民，又是商人，还要当兵。我们曾反对这种做法，你还记得吗？

阿：这么做当然不对。

苏：那我们就考虑一下，是不是就因为这种制度最早允许这种缺点存在呢？

阿：你说的最大的缺点是什么？

苏：如果国家允许个人出卖自己的产业，同时也允许他人购买他的产业。财产卖完后，他就既非商人，又非工人，既非骑兵，又非步兵，仅仅是一个所谓的穷人或依附者，还继续住在这个城里，不是这个国家的任何组成部分。

阿：是的。这种国家体制最早出现这样的情况。

苏：在寡头制度里，任何措施和法条都无法避免这种情况的出现，要不然就不会贫富两极分化了。

阿：对。

苏：还有一点请注意，就是当一个人在花费自己的钱财时，他在上述的几个方面对社会有好处吗？或者，虽然他是统治者，可他们既不领导别人，也不在别人领导下为社会服务，他是不是就只是个生活资料的消费者呢？

阿：不管是什么样的人，他就只是一个消费者。

苏：那他是不是就像是雄蜂？他就好比雄蜂只在蜂房里长大，慢慢就成了祸害，他们也成了国家的祸害。

阿：苏格拉底，你的比喻很贴切。

苏：阿得曼托斯，不知道你是否同意我的这个看法，天生能飞的雄蜂都没有刺，而人类中如雄蜂一样的人有的有刺，有的没有。那些没刺的老了就是乞丐了，有刺的就成了专干坏事的人了。

阿：很对。

苏：因此，无论哪个国家，乞丐在的地方也就是藏匿着小偷、扒手、抢劫神庙盗贼以及其他为非作歹的坏人的地方。

阿：这是很明显的。

苏：那在寡头制城邦里你看到乞丐了吗？

阿：其实除了统治者以外其他的差不多都是。

苏：那么我们是不是也可以认为统治者严密控制着大量有刺的雄蜂，也就是罪犯？

阿：我们可以这样认为。

苏：能不能认为，就因为这里缺少好的教育和训练制度，才导致了这种公民层出不穷地出现呢？

阿：可以这么说。

苏：但寡头就是这个样子。刚才说的也许还不够，不过也都是寡头制度的缺点了。

阿：你说得差不多啦。

苏：那不管怎样，关于这个由财产决定权力的制度就先说到这儿吧。接下来就要谈谈与之相应的个人吧，让我们来说说这种人是如何产生的以及他的性格特征。

阿：好。

苏： 在我看来，一个爱好荣誉的人最终转变到爱好钱财的人，大致过程都是如此，是吗？

阿： 什么样的过程？

苏： 统治者的儿子，起初也是效仿他的父亲爱好荣誉的，但后来因为看到父亲忽然触了礁，人财两空，也或许父亲的权力被其他的将军占去了，还被告密，法庭判决其被处死或流放，所有财产都被没收了。

阿： 这很可能发生的。

苏： 我的朋友，你想想，这个儿子目击了这一切，又丧失了家产，他就必然会因此而胆小害怕起来，同时他灵魂里的荣誉心和好胜心也会因此动摇，他不甘于贫穷，从而他贪婪地、吝啬地，节省苦干以敛聚财富。难道你不觉得他们会把欲望和爱财原则奉为心中的帝王，还给它饰之以黄金冠冕，佩之以波斯宝刀吗？

2

阿： 我也是这么认为。

苏： 就在这样的原则之下，理性只能降格为奴，因为它只被用在计算和研究如何更多地赚钱，用来崇尚和赞美财富与富人，只能以致富和致富之道为荣耀。

阿： 从好胜型青年到贪财型青年，还有什么其他的途径能超越这一过程，让这变化更迅速更确定不移吗？

苏： 这样的年轻人不就是典型的寡头型人物吗？

阿： 不论怎样，这里说的年轻人，都是由寡头制这种制度下的人转变而来的。

苏： 那就来考察一下这种个人和制度之间有没有什么相似之处。

阿：看吧。

苏：第一个相似点就是拜金吧？

阿：当然是的。

苏：第二个不就是省俭和勤劳吗？他们需要的是满足他们的基本要求，很少铺张浪费，其他的欲望也会因此被抑制。

阿：正是。

苏：但他也实实在在是个连蝇头小利都不放过的人，总是在不断积攒他的财富，为大家所称赞。你说，这种人的个性不是正好与寡头制度相适应吗？

阿：我同意。这种制度的国家和个人都十分重视财富。

苏：据我看，更重要的原因是他们从未关注过文化教育。

阿：他们一定是没有注意到这一点，否则他是不可能让一个盲人来当主角，还给了他最大的荣誉。[145]

苏：说得好。不过你也要再考虑一下，因为他们缺乏相关的文化教育，那么在他们心里，雄蜂的念头就不断膨胀，使得有些人像乞丐，有些人像恶棍。但是我们能不能说，他们本身的自我克制和自我监管，也会压制这些欲望呢？

阿：当然可以这样说。

苏：那要从什么地方看出这些人的恶棍特征呢？

阿：你说呢？

苏：就监护孤儿和为非作歹却不受惩罚就可以觉察出他们的这些特征来。

阿：诚然。

苏：显然，他们在交易往来和签订契约方面确实被认为是城市的人。这无疑是他们心灵中比较善良的那个部分起了作用，压制了心中的那些不好的欲望。他不是委婉地劝导，也不是通过道理说服，他们只是小心谨慎地为了保住财产，才用强迫恐吓的方法。

阿：完全是这样。

苏：说真的，我的好朋友，当他们中的大多数花别人钱的时候，就会显露出雄蜂似的嗜欲。

阿：肯定如此。

苏：因此，这种人总是无法摆脱内心矛盾，他事实上应该是双重性格的人。通常情况下，他身上善的一面总能战胜恶的一面。

阿：确实如此。

苏：总而言之，比起其他人而言，这种人会显得更体面些，但是心灵和谐的至善是远离他们的，在他们身上是找不到的。

阿：我也这样想的。

苏：再说，省俭吝啬的人在城邦中竞争时往往表现出来的是一个弱者的形象，是难以取得胜利和光荣的。他们担心因为追名逐利，争强好胜，而挑起自己的花钱欲望。他们只肯拿出一小部分的钱财，作孤家寡人般的战斗。即使战斗失败了，他们的财富也能保全。

阿：的确是这样。

苏：那好，与寡头制度相适应的应该就是那些吝啬且一心想赚钱的人吧，这点不用再怀疑了吧？

阿：不用怀疑了。

苏：下一步，我们要讨论的是平民的起源和本性，进而讨论与之相类似的个人品格了。此外，我们还要比较这种人和别种人，然后作出我们的判断。

阿：这至少是个前后一贯的研究程序。

苏：那么从寡头转变为平民要不要经历贪得无厌追求财富的过程？

阿：请详细说明。

苏：既然统治者的地位就是依靠财富得来的，那他们就不可能命令禁止年轻人挥霍浪费祖产的行为。相反地，他们甚至还会让这些浪荡子以财产抵押或是收买产业的方式向他们借钱，以此让自己变得越来越富有以及越有影响和声誉。

阿：正是。

苏： 崇拜财富与朴素节制的生活二者只能取其一。这个道理在一个国家的人民中是不是就不言而喻了？

阿： 这是不言而喻的。

苏： 这些人一方面无法自制，一方面又崇拜金钱，铺张浪费。在寡头制度的国家里，统治者们鼓励懒散和放荡的结果就是源源不断地将一些世家子弟变成无产的贫民。

阿： 是的，往往是这样。

苏： 我想，他们当中有的人负债累累，有的因此失去了公民资格，甚至有的两者兼有。此时的他们把自己武装得像有刺的雄蜂，同吞并了他们产业而发家的人住在同一个城里，他们之间互相仇恨，互相妒忌。

阿： 是这样的。

苏： 但是，那些只以赚钱为目的的人，每日对财富孜孜以求，却对穷人熟视无睹。他们只顾把自己金钱的毒饵抛出去，用高利贷贷款的方式寻找受骗的对象，然后城邦里就好像父母生育子女一样，雄蜂和乞丐迅速繁殖起来，数量日益增多。

阿： 结果必然如此。

苏： 可惜的是，这种恶的火焰熊熊燃烧时，他们也从没想过用颁布禁止财产自由处置的法令的办法去破灭它。

阿： 什么样的法令？

苏： 不用是最好的法律，只要是次好的法律，主要是用来强使公民们留意道德的。如果能制定一项法令规定自愿订立的契约，由订约人自负盈亏，那这个国家内部唯利是图的无耻风气可以锐减，我们刚才提到的那些恶现象也少了许多。

阿： 会少得多。

苏： 但就是因为上述原因，寡头制的国家往往都是统治者自己养尊处优，人民处于水深火热之中。而统治者的后辈就会因此娇惯放纵，四体不勤，经不起各种考验，那不就成了十足的懒汉了吗？

阿： 一定会的。

苏：他们除了养成赚钱的习惯，其他什么都不爱。至于道德，他们就像是个穷人，几乎不闻不问，不是吗？

阿：他们几乎不管。

苏：统治者和被统治者平时关系也是这样，一旦他们走到一起，或一同行军，或一同徒步旅行，或一起履行任务，或一起参加宗教庆典，或同在海军中或陆军中一起参加战争，或在同一战场上对敌厮杀，等等，这些场合当中他们彼此观察，到那时富人就不会看不起穷人了。相反地，你相不相信会有这样的情况发生，战场上一个瘦而黝黑的穷人站在一个白白胖胖的富人的旁边，当前者看到后者一副气喘吁吁，无可奈何的样子，前者会觉得就因为穷人胆小，这些有钱人才能保住自己的财富，可以想象穷人碰头时，他们就会在背后议论："这帮人算不上是什么好样的？"

阿：我很清楚他们是这样做的。

苏：就好像一个不健康的身体，稍微一点外邪就会生病，有时甚至没有外邪侵入，它也会病倒，整个人的身体就是一场内战。一个国家亦然，寡头国家引进盟友，国家就病了，内战也就起了。就算没有外人干预，国内的党争也会发生，不是吗？

阿：应该是这样的。

苏：党争的结果，一旦贫民获得胜利，就会处死或是流放敌党一些人，剩下的公民均有同等的公民权及做官的机会，并由抽签决定官职。我想一个新的制度就这么产生了。

阿：对。这是制度的结果，就是无论是通过武装斗争，或是恐吓手段，最后都是反对党退出。

苏：那么在这种制度下人民怎样生活，这种制度的性质又是怎样？很显然，这种性质的人都将表明自己是这种性质的人。

阿：很显然。

苏：首先，他们难道不自由吗？城邦里不是时时处处都充满了行动自由与言论自由吗，难道不是每个人都有想做什么就做什么的自由吗？

阿：据说是这样。

苏：既然有自由，那大家都会按照自己的方式来过生活，爱怎么过就怎么过啦。

阿：显然如此。

苏：于是，城邦中会出现多种的人物性格。

阿：必定的。

苏：可能是这样的。这显然是制度中最美的一种人物性格状态，百花齐放，犹如锦绣衣裳，五彩缤纷，看上去确实很美。通常，一般群众也会因此断定它是最美的，仿佛女人小孩断定色彩鲜艳的东西就一定最美一样。

阿：确实如此。

苏：是的，我的好友，这里无疑是最合适寻找一种制度的地方。

阿：为什么？

苏：这里有广泛的自由，因此它一定容纳了很多类型的制度。我们刚才说过，但凡那些期待可以建立一个国家的人，在此之前就希望去一个城邦那儿挑选出自己最中意的模式，以此作为范本来确立自己国家的制度，就好像在市场上选购自己喜欢的东西一样。

阿：不管怎么说，这个市场上他们总能挑选到适合自己的模式。

苏：此外，在这种国家里，有资格掌权的人可以放弃掌权，要服从命令的也可以不用服从，总之，没有人会被勉强干自己不愿意干的事情。别人在作战，你可以不上战场；别人要和平，你也可以要求战争，如果你不喜欢和平的话；只要机缘凑巧，哪怕那些行政的或审判的职位是法令明令禁止你得到的，也有可能得到它们。就眼前而论，这不是件妙不可言的乐事吗？

阿：就眼前而论也许是的。

苏：你看到那些判了刑的罪犯，眼神里那毫不在乎的神情，你不觉得有点可爱吗？你一定会发现在这种国家里，那些被判了死罪的或要流放国外的人，居然还在人民当中来来往往，就跟没事人一样，其他人似乎也没太关注过他们的存在。

阿：我看到过不少。

苏：这种制度是宽容的，它对琐碎的要求是不屑一顾的，它会轻视理想国里宣布的庄严原则。还记得我们说过，除非天分极高的人，如果小时候没能在好的环境里游戏、学习受到好的教养，是断然不能成长为一个善人的。可是，这种制度以轻薄浮躁的态度践踏了所有这些高尚的理想，它对它的统治者不问出身，不问品行，只需在从政时声称自己对人民一片好心，就能得到尊敬和荣誉。

阿：这实在是个好制度啊！

苏：我们上面说的这些都是这个制度的特点，它看起来更像是一种让人欢心的无政府管理模式。在这种制度下平等被不加区别地给予一切人，无论他们事实上是否平等。

阿：你这话很容易理解。

苏：那好，再让我们考察一下与这种制度相应的人物性格。那需不需要和考察这种制度一样先考察一下这种人的起源呢？

阿：要的。

苏：刚才说的那些吝啬的寡头能不能按照他自己的样子培养他们的儿子？

阿：是很可能的。

苏：这些年轻人也会尽可能控制自己的欲望，控制那些必须花费却没有收入的不必要的快乐。

阿：是的，显然会这样。

苏：那现在要不要也界定一下欲望这个概念，分清什么是必要的欲望，什么是不必要的欲望，省得一会儿辩论时走弯路。

阿：好，要的。

苏：有些正当地被称作“必要的”欲望是不可避免的，另外，还有一些对我们有益的欲望也可以说是“必要的”。这两种欲望的满足都是我们本性所需要的，不是吗？

阿：当然是的。

苏：我们可以正当地把“必要的”欲望用于它们吗？

阿：可以。

苏：但是有些欲望从小是可以戒除的，且对我们有害的，我们是不是可以把这种欲望称作“不必要的”呢？

阿：可以。

苏：每一种我们都举个例子来说明一下吧。

阿：行。

苏：为了健康去吃饭和肉的欲望算是必要的欲望吗？

阿：我想是必要的。

苏：吃饭既对我们有益，而且我们的生存是缺少不了它的，因此从两个方面来看它都是必要的。

阿：是的。

苏：就促进身体健康而言，吃肉的欲望确实是必要的欲望。

阿：当然。

苏：欲望是多种多样的，如果是那些要求过高过多，或是那些只要受过训练就大可纠正的，或是对身体有害的，对智慧和节制不利的欲望，难道不能说它们是不必要的吗？

阿：这么称呼是再正确不过了。

苏：那还能不能换个说法，第一种就叫“浪费的”欲望，第二种因为它有利于生产，就称作“得利的”欲望？

阿：可以。

苏：色欲和其他欲望也应该如此。

阿：是的。

苏：因此，那些雄蜂型的人物，应该就是受不必要的欲望牵引的人，他们的身上充满了快乐和欲望，而那些省俭型的寡头人物则大多是被必要的欲望所支配。

阿：的确是的。

苏： 我们再回到平民是如何从寡头演变而来的问题上吧。依我看，大致过程应该是这样的。

阿： 是怎样？

苏： 一个年轻人若是成长在未见世面的吝啬环境中，当他长大尝到雄蜂的甜头后，再与那些粗暴狡猾之徒为伍，于是，他们就想尽一切办法去寻欢作乐。你要知道，他的内心就是在这个时候开始动摇转变的。

阿： 这是必然的。

苏： 在一个城邦里，如果有一个党派得到了国外盟友的支持和同情时，就会发生变革。年轻人也同样如此，他个人的种种欲望一旦有外界类似情况的支持，内心就容易发生动摇，这么说对吗？

阿： 当然对。

苏： 我猜想，如果此时还有另外一个来自他的父亲或是家人的力量，去支持他内心寡头的成分时，那么，他内心必然会产生激烈的斗争。

阿： 诚然。

苏： 有时候，寡头成分占上风，它会毁灭或驱逐个人的欲望，从而内心的敬畏和虔诚感又得到发扬，灵魂的秩序重新井然有序。

阿： 有时是这种情况。

苏： 但也有可能由于父亲的教育不得法，一些与被驱逐和毁灭的欲望同类的欲望又悄悄地冒出来，并渐渐繁衍增强。

阿： 往往如此。

苏： 而这些欲望就会让他重新回到老朋友那里，在秘密交合中繁殖、滋生。

阿： 是的。

苏： 最后，年轻人的心完全被这些欲望给占领了，原本那些守卫神所友爱的心灵的美德，像是理想、学问、事业心，一股脑儿地都没有了。

阿： 那可是最可靠的守卫者。

苏： 这时难免会有虚假狂妄的理论和意见取而代之，占领他们空虚的心灵。

阿： 确实如此。

苏： 年轻人又折回去与那些吃忘忧果[146]的旧友们公开生活在一起了。这个时候再有家人对他心灵中节俭成分施以援助，那些虚假狂妄的入侵者[147]是不让援军进入他们的心灵，它会紧紧地关闭心灵的堡垒。还有，它也会不让他有机会去听取良师益友的忠告。于是，它在他的内心的战争中获胜，把羞耻心说成笨蛋傻瓜，驱逐出去，再把节制说成懦弱胆怯，也驱逐出去，还把适当的消费说成“不见世面”，是“低贱”。它最终和有害的欲望苟合，把年轻人的美德全部赶出他们的心灵。

阿： 的确这样。

苏： 它[148]把年轻人心灵中的美德除空扫净，给其他成分的侵入做了铺垫。就好像是它走在一个光彩夺目的花冠队伍的最前头，率领傲慢、放纵、奢侈、无耻一同行进，它会称傲慢为有礼，放纵为自由，奢侈为慷慨，无耻为勇敢，一直赞不绝口。你是否同意，就这样一个曾经由必要的欲望中培育出来的年轻人，就这样因为沉迷于无尽的不必要欲望中，慢慢蜕变成肆无忌惮的小人？

阿： 是的，你说得很明白了。

苏： 我猜想，他余下的生命里，将把钱财、时间和辛劳都平均地花费在不必要的欲望上，和花在必要的欲望上差不多。假设他有幸不会一直意气用事，那么随着年纪渐渐变大，精神渐趋稳定，他会收回一部分被放逐的成分，从而在一定程度上抑制入侵者们的作用。他会在各种快乐间建立起一种平衡机制，在他自己的控制下，各种快乐依次轮流，机会均等，各种快乐都得到满足。

阿： 完全是的。

苏： 但是如果有人告诉他，应当鼓励和满足那些来自高贵的欲望的快乐，要抑制那些下贱的欲望的快乐，他一定是听不进去的，因为他内心对真理开放的大门已经关闭。他只会一面摇头一面说，快乐一律平等，应当受到同等待遇。

阿：他确实有这样的心理和行为。

苏：事实上，会渐渐地沦陷在各种快乐当中。今天还是饮酒、女人、歌唱，明天可能就要进行饮食节制，又喝清水，又严格规定进食；头天还是剧烈的体育锻炼，第二天就可能又是游手好闲；有可能某段时间又想起来要研究哲学。他常常是心血来潮，想起什么就干什么说什么。有时，他突然集中精神研究军事，雄心勃勃，一会儿可能又开始想着如何做生意发财的事情了。所以，他的生活毫无章法可言，没有节制。他自认为他的生活是快乐的、自由的、幸福的，还要一直坚持下去。

阿：你把一个平等主义信徒的生活描绘得惟妙惟肖。

苏：我真的觉得，这种人的性格同他所在的城邦自身的多面性特质如出一辙，他也是集诸多习性于一身。这种人的生活五彩缤纷，包含了众多的模式，为大多数男女所羡慕。

阿：确实如此。

苏：那我们就这样定下来，只要个人的特质和国家的制度相合，就称他为分子是合适的，行吗？

阿：好，就这么定下来吧。

苏：现在只剩下最后一种也是最美好的一种制度——僭主制度与僭主，和与之相应的人物还没解释了。

阿：是这样。

苏：那么，我亲爱的阿得曼托斯，僭主是怎样产生的呢？就我说，他应该来自前面叙述的那一种人。

阿：这是显而易见的。

苏：那么僭主由他们转变而来，是不是和他们由寡头转变来的过程相同呢？

阿：请解释一下。

苏：在寡头眼里，他们认定的善以及它所赖以建立的基础都是财富，是吗？

阿：是的。

苏：它之所以会失败，根源就在于过分贪求钱财，可以为了钱财不顾一切。

阿：真的。

苏：那么平等的无政府主义应该也有他们关于善的依据吧，也正是他们过分强调了这个东西才导致了最终的失败，是吧？

阿：你说的依据是什么？

苏：自由。你或许听别人说过，自由是这个国家最大的优点，就因为自由，这个国家成了富有自由精神的人们最愿意落脚的地方。

阿：这话是听说过的，而且听得不少。

苏：就像我刚才论证过的，过分的自由也会破坏社会的基础，产生极权。

阿：怎么会呢？

苏：你可以想想，一个过度自由的城邦，很可能会让一些坏分子乘虚而入当了领导人，从而在他们的欺骗之下，过度饮酒，烂醉如泥。反而是当正派的领导人想要对这种放任纵容稍加约束时，全社会都会因此指控他们，还会要求寡头分子严办他们。

阿：这就是社会的所作所为。

苏：你会发现，那些真正听从指挥的人，会被辱骂得一文不值。那些既像老百姓又像当权者的人则是走到哪儿都受到他人的称赞和尊敬。在这种国家里自由不是必然要走到极端吗？

阿：当然是的。

苏：我的朋友，其实，私人家庭生活慢慢也会受到这种无政府主义自由精神的影响，最后还渗透到动物身上去呢！

阿：你说的是什么意思？

苏：这种国家的风气必然是，父子平起平坐，父亲极力想让自己像儿子，还怕自己的儿子，而儿子对双亲则是不敬也不怕，似乎只有这样他才认为自己是自由的。此外，自由也会让外来的依附者认为自己和本国公民平等，公民也同样这么认为，因此，外国人和本国人再无区别。

阿：确实有这些情况。

苏：是有的，除此之外还有其他一些类似的无聊情况。像师生之间，教师纷纷迎合学生，学生倒是蔑视教师和保育员。年轻人和长辈之间往往都是年轻人敢说敢做，侃侃而谈，长辈只是一味顺着年轻人，态度谦和，如像谦虚的年轻人一般，只担心自己会被别人认为又可恨又可怕。

阿：你说的全是事实。

苏：在这种国家里自由已经发挥到了极致，甚至是买来的奴隶与他们的主人同样自由平等，至于男女的完全平等那就不用提了。

阿：那我们要不要像埃斯库罗斯说的那样“畅所欲言”[149]

3

苏：当然可以这样做。若非亲眼所见，真的很难让人相信，就连这个国家里畜养的动物都比其他国家自由多了。这里的狗也仿佛谚语中说的“变得像其女主人一样”了[150]，这里的驴马若是遇见不给它们让路的人，也会十分自由地在大街上横冲直撞。总之，这里的一切都充满了自由精神。

阿：你告诉我的这些我早就知道，这种事我在城外常常碰到。

苏：这一切综合起来就会使公民灵魂变得异常敏感，稍稍有人要进行约束，他们马上就会有反应，必然会大发脾气。最后的结果可想而知，他们已经无人可管理，即便是法律也不被他们放在心上，无论是成文的还是不成文的。

阿：是的，我知道。

苏：所以朋友，在我眼里，这就是僭主诞生的基础，一个强有力的基础。

阿：这是个健壮有力的基础，然后呢？

苏：弊病源于寡头也毁了寡头，这种在寡头制度下得到无度放大慢慢显现出弊端的弊病在奴役着制度。所谓“物极必反”果然是真理。天气如此，植物如此，动物如此，社会又怎会不一样呢？

阿：理所当然如此。

苏：无论是个人还是国家，过分的自由只能导致极端的奴役。

阿：是这样。

苏：极端的奴役，源于极端的自由。所以，我认为僭主或许只能从这儿发展而来。

阿：这是很符合逻辑的。

苏：但是我想你知道的应该不是这个。你是不是想问，制度中究竟是哪个和寡头制度中相同的缺点在奴役着制度？

阿：是的。

苏：你还记得我曾经把一类人比作雄蜂，他们是一群懒惰且浪费之徒，强悍者为首，较弱者附从，我把强悍的比作有刺的雄蜂，后面附从的弱者比作无刺的雄蜂。

阿：很恰当的比喻。

苏：城邦里只要有这两类人就一定会造成混乱，这种混乱如同人体里黏液与胆液造成混乱一样。因此，无论是好的医生还是好的立法者，都要提早驱逐这两类人。他们要学有经验的养蜂者，先阻止雄蜂生长，一旦生长，就要连窝一起端掉它们。

阿：真的，一定要这样。

苏：那么，为了我们能更清晰地认识我们的目标，我们就依照下列步骤做吧。

阿：怎么进行？

苏：理论上按实际结构我们把一个国家分成3个部分。我们曾经提到，其中的第一部分由于被听任发展，因此数量总不比寡头社会里的少。

阿：姑且这么说吧。

苏：在无政府国家里比在寡头国家里更为强势有利。

阿：怎么会呢？

苏：你想想，这些人在寡头社会里被蔑视，缺少力量。换到这个社会里，他们中的大多数主宰了国家，这个国家中最强悍的、演说的、办事的都是他们。剩下没有主宰的人也是坐在讲坛后面，纷纷抢着讲话，他人几乎没有开口的机会。因此这国家里一切（除了少数例外）几乎都掌握在他们手里。

阿：真是这样。

苏：第二部分的人常常是随时从群众中冒出来。

阿：这是哪种人？

苏：在追求财富的过程中，能成为大富翁的常常都是那些天性最有秩序最为节俭的人。

阿：往往如此。

苏：他们那是以供应雄蜂的蜜汁最丰富最方便的地方。

阿：穷人身上是榨不出油水的。

苏：所谓富人其实就是雄蜂的供养者。

阿：完全没错。

苏：第三种人大概就是“平民”了。他们的财产不多，主要依靠自食其力，活动也参加得不多。这类人在社会中占据了大多数，一旦集结起来，就是股不小的势力。

阿：是的，只不过他们只在分享蜜糖时集会而已。

苏：他们会分享得到的。他们其中的领袖人物，会把从富人那儿掠夺的财物，除去自己占有最大的一份以外，都分给一般平民。

阿：是的，他们就因此分享到了好处。

苏：那些被抢夺的人，在发生这样的事情后就不得不在大会上讲话，或是采取其他措施以确保捍卫自己的利益。

阿：他们自然是这么做的。

苏：正因如此，他们被反对派控告反对平民，被说成寡头派，尽管他们从未动过任何变革的念头。

阿：真是这样。

苏：这样一来，他们就以为平民试图伤害他们（实际上平民并无此意，一切都是由于他们听信了领袖中的坏人散布的谣言而去伤害富人），他们也就只好认同自己是寡头派（这也绝非自愿，是被雄蜂刺蜇的结果）。

阿：很对。

苏：接下来两派就要互相检举，告上法庭。

阿：确实如此。

苏：一般情况下，这种斗争中平民需要一名保护人，所以他们会推选一个人来带头，并培植他的高威望。

阿：是的，通常是这样。

苏：可见，僭主的出现只能在"保护"这个基础上产生。

阿：这话说得很清楚。

苏：一个保护人转变成僭主关键所在是什么？如果把他的所作所为转换成大家都听说过的那个关于阿卡狄亚的吕克亚宙斯圣地的故事时，这个关键点不就一目了然了吗？

阿：那是个什么故事呀？

苏：这个故事说的是，如果祭品中混进了哪怕是一小块的人肉，有谁尝了谁就不可避免地要变成一只狼。你听说过这个故事吗？

阿：是的，我听说过。

苏：人民领袖的所作所为道理相同。他控制着那些轻信他们的民众，难免要有人流血牺牲；他诬告他人，在法庭上通过审判谋害人命，罪恶地舔舐同胞的血液；他们还会将人流放，或判人死刑，或取消他人债款，或分人土地，等等。最后，这种人要不被敌人杀掉，要不就是直接由人变成了豺狼，成了一个僭主。这不是必然的吗？

阿：这是完全必然的。

苏：这就是反对富人派别的领袖人物。

阿：就是那种人。

苏：也可能是这样，他被放逐了，但坚持不顾反对，以地道的僭主身份回来了。

阿：也有可能。

苏：人民若是无法通过控告驱逐或杀掉他，就会组织一个秘密团体暗杀他。

阿：常有这种事情发生。

苏：随后一个声名狼藉的策划就会出现，每到这个阶段，所有的僭主都会向他的人民提议，他需要建立一支警卫队来守卫着他这个人民的守卫者。

阿：真的。

苏：人民出于他的安全考虑，应该不会拒绝。

阿：这没错。

苏：对于这种既有财富，同时也有人民公敌嫌疑的人来说，现在是他按照给克劳索斯[151]的那个神谕来行动的最佳时机了。

“沿着多石的赫尔墨斯河岸逃跑，

不停留，不害羞，不怕人家笑话他怯懦。”[152]

阿：他一定不会让自己再一次害羞。

苏：他要是被抓住，就必死无疑。

阿：对，非死不可。

苏：所以，这就很明白了，这位守卫者不是在地上被“张开长大的肢体”[153]，而是攫取了国家的最高权力，身份从一个守卫者转变成一个十足的僭主。

阿： 这是不可避免的结果。

苏： 那我们需不需要描述出这个人的幸福，还描述一下与之相对应的那个国家的幸福呢？

阿： 要，让我们来描述吧！

苏： 这个人早期给人的印象总是和蔼可亲，他对任何人都是笑容满面，逢人就问好，没有一点君主的架子，他对百姓的要求有求必应，还会豁免穷人的债务，分配土地给平民和自己的随从。

阿： 必然的。

苏： 但只要他和原本流放他的政敌达成了某种谅解，或是国家内部的一些不妥协的因素也已经被他消灭了，他就无所畏惧了。此时的他就希望先挑起一场战争，这样人民就会因此需要一个领袖。

阿： 很可能。

苏： 而且你想想，那些为了负担军费终日忙碌的人民，怎么还有时间和精力去反对他呢？

阿： 显然是的。

苏： 假设他觉得有哪些人存在反对他的可能，不服从他的领导，他会寻找一切可能将这些人送到敌人手里，借刀杀人。鉴于此，我们会发现僭主总是且必然是要挑起战争的。

阿： 是的，他是必定要这样做的。

苏： 他这样做不是更容易引起人民的反抗吗？

阿： 当然啦。

苏： 在那些从前协助他取得大权，且现在与其共掌大权的人当中，很可能有一部分人不认同他现在的做法，公开对他提出意见，并与之进行议论。那这种人是不是最勇敢的人？

阿： 很可能是。

苏： 一个僭主如果要保住自己的大权，这种人不论有用与否，是敌是友，都要一个不留。

阿： 这是明摆着的。

苏： 所以，作为僭主还必须目光敏锐，他必须了解谁最勇敢，谁最有气量，谁最为智慧，谁最富有。为了他自己能够长时间大权在握，他只得与这些人为敌，无论他们主观愿望如何，直到把他们铲除干净为止。

阿： 真是太美妙的清除呀！

苏： 是的。只不过这种清除与医生对人体进行的清洗恰恰相反。医生清除的目标是坏的，从而保留最好的，而僭主的去留正好相反。

阿： 你要知道，只要他还想大权在握，就必须这么做。

苏： 否则他要不就是死，要不然就要同那些大多没什么价值的且憎恨他的伙伴一同生活，他必须两害取其轻。

阿： 他命中注定就要这样啊！

苏： 他的所作所为越是不得人心，他就越需要扩充他的卫队，并以此为守卫他的可靠的工具，不是吗？

阿： 当然是的。

苏： 那对他而言谁最可靠呢，这些最可靠的人又要去哪里找呢？

阿： 只要他给薪水，他们就会趋之若鹜的。

苏： 以狗的名义起誓，我觉得你又开始谈雄蜂了，而且还是一群来自外国的杂色雄蜂。

阿： 你说得没错。

苏： 不过，他不需要补充一些新兵吗？

阿： 那该怎么完成？

苏： 强行霸占公民的奴隶并解放他们，然后再用他们来扩充他的卫队。

阿： 对，这些奴隶会是警卫队里最忠诚的。

苏： 他在消灭了早期拥护者后，这个僭主就太幸福了，国家里剩下的人除了他的朋友，就是他必须雇佣的忠实警卫。

阿： 就是这么做。

苏： 我猜想，这时僭主亲近的新公民就完完全全是赞美他的人，真正的正派人才会厌恶他，回避他。

阿： 当然了。

苏： 要知道，悲剧通常都被认为是最智慧的，而欧里庇得斯在这方面还被认为胜过了其他悲剧家，这不是没有缘由的。

阿： 为什么？

苏： 因为欧里庇得斯说过不少意味深长的话，另外他还说过“以有智慧的人为友的僭主是智慧的。”这句话的意思就是僭主周围的人都是有智慧的人。

阿： 他还说过，“僭主有如神明”，以及其他许许多多歌颂僭主的话。其实，很多诗人都说过这种话。

苏： 因此，既然悲剧诗人如他们一般智慧，那他就会理解，像我们这样以及那些国家制度与我们相同的人们，为何即便他们还在唱歌赞美僭主制度，还不让他们进入自己的国家的原因了。

阿： 我认为他们当中的明智之士是会理解的。

苏： 他们一定会在周游列国的过程中，雇用一批演员，在剧场里用他们美妙的歌喉，利用他们美妙动听的好嗓子，宣传鼓动台下听众，让他们转而投靠僭主。

阿： 是的。

苏： 这样做的百姓就将因此得到报酬和名誉。可想而知，这份报酬和荣誉定是来自僭主，此外才会是制度方面。所以，当他们攀登制度之山时，就会知道爬得越高，名誉却越低，这时候就会好像气喘吁吁地再无力往上爬了。

阿： 比喻得很贴切。

苏： 不过，这是题外话，我们还是言归正传。我们刚才才说到每个僭主都有一支人数众多，由各种不同人员组成的变化不定的美好的警卫队。他们该如何维持这支军队呢？

阿： 这很简单，僭主首先会动用城邦里的庙产，直到用完为止，然后使用的就是被他所灭的政敌的。真正需要平民拿出的钱比较少。

苏：一旦这些财源都用完了，怎么办？

阿：那就必须动用他父亲的财产，以维持他和他的宾客们以及男女伙伴的生活了。

苏：我懂了。你的意思是说那些曾经供养他们的平民，还要供养那一大帮子的人。

阿：他不得不如此。

苏：假设人民起来表示反对说，成年的儿子不但不应该由父亲供养，还应当供养父亲才对，他们从前供养他拥立他，如今他成了大人物以后，他们居然还要受到他的奴役，还要供养他和他的奴隶以及那一群莫名的外国雇佣兵。他们最初的愿望是要在他的保护之下摆脱富人和所谓上等人的统治，现在他们只得像父亲命令儿子和他的狐朋狗友离开家庭一样命令他和他的一伙离开这个国家。如果发生这样的事情，你怎么看？

阿：人民这时才发现他们究竟供养了一只什么样的野兽，但此时的他力量已经足够强大，人民的力量已经不足以把他赶出去了。

苏：你说什么？你的意思是僭主胆敢采用暴力对付他那像父亲一样的人民，假如人民不让步，他就要打他们吗？

阿：是的，在他们的武装被解除了以后。

苏：你也看出僭主实际上是个弑父之人，并不是个照料老人的好人。恰好我们这里就有真相毕露的直言不讳的真正的僭主制度。直到这个时候，就像俗话说的那样，人民才发现自己跳出油锅又入火炕，虽然可以不再受自由人奴役，却反而被自己的奴隶奴役了，原本想摆脱极端自由的，却意外地遭到了最严酷最痛苦的奴役。

阿：事实确实如此。

苏：好，话说到这儿，我想我们已经充分地描述了自由人如何转向僭主的，以及僭主的本质的问题了，是不是？

阿：是的。

第九卷

1

苏：现在就剩下僭主式个人的问题还没讨论，这个问题包括，他是如何从自由平等式人物转变来的，他的性格怎么样，生活是痛苦还是快乐等这些。

阿：是的，这个问题还没有讨论。

苏：那你觉得还有什么问题要讨论的吗？

阿：还有什么？

苏：还有欲望问题，我觉得如果没对欲望进行详尽地分析，那关于僭主式人物的讨论也因此无法顺利进行，而此前我们关于欲望的性质和种类的讨论还不够充分。

阿：那现在不就是你的机会了吗？

苏：很好。我想要说明的是，我觉得有些我们上面提过的非必要欲望是非法的。其实，非法的快乐和欲望不可避免地存在在每个人身上，只是，有些人受到法律或是理性支配的欲望控制时，这些非法的欲望会得到遏制，而没有这方面控制的人身上这种欲望仍然很多。

阿：你说的非法欲望指的是哪些欲望？

苏：我说的欲望是那些当人们进入睡眠状态才活跃起来的欲望。你知道，当人们睡着时，当那些理性的受过教化的部分失去了对灵魂的控制作用时，灵魂里兽性的和野性的部分就随之活跃起来，并企图克服睡意以满足这些欲望的需求。那么，这个时候由于人们不受理性控制，全然没有了羞耻之心和理性，也就难免无恶不作，在梦中，他们敢对任何人或事物，无论男人、兽类甚至是神起杀戮之心，他们也敢吃被禁止吃的东西，等等。总之，没有什么愚昧无耻的事情他们不敢不想做了。

阿：你说得很对。

苏：但是，我觉得如果是一个身心健康明智的人，他会在睡眠之前唤醒理性，且让它有充分质疑问难自己的机会。至于那些欲望，为了保证它不至于影响到他灵魂的至善部分，他尽量让其沉静下来，既不处于无法满足的状态，又不至于过分满足。在这种情况下，至善的部分才能独立无碍地进行研究，掌握包括过去、现在和未来的所有未知的事物。假如他还能让自己沉静下来，另外灵魂中的这两部分彼此相安无事，而非互相争斗着进入梦乡的话，那他睡着了，理性所在的第三个部分就会活跃起来，要知道，这种状况下的人是最可能掌握真理的。

阿：我想应该是这样。

苏：这话就扯远了。我只是想说，其实强烈的非法欲望在每个人心里都有，即便是道貌岸然的人也不会没有，只不过它往往是显现在睡梦中的。你觉得我说得有道理吗，你认同吗？

阿：是的，我同意。

苏：再来回忆一下自由平等式人物的性格。这种人从小就在勤俭节约的父亲的教育下长大，他们的父亲的心思全花在经商赚钱上，他们不容许有娱乐等那些不必要的欲望念头出现，是这样吧？

阿：是的。

苏：可是，由于不断和那些世故的人们交往，儿子们身上不必要的欲望越来越多。随着这些欲望的增加，他开始变得傲慢、无法无天，而且厌恶父亲的吝啬，转而更青睐奢靡的生活方式。只不过比起那些教唆者，他灵魂里还有很多善和美的部分，两种力量互相博弈，他最后选择了中间道路。他自以为自己的生活既不像父辈们那般寒碜，也不如其他人般奢侈，而是取两者之长。由此，他由一个寡头派变成了自由平等派。

阿：我们一贯都这么看这类人。

苏：再设想一下，当这类人有了自己的儿子，他也会以自己的生活方式来培养和教育他们。

阿：好，我考虑看看。

苏：事实上，相同的情况也会发生在他们的儿子身上。也有教唆者会把他们的儿子们拉向完全的自由，实际上就是非法的欲望。父亲和其他的亲人倾向于折中的欲望，而教唆者支持的则是极端的欲望。一旦这些可怕的魔术师和僭主的拥立者发现这个年轻人已经无法受他们支配时，就会千方百计地在他们的灵魂内部培育懒散和奢侈欲望的保护者，一只万恶的有刺的雄蜂，并让它在年轻人灵魂当中起主宰作用。除了雄蜂，你觉得还有其他比喻比它更贴切的吗？

阿：没有哪个会比它更贴切的了。

苏：那些非法欲望在他身边献上鲜花美酒，阵阵香气让他沉迷于淫乐享受中，这些满足已经叫他感受不到欲望无法满足的痛苦。此时的他是疯狂的，他因周围的这些卫士而变得蛮干，他只要发现那些正派或是有羞耻心的意见和欲望都会积极地驱赶或是消灭，直到这个人身上毫无节制、美德可言，完全被疯狂取代。

阿：你描述的是一个僭主式人物产生的完整过程。

苏：你想想不是正因如此，所以从古至今爱情总被叫作暴君吗？

阿：有可能。

苏：我的朋友，你会不会觉得醉汉也有点暴君脾气？

阿：是的。

苏：还有，疯子常常想象或是企图真的控制人的世界甚至是神的世界。

阿：的确是的。

苏：因此，我的朋友，无论是天性也好，或是习惯使然，只要一个人基于这两种原因其中之一，或是两者皆有的情况，他无疑就成了醉汉、色鬼和疯子，那他离十足的僭主暴君也不远了。

阿：确定无疑。

苏：那好，既然这类人的起源和性格是这样，那他的生活方式又怎样呢？

阿：我还打算问你呢，你倒反过来问我，还是你说说看吧。

苏：行，我来说。要我说，一个心灵已经完全被万恶的雄蜂控制的人，必然在生活上是铺张浪费，纵情酒色，放荡不羁的。

阿：这是理所当然的。

苏：另外，还有许多可怕的欲望不断地滋生，且不间断地要求被满足，是吧？

阿：是的。

苏：那这人会很快地花光他的全部收入。

阿：当然。

苏：花光了以后就要借贷和抵押了。

阿：当然了。

苏：若是他告贷无门、抵押无物时，那他心灵中那些不断孵出的欲望雏鸟不是就要因为得不到满足而时时呼喊了吗？此时的他难道不会因此（尤其是那个作为领袖的那个欲望主宰）受到刺激而发疯吗？最后他们不会因此抢劫或诈骗吗？

阿：这是必然的。

苏：为了减轻他自己欲望得不到满足的痛苦，他会抢劫一切他可以抢劫的东西。

阿：必然。

苏：和心灵上新的快乐总是超越旧的快乐一样，这些抢劫者也将声称有权超越他的父辈，因此，挥霍完自己的家产后，他们不免要霸占父母的那份以供继续挥霍。

阿：自然是这样。

苏：但假使父母不同意，他也会想办法将财产骗出来，是吗？

阿：肯定的。

苏：骗取不成，下一步就会强行霸占，是吗？

阿：我是这么认为的。

苏： 我的好朋友，你想想看，要是父母不但拒绝且抵抗，他们的儿子会毫不手软地以武力相逼吗？

阿： 有这种儿子，我真替他们的父母而担心。

苏： 说真的，阿得曼托斯，你是不是觉得，这种人抛弃片刻不离自己的生身母亲，只因认识了一个新的妙龄女友；他也会鞭打自己衰弱的父亲或是至亲的亲人和多年的老友，只因为结识了一个新的幼龄娈童？如果他把这些娈童美妾接回家同住，他会不会也要自己的父母低三下四屈从于他们吗？

阿： 是的，我有这个意思。

苏： 那这么说，僭主暴君的父母就真的是太幸运了。

阿： 真是太幸运呀！

苏： 可是，当他挥霍完父母的财产，他心灵里的非法快乐欲望却仍在不断增长，那他会怎么做呢？他会不会最先想到通过翻墙行窃，或是抢劫夜归人的方式来获取钱财呢，而后他是不是就要洗劫神庙的财产了呢[154]？在做这一切的时候，他灵魂里的那些从小通过教育获得的正义的见解，关于高尚和卑鄙的信念，都被新的观念所克制，最终被占主宰地位的新观念所取代。所谓的新观念，说的就是刚才提到的那原本只显现在睡梦中的那些见解，那时候的他还是在父亲和法律的控制之下，还是拥护制度的。如今新的观念早已主宰控制了他的心灵了，原本睡梦中出现的事情现在他醒着的时候也想做了。他因此变得不受控制，无法畏惧，他想做并敢做一切罪大恶极的事情，无论杀人越货还是亵渎神圣。主宰他心灵的新观念就像一个僭主暴君一样去支配他做一切能够满足欲望的事情（像僭主支配一个国家那样）。这些欲望其中有一部分来自外界的影响，是外来的；有一部分是自己的恶习释放出来的，是内在的。你说，他们的生活是不是如此？

阿： 是这样。

苏： 一个国家里，如果这种人的数量不多，大多数的国民还是头脑清醒的人，那么这类人只能出国去给其他外国僭主做侍卫，或是担当某一战争中的雇佣兵。但是和平时期的他们会在本国作些小恶。

阿：你说的小恶指的是哪些恶？

苏：例如小偷、扒手、强盗，还有扒人衣服、抢劫神庙、诱拐儿童等恶行。天生油嘴滑舌的人，就会成为告密人、伪证人或受贿者。

阿：是因为他们总数不多这一前提存在，你才说他们的恶行小。

苏：是的。毕竟我说的小恶是相对大恶存在的。就行为给国家造成的痛苦和害处来看，这些恶行在僭主暴君造成的危害面前简直就是小巫见大巫。然而只要这种人及其他们的追随者人数达到一定数量，且他们也预见了自己的力量壮大时，此时他们就会利用民众的愚昧，将自己的同伙中心灵由最强大暴君控制的人扶上僭主暴君的宝座。

阿：或许就因为他最专制，他被推上宝座是很自然的。

苏：假如人民并无反对，这一做法自然没有问题。但如果国家和人民都反对他的做法，那他也会和对待自己的父母一样，惩戒自己的祖国（只要他做得到的话），将自己的统治凌驾于新的密友之上，且奴役如克里特人称呼的亲爱的母国。大致这种人欲望的目的就是如此。

阿：是的，他们的目的就在于此。

苏：所以，最初的他们总和那些准备阿谀奉承他们的人在一起，随后如果他们自己也有求于人的话，他们也会低三下四溜须拍马一般地向他人表白自己的友谊，但只要达到目的，他们必然会过河拆桥。显然，这些人掌权之前的生活方式就是这样。

阿：的确如此。

苏：因此，他们一生都没有真正交过朋友，不是奴役他人就是被他人奴役，他们身上僭主的天性注定他们是永远体会不到自由和真正友谊的滋味的。

阿：完全是这样的。

苏：所以，我们就应该称他们为不可靠的人，对吗？

阿：当然对！

苏：那既然我们一致认可了正义的定义，那非正义的定义也应该是正确的才是。

阿：的确，我们是正确的。

苏：用一句话来形容最恶的人吧，他们就是那些醒着却做着梦中的事的人。

阿：完全正确。

苏：这种事情就是一个天生的僭主掌权了以后会发生的事情。而且随着他掌权的时间越长，就越显现出他的暴君特质。

格（这时候插进来说）：这是必然的。

苏：说到现在不就可以说，最恶的人不也是最为不幸的人吗？而且，他手中的权力越大，掌权的时间越长，他就越不幸，不幸的时间也就越长，不是吗？当然，这东西也许仁者见仁，智者见智。

格：一定是这样的。

苏：如此说来，什么样的人就应该和他所在的国家相像，什么样的人就有什么样的国家，是吗？

格：当然是的。

苏：那我们也可以由此推出，在美德和幸福方面，不同类型个人间的比较，实际上与他们所对应的国家间的比较很相像，是吗？

格：何尝不是呢？

苏：那么，在美德方面，僭主的国家和我们所建立的国家相比有什么不同？

格：前者最恶，后者至善，恰好相反。

苏：哪个最善哪个最恶的答案已经很明确了，没必要再去深究了。只不过还需要你帮忙判断一下，是否最善和最恶的在幸福和不幸方面也是彼此相反的呢？务必不要因为只盯着僭主一个人及他的少数随从的生活而判断失误。我们要从一定的广度和深度上观察整个城邦，透视它的每一个方面，不放过每一个细节，彻底了解它全部的生活情况后，才能发表我们的看法。

格： 这个提议很不错，显然大家都已经知道了，僭主统治的城邦是最不幸的城邦，而王者统治的城邦则是最幸福的。

苏： 这个提议对于讨论个人问题也有积极的意义。在讨论僭主国家相应的个人时，我们也要求讨论者不能像孩子一样只停留在表面，要深入理解对象的心灵和个性，不被僭主的威仪和生活环境所迷惑？如果他能这么做，不但熟悉僭主在公共场合的表现，还曾经和僭主朝夕相处，对他在家里或是亲信之间的所作所为（这是剥掉一个人的伪装，认识一个人真实灵魂的最好的场所）也相当熟悉，他才够资格作出判断，他的判断也值得我们倾听。我们应该让他来告诉我们，和其他人比起来，僭主的生活究竟幸福还是不幸福？

格： 这也是一个不错的提议。

苏： 那在我们当中是不是也有人可以自称有和僭主一起交往的经历，并因此有这方面的判断能力，能够回答我们的问题呢？

格： 要。

苏： 那好，这个问题我们也用这种方式来研究看看。我们要先记住个人的性格总是与他相应的城邦相似，再逐一细细考察每一种城邦和个人的性格特点。

格： 有哪些性格特点呢？

苏： 先说说国家。在僭主统治下的国家究竟是自由的还是受奴役的？

格： 完全受奴役的。

苏： 不过，这种国家里你也会看到主人和自由人呀。

格： 这种人数量不多，总的来说，大多数人和最优秀的人都处于屈辱和不幸的奴隶地位。

苏： 只要个人的情况与国家相似，那必然是这样的。个人的心灵上，也同样充斥着大量的奴役和不自由，奴役着他最优秀最理性的部分，仅仅就是那最恶最残暴的那一小部分扮演着暴君的角色，不是吗？

格： 是这样的。

苏： 那么你觉得这是个受奴役的灵魂，还是自由的灵魂呢？

格： 当然是受奴役的。

苏： 在一个受奴役的且被僭主统治的城邦里，是做不了自己真正想做的事情的，是吗？

格： 正是的。

苏： 因此，作为整体的实施僭主制的心灵，应该也做不了自己想做的事情。在这种疯狂欲望的永久驱使之下，总是充满了混乱和悔恨。

格： 当然喽。

苏： 那在僭主暴君统治下的城邦必定是富的还是穷的呢？

格： 当然是穷的。

苏： 那以此推测，僭主暴君式心灵也是永远穷困的，总苦于不能满足的，是吗？

格： 是的。

苏： 还有，这样的国家和个人是不是都充满了恐惧呢？

格： 是这样。

苏： 在你看来，这里的痛苦、忧患、怨恨、悲伤会不会比所有其他国家的都多？

格： 绝对是的。

苏： 那个人呢？在个人身上，这种被强烈欲望刺激疯了的僭主暴君式心灵是不是也比所有人来得更痛苦、悲伤和怨恨呢？

格： 当然是的。

苏： 因此，基于以上这些情况考虑，你大概已经有答案了，这个城邦着实是所有城邦中最不幸的了吧。

格： 我这样说不对吗？

苏： 完全对的。只不过你基于同样的考虑，对于这个人你有什么看法呢？

格：我自然也认定他是所有人中最最不幸的。

苏：这你就说得不对了。

格：怎么不对？

苏：我们认为这个人还不是最不幸的人没达到不幸的顶点。

格：那是什么人达到了不幸的顶峰呢？

苏：我想更不幸的人应该是接下来我要说的这种人。

格：哪种人？

苏：一个有僭主气质的人，不幸的是，他已不再是个普通的公民，而是因不幸的机会当上了实在的僭主暴君。

格：依据刚才说的那些分析，我同意你的观点。

苏：好。只不过，这话光说说是站不住脚的，还要好好地用下面的争论来论证它们。毕竟我们现在讨论的可是一切问题中最大的一个，关于善和恶的生活问题。

格：你说得很对。

苏：因此，请仔细考虑一下我说的是否在理。依我看，下面陈述的事例将有助于我们得出这问题的答案。

格：哪些事例？

苏：现在我们举这城邦里一个拥有大量奴隶的富有私人奴隶主为例。实际上他们在统治众人这点上很相像，区别只在于统治人数的多寡。

格：是的，这点有点不同。

苏：那么，你知道他们并不害怕自己的奴隶吗？

格：他们要害怕奴隶什么？

苏：他们什么都不用怕。可是你知道这是为什么吗？

格：当然，城邦或国家是要保护每一个公民个人的。

苏：说得好。但是如果一个拥有了50个或更多数量奴隶的人，突然被神明用神力从这个城邦里带走了他和他的妻儿老小、他的财富奴隶，送到一个偏僻的地方，在这里他几乎找不到任何一个自由人来救他。你设想一下，他会不会因此感到恐惧，害怕奴隶会因此消灭他和他的妻儿老小呢？

格：我认为他确实会有很强的恐惧感。

苏：到这个时候，他做的事情就和往常奴隶做的无异了，他就需要去巴结讨好自己的一些奴隶，许诺他们放他们自由（尽管他做这些都是违心的），是吗？

格：大概是要这么做的，要不然他就会被消灭。

苏：但如果神在他身边安排了很多人，这些都是不容许奴役他人的人，只要发现有人企图奴役他人，他们便将他处以严厉的惩罚。这时会怎么样？

格：那他的处境就要比刚才还糟糕了，他的敌人随处都是。

苏：这种人的天性我们不是描述过吗，于是，他陷入了各种恐惧和欲望的僭主的那种困境吗？这个城邦里，他成了唯一无法出国旅行或参加普通自由公民喜爱的节日庆典的人。他只能和妇女一般深居简出，尽管渴望这些乐趣，却只能白白羡慕他人的自由自在。

格：很对。

苏：因此，你因为混乱主宰了他的内心而自食恶果，从而判断僭主型的人物就是最不幸的人。但实际上，当命运不再让他是一个普通的公民，把他推上真正的僭主暴君的位置时，他不能控制自己却要控制别人，此时的境地则比前一种情况来得更加糟糕。这和强迫一个病人或瘫痪的人去打仗或参加体育比赛道理是一样的。

格：苏格拉底啊，你的比喻很恰当。

苏：亲爱的格劳孔，难道我所说的这不是最不幸的境遇吗？僭主暴君的生活难道不比你所说的最不幸的生活来得更不幸吗？

格：正是。

苏：就算有人反对，这也是真理，真正的僭主的欲望是无止境的，就是一个卑鄙的巴结恶棍的奴隶。如果你擅长就从整体上穿过众多欲望观察他的心灵的实质，就会发现他才是真正贫穷的人。他一天到晚过得提心吊胆，假使国家的状态与他这个统治者的状态相似的话，那他的国家动荡不安，他也必然不安和痛苦，是吧？

格： 的确是的。

苏： 除去我们已说过以外，掌权只会让他变得更容易妒忌，更不忠实可信，更不讲正义和朋友交情，更不敬神明。他的住处藏污纳垢，无美德和善可言。结果你可以看到，这样的结局只会是他和他身边的人都因为他而变成最悲惨的人。

格： 我相信有理性的人都会认同你的观点。

苏： 那好，现在要你最后像评判员一样下个定论。你说说看以下几类人，王者型、贪图名誉者型、寡头型、自由平等型、僭主型人物，哪种人是最幸福的，此外是哪种人，再接下来是谁，你一一评定排序看看。

格： 这个评定并不难。如果我把他们比作舞台上的合唱队的话，那他们的入场顺序就是我所评定的幸福次序，也是美德次序。

苏： 那好，既然如此，那需不需要雇一个传令官来宣布你的评判，还是由我来宣布呢？是不是该说，阿里斯同之子格劳孔认定，最善者和最正义者就是最幸福的人，他不但最有王者气质，且最能自制。相反，最恶者和最不正义者就是最不幸的人。他的暴君气质最强，不仅是他的心灵，他对待他所统治的国家也是如此。

格： 那就由你来宣布吧。

苏： 我想在上述你的评定后面再加上一句话，不知道可不可以？我想说的是，不管他们的品性是否为神人所知，所判定的善与恶、幸与不幸的结论不变。

格： 加上去吧。

苏： 很好，这样我们就找到了一个证明的理由了，再从第二个证明的理由来看看，它是否也有道理。

格： 第二个证明是什么？

苏： 人的心灵也可以和城邦分成3个等级一样，分解为3个部分。所以，应该还有另一个途径可以用来证明。

2

格： 什么证明途径？

苏： 请听我说。我看到这3个不同的部分各有各的快乐，但彼此相互对应，与此同时，我也发现了还有3种欲望和统治与之相对应。

格： 请详细解释。

苏： 我们说过人的心灵有个部分主要是负责学习的，还有个部分是负责发怒的，最后还有第三个部分，我们之所以无法如前两个部分一样那样也用一个简单的词语来概括它的功能，就因为它内部的多样性。姑且认定它是“欲望”的部分，这只是根据它内部带有强烈的关于饮食和爱的欲望及其连带的欲望。另外，由于这类欲望通常都是由金钱来满足的，所以我们还可以称之为“爱钱”的部分。

格： 对。

苏： 当然还可以说，它的快乐和爱大多集中在“利益”上。为了将来提及它时更容易理解它的本质，是不是可以将它集中到一个名下，我们可以更准确地称之为“爱钱”的部分或“爱利”的部分吗？

格： 无论如何，我是这么认为的。

苏： 那这个部分又如何呢？之前我们不是曾认定它完全就是为了优越、胜利和名誉吗？

格： 的确。

苏： 那应不应该更恰当地称之为“爱胜”的部分或“爱敬”的部分呢？

格：再恰当不过了。

苏：不过大家心里应该都明白，心灵的这3个部分当中，最不关心钱财和荣誉的就应该是那个全身心只为了认识真理的负责学习的部分了。

格：是的。

苏：那我们可以用“爱学”的部分和“爱智”的部分来称呼它吗？

格：当然合适。

苏：依据情况的不同，有的人心灵这个部分统治着他的心灵，有的人则不然，是由另外两个部分来控制他的心灵，是吧？

格：是这样。

苏：正因为这个原因，人的基本类型被分为了三种——哲学家或爱智者、爱胜者和爱利者。

格：很对。

苏：3种人也有相对应的3种快乐。

格：当然。

苏：你知道吗，如果你逐一询问这3种人，他们的生活谁最快乐，你得到的答案都会是一样的，他们都会认为自己的生活最快乐。财主们认为只有利益才是最快乐的，至于受尊敬和学习除非它们也会产生利益，否则它们的快乐就都是没有价值的。

格：我知道。

苏：爱敬者他们鄙视利益带来的快乐，也把学习的快乐视为无聊的瞎扯（除非它也能让他们受到他人的尊敬），是吗？

格：是的。

苏：那你觉得哲学家在对比献身真理、研究真理的快乐和其他种类的快乐时，他的看法是什么呢？他会认定若不是因为必然性的束缚的话，他是不会要求那些其他的快乐的，所以他将这些远非真正快乐的东西称作“必然性”快乐，是吧？

格：毋庸置疑。

苏：3 种快乐 3 种生活各有各的说法，这样一来，该如何判定哪种说法是正确的呢？可以看出，3 种说法的差异不仅仅是单纯讨论哪一种可敬哪一种可耻，或者是哪一种善哪一种恶，而是在于哪一种可以让他们摆脱痛苦更加快乐。

格：我确实说不清。

苏：那你就这么考虑，该采用什么标准去判断一件事的正确与否呢？难道不是经验、知识、推理吗，或者还有其他更优于它们的标准吗？

格：没有了。

苏：那再请你考虑一下，这 3 种人当中谁对于这 3 种快乐的经验最为丰富？你想想，是爱利者在研究真理方面获得的快乐经验多，还是哲学家在获取利益方面获得的经验多？

格：必然是后者。从小哲学家免不了也要体验另外两种快乐，但对于爱利者来说，研究真理，学习事物本质的快乐他不一定会去体验，况且即便他想体验，也未必做得到。

苏：因此，相比爱利者，哲学家由于体验过 3 种快乐，因此在快乐经验方面要丰富得多。

格：是要丰富得多。

苏：那和爱敬者比结果如何呢？哲学家在受他人尊敬方面体验的快乐多，还是爱敬者在学习真理方面体验的快乐多呢？

格：当然是前者。事实上，只要是实现了自己目标的人都会得到他人的尊敬。像富人、勇敢者和智慧者都会得到广泛尊敬，所以体验到受尊敬的快乐的人很多。但通达真理，了解真理的快乐，就只有哲学家能体验得到。

苏：既然哲学家的快乐经验最丰富，因此评判 3 种快乐的工作也就只有他能够胜任。

格：他最有资格。

苏：何况，他是唯一可以将知识和经验结合在一起的人。

格：的确是的。

苏： 此外，爱智者或哲学家还拥有爱利者或爱敬者所不具备的判定手段和工具。

格： 你这话什么意思？

苏： 我们说判定必须通过推理的方式达到，是吧？

格： 是的。

苏： 而推理是哲学家的工具。

格： 当然。

苏： 假设评定事物的标准是财富和利益的话，那能说出最真实的结果的人就是爱利者了。

格： 必定是的。

苏： 假设标准是尊敬、胜利和勇敢的话，那显然爱胜者和爱敬者所赞誉的事物不就是最真实的结果了吗？

格： 这道理说得很清楚。

苏： 那么，如果以经验、知识和推理为标准的话，结果又如何呢？

格： 那一定是爱智者和爱推理者所称赞的事物是最真实的。

苏： 因此，在这3种快乐之中，灵魂中那个负责学习的部分的快乐是最真实的快乐，同样地，以这部分统治灵魂的人的生活也是最快乐的生活，是吗？

格： 怎能不是呢？不管怎样，只有有知识的人说出的快乐才是最可靠的。

苏： 接下来哪种生活是第二快乐呢？

格： 第二当然就是战士和爱敬者的快乐，他们的快乐比起爱利者更接近最快乐的人。

苏： 那这么说爱利者的生活和快乐就垫底了。

格： 当然了。

苏： 之前的两次交锋，正义的人都胜了非正义的人，如今是第三次交锋了。照奥林匹亚运动会的一贯做法，现在是需要请求奥林匹亚的宙斯庇佑的。要知道这次失败了，那前两次胜利都不算什么，这次才是决定性的失败啦！我似乎记得一个有智慧的人曾说，除了有智慧的人以外，其他人的快乐都只是快乐的影像，而非真实的快乐。

格：说得对。你还是要解释一下。

苏：要我解释的话，你就要回答我探寻结果中的问题。

格：你尽管问吧。

苏：烦请你告诉我，痛苦是不是和快乐相反？

格：当然。

苏：有没有一种状态是既快乐又痛苦的？

格：有的。

苏：你是不是觉得这种状态实际上不是介于快乐和痛苦之间的状态，不是灵魂的两个方面都平静的状态？

格：是这样。

苏：你知不知道人们生病时说的话？

格：什么话？

苏：他们说，尽管健康的时候没觉得健康最快乐，但现在健康对他们而言是什么都比不上的快乐。

格：我知道。

苏：那你有没有听过极端痛苦的人说停止痛苦是他们最大的快乐的话呢？

格：听到过。

苏：那我想你就会注意到，人们在遭受痛苦的大多数情况下，都会把摆脱痛苦视为最大的快乐。他们这么说并不因为这种快乐能带给他们享受。

格：是的。这个时候平静也许就是最可爱的、最快乐的了。

苏：同样地，当一个人的快乐停止了，这种平静也会跟着痛苦的。

格：或许是的。

苏：因此，刚才说的介于两者之间的平静有时也会是既痛苦又快乐的。

格：看来是的。

苏：两者皆否的东西也可能是两者皆是的东西吗？

格：我看不行。

苏：在心灵里，快乐和痛苦产生的都是一种运动，对吗？

格：对的。

苏：可是我们才说过，介于两者间的状态的平静也是既快乐又痛苦的吗？

格：是的。

苏：那照这么说，不是痛苦就是快乐，不是快乐就痛苦的这种说法就显然是不对的，是吗？

格：它不可能是正确的。

苏：所以，相对于痛苦的貌似快乐，还有与快乐相对的貌似痛苦，都称不上是真正的快乐和痛苦，它们都只是中间状态的平静而已。这种快乐只是快乐的影像，它具有欺骗性，与真正的快乐毫无关系。

格：不管怎样，你的论证证明了这一点。

苏：你认为的快乐就是痛苦的终止，痛苦也是快乐的终止的观点，在你看完那些不是痛苦终止后的快乐，就可以彻底被你所抛弃。

格：你说的是哪种快乐，我要往哪里看？

苏：这种快乐其实多得很，只要你稍加注意，那些跟嗅觉有联系的快乐尤其如此。这种快乐出现之前并没有痛苦，它们是突然出现的，很快就变得很强烈，而且停止之后也没有痛苦。

格：说得极是。

苏：因此，我们不能再继续坚持相信没有了痛苦就会是真正的快乐，而失去了快乐就是真正的痛苦这样的观点了。

格：是的，别再信这话。

苏：不过，大多数从身体传达心灵的那些所谓最大的快乐，都是某种程度上摆脱痛苦而得来的。[155]

格：是的。

苏：另外，期待这类苦和乐所产生的苦与乐不也和它们一样吗？

格：是同一类。

苏：那你知道它们是什么样的吗？它们最像什么吗？

格：什么？

苏：在你看来，自然是不是分成上、中、下三级？

格：是的。

苏：从下上升中的人，会不会因此就认为他已经在上了呢？此时的他居高临下地看，会不会只因他未见过真正的上就认定自己所在的地方就是上了呢？

格：我也觉得他会这么想。

苏：如果再让他下降到下，他认为他在向下，对吧？

格：当然对的。

苏：之所以他会这么想，就因为他缺乏关于上、中、下的真正经验吗？

格：显然是的。

苏：那显然，无法理解快乐、痛苦及两者中间状态真正含义的人，就是没有真正体验它们的人，这就是像他们对很多他们没有真正认识过的事物也存在误解一样。他们在承受痛苦时，必然会认定自己所承受的痛苦就是最真实的痛苦了，且深信，痛苦过后的实际为中间状态的感受就是快乐。事实上，这些没有经历过真正快乐的人，他们只是简单地把痛苦和无痛苦做了比较而已，就好像一个从未见过真正白色的人只会将黑色和灰色拿来做比较一样。你不觉得这种现象很奇怪吗？

格：不，我不觉得奇怪。相反，如果不是这样的话，我反倒会觉得很奇怪。

苏：那好，我们就依照下面这种方式来讨论这个问题吧。请问，饥和渴等状态算不算是身体常态的一种空缺？

格：当然是的。

苏：那心灵常态的空缺是不是就是无知和无智？

格：的确是的。

苏：那身体和心灵这方面的空缺只能通过吃了饭与学了知识来填补，是吗？

格：是的。

苏：填补现实的空缺与虚拟的空缺，哪一种来得更加真实呢？

格：显然是后者。

苏：像是饭、肉、饮料一类的食物，和真实、知识、理性与一切美德的这一类事物，你觉得哪个更具有纯粹的实在呢？换言之，一类是本身具有永远不变不灭特质的真实的特性，并在这种特性中产生的事物，另一类是永远变化着的可消亡的特性，且也在这种特性中产生的事物，两相比较，哪种更具有纯粹的实在呢？

格：永恒不变的那种事物实在得多。

苏：那这种事物的实在性是不是超过它的可知性呢？

格：那绝对不可能。

苏：超过它的真实性？

格：也不会。

苏：那么，相对不真实的事物也就不实在，对吗？

格：那是必然的。

苏：综上所述，满足身体需求的事物在真实性和实在性方面是比不上满足心灵需要的那一类事物的。

格：差得远呢！

苏：就这么说的话，是不是心灵本身也比身体来得更真实和实在呢？

格：我认为是的。

苏：所以，填充的实在性的强弱在于用以填充的事物和接受填充的事物的实在程度，对吧？

格：当然是的。

苏：所以，假如我们会因为得到了适合于自然的事物的填充而感到快乐的话，那么只要这事物和我们个人越实在的话，我们体验到的快乐就越实在，相反，由于填补我们需求的事物缺乏实在性，我们的快乐就不那么可靠和真实。

格：这是毫无疑问的。

苏：因此，缺乏智慧和美德经验的人，聚在一起寻欢作乐，不过是一辈子在中下两级中徘徊罢了，他们只知道像牲畜俯首吃草一样，头向下看着下面的宴席。他们始终未攀登到最高境界，他们的需求也没有得到实实在在的满足，也因此不能在最上一级体会到最真实的、最纯粹的快乐。这些不实在的事物是满足不了心灵的那个不实在的无法满足的部分的。而满足不了的他们就像牲畜用犄角和蹄爪互相打斗一样，彼此用铁武器互相残杀。

格：苏格拉底啊，你仿佛宣布神谕似的描述众人的生活。

苏：所以，他们所谓的快乐只是真实快乐的影子罢了，其中总是夹杂着痛苦，是吧？只不过与痛苦相比，表面看起来很强烈的快乐就会在愚人们心中引起疯狂的欲望，他们还为之进行争夺。这就像斯特锡霍洛斯说的一样，在特洛伊英雄们总在为海伦的幻影[156]而厮杀。这些争斗的原因都是对真实知识的匮乏，是吧？

格：一定是这样的。

苏：其他爱利的部分你怎么看，难道情况不一样吗？一个人一味缺乏理性地去追求荣誉、胜利或意气的话，他这种企图满足荣誉、胜利或意气的做法也会导致忌妒、强制和愤慨，不是吗？

格：这种情况不免会发生在这种场合。

苏：所以我们很肯定地说，如果知识和理性能够恰当地引导爱利与爱胜的欲望的话，引导他们追求获得真理的快乐，这种快乐才是真正意义上的快乐。另外，如果最善的东西可以被称作自己的东西的话，那么它们受到引导而获取的快乐那就是自己固有的快乐了，我们这么说对吧？

格：那的确是自己固有的。

苏：倘若爱智的部分在心灵里起主导作用的话，那心灵内部将不再有纷争，每个部分都会各司其职，起到它们原来该有的作用，这样的话，每个部分都会因此享受着它自己固有的快乐，以及那些最善的和各自范围内最真的快乐。

格：绝对是的。

苏：那么，如果主导力量换成其他两部分的其中一个，它们各自都不会获得自己特有的最真的快乐，在这种情况下，被主导的其他两个部分追求的只是一种不属于它们自己的假快乐。

格：是的。

苏：主导的部分离哲学越远，上述的效果就越明显。

格：是的。

苏：离哲学理论最远的，应该也离法律和秩序最远吧？

格：显然是的。

苏：那我们已经发现，爱的欲望和僭主暴君的欲望离法律与秩序是最远的，是吧？

格：正是。

苏：离得最近的要数王者的有秩序的欲望，是吗？

格：是的。

苏：就这么看来，我觉得最容易获得真正快乐的就是王者了，而远离它的就应该是僭主暴君了。

格：这是必然的。

苏：那么也可以说，王者的生活最快乐，而僭主暴君的生活则最不快乐。

格：必定无疑的。

苏：那你觉得僭主的生活要比王者的生活不快乐多少呢？

格：只要你说了我不就知道了。

苏：总的来说，快乐分为一类真，两类假。因为僭主总是被奴役的雇佣的快乐包围着，远离了法律和推理，远远超过这两类假快乐，他们的卑劣程度很难以形容，除非这样或许……

格：怎样？

苏：僭主与寡头派之间应该还有个派别，后者往下三级才是前者。

格：是的。

苏：照我们前面说的话，那他所享受的快乐还不仅仅是快乐的幻想，而是幻想往下三级的东西，真实性远远在幻想之下，是吗？

格：是这样。

苏：假设贵族派和王者一样的话，那寡头派就已经是王者之下第三级呢。

格：是在王者之下第三级。

苏：用数字表示的话，那么僭主与真正快乐间的距离就是九，三三得九呀。

格：这是显而易见的。

苏：所以，僭主所看到的快乐幻想就是个平面数，如果按照长度测定数字的话。

格：完全是的。

苏：这个数字经过平方再立方后，两者间的差距更是不言而喻了。

格：这差距对算术家来说自然是显而易见的。

苏：就是说，假设有人想用算术的方法来算出王者和僭主在真实快乐方面的差距的话，只要做完三次方计算后就能知道，王者的生活的快乐是僭主的729倍，也就是说僭主的生活要比王者痛苦729倍。

格：这种算法很神奇，它用数字充分证明了正义者和非正义者在苦与乐方面的惊人差距。

苏：此外，这个数还是个适合于人生活的正确的数，既然日、夜、月、年适合人的生活[157]。

格：当然是。

苏：既然正义者生活的快乐已经远远超越了非正义者，那礼貌、美和道德方面正义者也会大大超越吧？

格：真的，会大大超越的。

苏：很好。说到这儿，我们再回到最初引起这场讨论的那个话题里去看看，最初的那个话题，我们讨论的是对一个披着正义外衣的非正义者而言，非正义的生活方式是有益的，是吧？

格：是这么说的。

苏：刚才我们对于正义者和非正义者的生活苦乐等问题取得了一致的看法，那现在我们就要跟提出上述观点的人好好讨论讨论。

格：怎么讨论呢？

苏：为了让他们在讨论中可以看清这一观点的真正含义，我们先为他们塑造一个人心灵的塑像。

格：什么样的塑像？

苏：这尊塑像必须具备古代传说中的与生俱来的多种天性，犹如克迈拉、斯库拉、克尔贝洛斯[158]或是其他那种身上长满各种形体的怪物那样的。

格：是有这种传说的。

苏：你假设有一只长着几个头的兽类，这些头可以随意变换随意长出来，其中有狂野的，也有温驯的。

格：怕是只有手艺最巧的工匠才能造出这么一个塑像啊。所幸我们用的材料是言语，就先假定这塑像已经塑成了，要知道这材料可是比蜡还容易塑性呢。

苏：紧接着，要再塑一个狮形的像和一个人形的像，记住，第一个兽类的塑像最大，狮像的个头紧随其后。

格：这还不容易，一句话就可以了。

苏：而后就是三座塑像合一，这样看起来就好比一起长在怪物身上一样。

格：造好了。

苏：最后需要在这怪物塑像外套上一个人像，一个人肉眼看不出里面的实质的人像，就仿佛这就是个人的形象。

格：也造好了。

苏：做好了以后，我们就可以对那些主张非正义有益，正义无益的人说，他们的说法，无异于放纵怪兽和狮精的一切野性，却不去满足人的基本需求，虚弱的人势必为所欲为，而那两者却对此不做制止，他们认为这一切都是对人有益的。或者也可以说，两个精怪彼此争斗，而人却放任这种争斗的存在，并不试图从中调解，只等两者互相残杀最后同归于尽。

格：赞成非正义不就是这个意思。

苏：相反地，赞成正义的人的主张是，一切举止行为的目的在于唤醒内部的人性管理好那个长了多个头的怪兽，完全主宰整个人，这就和农夫栽培浇灌的禾苗，铲锄野草一样。甚至，还要把狮性敌人变为盟友，同人性一起照顾好各个部分的利益，使整个人的内部各部分和睦相处，从而促进它们生长，是这样吗？

格：是的，主张正义有利说的人就是这个意思。

苏：所以，不论怎样，主张正义有利说的观点是正确的，持相反主张的人就是错误的。因为无论是讨论快乐、荣誉还是利益，前者总能提出充分的证据予以证明，反对者则由于缺少对事物真实的认识，而无法准确论证他们的观点。

格：我也是这么想的。

苏：显然，我们的反对者并非故意与我们做对，那我们要不要用和蔼的态度来说服他们？我们就这么问他，亲爱的朋友，当人天性中的兽性受制于人性（更确切地说是神性）时，美好的事物便由此产生，反之，则诞生了丑恶和卑鄙的事物，正因如此，法律和习惯上认定的美或丑就是实实在在的美丑了。你说，他会同意我们的说法吗？

格：如果他接受我的劝告，他会同意的。

苏：一个人若是按照他们的说法获取不义之财的话，那他在得到钱财的同时人性的部分也受制于兽性的部分了，这于他能有什么益处可言呢？换个例子不论以多高的价格将自己的儿女卖给一个严厉而邪恶的主人为奴，我想都不会有谁会说这样的人从中获益的，是吗？因此，若是有人愿意让自己最接近神性的部分遭受最不神圣的最可憎的部分的奴役的话，那这不单纯只是一宗可悲的受贿，这不是一件比厄里芙勒出卖自己丈夫生命去换取一副项链[159]更可怕的事吗？

格：如果此时我是他的话，我会说这非常可怕。

苏：你不认为放纵之所以受到谴责，就因为我们放任了自己内心的多头怪兽了吗？

格：显然是的。

苏：同样地，固执和暴躁受到谴责，不也是因为它们过分增强了内心的狮性或龙性的力量吗？

格：肯定是的。

苏：还有奢侈和柔弱受到谴责，也是因为它们削弱了狮性而让人懒散和懦弱了吗？

格：肯定是的。

苏：还有谄媚卑鄙也要受到谴责，之所以如此，是因为有人让内心的狮性，即暴民般的怪兽野性，那些贪图钱财的欲望及其他无法控制的兽欲，从小就学着忍受各种侮辱，以至于长大后没有成长为狮子而是一只猴子，对吗？

格：的确。

苏：你说说为什么手工技艺总不被人重视？碰到这个问题我们只能回答，如果一个人最善的部分过于柔弱，它们只能讨好内心的兽性，为它们所奴役，而不是主宰或是控制，是吗？

格：看来是这样的。

苏：因此，这种人在我们眼里就应该是最优秀的人（这里指的是一个自己内部管理有序的人）的奴隶，这么做的目的就是让他也能同样得到与他的主人类似的管理，不是吗？请注意，我们对待奴隶的态度和色拉叙马霍斯看待被统治者的观点不一样，我们这么做不是想让奴隶们接受对自己有害的管理或统治，而是为了也让他们通过受神圣的智慧者的统治来变善。当然，不可否认的是自身内部的智慧和控制管理显然是最佳的，如果做不到就只能通过外力来强化，这样才能让大家因为接受相同的教育成为朋友彼此平等，对吗？

格： 你说得很对。

苏： 我们制定法律的意图就在于城邦里的所有公民都成为朋友。我们管教儿童，只有在他们身上看到所谓的宪法管理时，才能让他们自由发展。同样地成年人也是，在他们获得自由之前，必须是依靠我们自己心灵里的最善部分对他们进行帮助，直到他们心灵里也长出了善的部分，并有资格成为儿童心灵的守卫者或是统治者时才行。很明显，我们这样做的目的也就在于此。

格： 是的，这道理很明显。

苏： 那么，格劳孔，什么证据可以用来证明，一个自我放纵的非正义者为所欲为，为非作歹最终获取钱财，或是变得更坏，会对他更有利呢？

格： 没有。

苏： 做了坏事的人因为没被发现而免于惩罚，这对他又有什么好处呢？免于惩罚难道不会让他变得更坏吗？如果他被发现且受了惩罚，不会因此驯化他兽性的部分吗，而天性中人性部分不就因此被释放出来了吗？那么他的整个心灵不就因此获得了节制和正义（与智慧一起），确立起了天性中的至善的部分，从而达到了一种难能可贵的状态吗？我们承认，人的身体也能达到一种难能可贵的状态，当它结合了力和美（和健康结合在一起的）的时候，但你必须承认心灵的这种状态是远远超过身体的这种状态，它要来得更加可贵，就像心灵比身体可贵得多一样，是吗？

格： 极是。

苏： 所以，对于一个有理智的人来说，在他的一生中，相对于其他知识，他最先重视的应该就是哪些知识能够培养这种品质，他会穷尽自己的一生为之努力，是吧？

格：显然是的。

苏：此外是身体习惯和锻炼方面，单纯只要求身体健康的做法是他们所鄙夷的，他们对于身体锻炼的要求不会只停留在贪图无理性的野蛮的快乐，或是只把寻求身体强壮、健康或是美的方法当作生活志趣的主要目标，只有当这些事情有助于自制精神的培养时才会例外。我们会发觉，他锻炼自己的身体，协调各部分的目的只有一个，就是心灵的和谐。

格：那他一定可以成为一名真正的音乐家。

苏：他会不会也同样在追求财富上重视如何协调秩序呢？他会不会在众人的阿谀奉承之下，无度地为自己敛财从而给自己带来无穷的害处呢？

格：我想，他不会。

苏：心灵的宪法和秩序才是他们最关注的，他们会用一切守卫着它，尽量避免因这里的财富过多或不足而引起的混乱。一旦出现这种情况，他随时根据需要增补或是减损一些这里的财富，以保证平衡。

格：确实是的。

苏：在荣誉方面他们的原则也是如此，他们会欣然接受那些能给他们人格带来善的荣誉，若是那些有可能破坏他已确立起来的习惯的荣誉，他都会选择避开。

格：如果他最在乎的是这个，那他就不会参与。

苏：说实话，在合他意的城邦里他是不会不参加的。只不过，在他出生的城邦里除非有奇迹出现，否则他是不会愿意的。

格：我们建立起来的那个理想中的城邦就是合他意的城邦吧，只是，这样理想的城邦这世间应该是没有的。

苏：也可能天上有它的原型，它可以让对它怀有期望的人在里面住下来，而不在乎它是否现在存在或是将来存在。总之，如果他参加也只会在这种城邦里参加，别的任何国家他都不可能参加。

格：好像是的。

第十卷

1

苏：事实上，很多证据都证明我们建立这个国家时所采用的很多原则是完全正确的，我认为尤其是关于诗歌的原则。

格：什么样的原则？

苏：它绝对排斥所有形式的模仿。之前，心灵的3个不同组成部分我们已经详细区分了，那么反对模仿的原则就显得更有道理了。

格：请你解释一下。

苏：我们私下来谈这件事吧，你应该不会轻易就把我的话透露给其他悲剧诗人或别的模仿者吧。你知道，那些事先没有接受到这种艺术的危害性警告的听众的心灵，是很容易被它所腐蚀的。

格：你能不能再进一步解释一下。

苏：那我就直说了。我是不愿意提及那位我从小就对其怀有敬爱之心的诗人——荷马的不是的。他怎么说也是所有这些美的悲剧诗人的祖师爷呢。但是，我们怎么也不能将对某个人的敬仰凌驾于真理之上，因此我要在这儿把心里话说出来。

格：你一定得说出心里话。

苏：那你就听我说，或者只回答我的问题就更好。

格：你问吧。

苏：你能不能告诉我，通常说到模仿一般指的是什么？你要知道，连我都不太清楚它的目的是什么。

格：那我就更不懂了！

苏：不过，你要比我清楚也不足为奇，视力差的人比视力好的人更能把某事物看清楚这种情况也常有发生。

格：说得是。不过你还是自己看吧！在你面前，就算是我看清了，也不会急切地告诉你的。

苏：那么下面我们还是如往常一样开始讨论问题，好吗？我们先假定那些在不同场合用同一名称统一称呼的事物只有一个形式或理念，你明白吗？

格：我明白。

苏：那现在我们就先随便举出某一类东西，比如说有许多的床或桌子。

格：当然可以。

苏：但是概括这些家具的理念我认为只有两个：一个是床的理念，另一个是桌子的理念。

格：是的。

苏：我们总是认为工匠都是通过模仿理念或形式来分别制造出我们使用的桌子或床来，其他事物也皆是如此，不是吗？不过，匠人们是制造不出理念或形式本身的，这点是肯定的，不是吗？

格：当然。

苏：烦请你想想看，要给这一类的匠人们起个什么名字呢？

格：什么样的匠人？

苏：万能的能制造出所有各行业制造的事物的匠人。

格：你说的这种匠人灵巧得惊人。

苏：稍等一下，一会儿你说的就会跟我一样了。要知道，他们不但能制造一切事物，包括所有的植物、动物和他自己本身在内的这些事物他也能造出来。此外，地、天、诸神、天体和冥间的一切他也不在话下。

格：真是个太过神奇的智者啊！

苏：你不信吗？请问，你是不是觉得这种匠人根本就不存在呢？或者，你认为这万能的匠人只在某种意义上存在，从另一个层面上看就根本不存在呢？也或许，你觉不觉得，在某种意义上，你也可能是万能的匠人？

格：在哪种意义上？

苏： 这并不难，有很多方法，且很快就能做到。只要拿出一面镜子到处照照，你就能又快又好地做到了，像是太阳和天空中的一切，还有大地、动物、植物，包括你自己本身和其他一切的事物都能很快地被制造出来。

格： 是的。可是镜子里的都不是真实的，只是影子啊。

苏： 很好，你这话有助于我们的论证，正好在我看来画家也是这一类的制作者，不是吗？

格： 当然是的。

苏： 不过，你一定会认为他制作出来的东西也非真实，只是在某种意义上制造出一张床或是其他的东西，是吗？

格： 他画出来的就是个床的影子。

苏： 那造床的木匠呢？刚才你不是还承认他造出来的只是一张具体意义上的床，也不是所谓我们认知当中的床的本质或是理念吗？

格： 是的，我是这么说过。

苏： 但他要是造不出本质，造出来的实在意义上的事物其实也只能是一种幻想，并非实在，不是吗？所以，以往有人说的造床的木匠或其他手艺人造出的事物都是实在意义上的事物，这话就不对了，是吧？

格： 这观点怎么说都不大可能是擅长我们这种辩论法的人提出的。

苏： 因此，我们绝不会惊讶于有人说这些东西[160]也不过是一种暗淡的阴影，如果和事物的理念本质相比的话。

格： 这没什么好吃惊的。

苏： 那刚才这些事例能不能用来研究这个模仿者的本质呢，研究看看谁是真正的模仿者？

格： 请开始吧。

苏： 首先我们要假设有这么 3 种床：那么下面我们设有 3 种床，第一种是自然的[161]床，在我们看来它是神造的床，也或许你说说看它是什么造的？

格： 它不可能是其他的什么造出来的。

苏：第二种是木匠造的床。

格：是的。

苏：最后一种是画家画的床，是吗？

格：就算是吧。

苏：因此，这 3 种床就由画家、造床匠和神分别造出来。

格：是的，这 3 种人。

苏：神只造了一个本质的床，真正的床，只因自己不愿或是外力迫使他如此。所以本质的床是不可能更新的，因为神从未造过两个或两个以上这样的床。

格：为什么？

苏：假设神已经制造了两张床，那就一定会有第三张出现。这样一来，第三张床才是真正本质意义上的床，其他两个都是以它的形式为自己的形式的床。

格：对。

苏：所以，正因如此，神才只造了一张床，他可不希望自己因此变成一个具体造床的匠人，他只能是床本质理念的制造者。

格：看来是的。

苏：那神就是自然的床的制造者，对吗？或者还有其他更好的称呼？

格：最正确的称呼就是这个了，既然我们认为神创造了自然的床以及其他所有自然的东西。

苏：那木匠呢？他能不能也被视为床的制造者吗？

格：可以。

苏：画家是不是也可以这么称呼呢？

格：那是不行的。

苏：那他和床的关系是什么？

格：我觉得，称呼画家为前两种床的模仿者最合适不过了。

苏：很好。所以你所说的模仿者其实就是和自然的理念本质隔了两层的作品的创作者，是吗？

格： 正是。

苏： 如果说悲剧诗人也是模仿者的话，那他就会像其他模仿者一样，天然地和王者[162]或真实隔了两层。

格： 看来是这样。

苏： 好的，既然我们一致同意关于模仿者的说法，那就请你告诉我，画家模仿的是哪一种事物呢，他模仿的究竟是自然的事物还是工匠的作品？

格： 工匠的作品。

苏： 所以，我们还需要进一步讨论一下这到底是真实的还是只是影像？

格： 我不明白你的意思。

苏： 我的意思是，你从不同的角度来观察一张床的话，侧面、正面或是别的角度会不会觉得它都异于本身呢？还是你觉得它的本质理念其实没有发生变化，变的只不过是它的样子罢了呢？其他一切事物都如此，是吗？

格： 它们本质没有差别，只是样子显得不同。

苏： 那就来讨论一下这个问题。画家作画的时候模仿的是事物的理念本质呢，还是它的样子呢？换句话说，他是对影像的模仿还是对真实的模仿呢？

格： 是对影像的模仿。

苏： 所以，模仿出来的东西就离真实越来越远了。正因为这样，他才能在只掌握事物的一小部分，有时甚至只是表象的一小部分时就能创造出该事物。比如，画家可以在对鞋匠、木匠或别的什么工匠的工艺完全不了解的情况下，画出他们。只不过优秀的画家的画作，只要把这些肖像画摆在离观众有一定的距离的地方，这画作还是可以骗过小孩和一些笨人的，这些人会信以为真的。

格： 这话没错。

苏：我的朋友，我觉得在这种情况发生时，我们都要牢记这么一点。有人遇到一个精通一切技艺的，懂得所有只有本行专家才专门懂得的知识，甚至比其他人更清楚。如果是这种情况的话，我们就会告诉这个人："你这个头脑简单的人，被那些魔术师或善于模仿的人给骗了。就因为你对知识和无知辨别不清，才会认为他是万能的。"

格：再对不过了。

苏：紧接着我们要考察悲剧诗人和他们的领袖荷马了。常常有人说，悲剧诗人除了知道一切技艺，与善恶有关的人事，他们还通晓神事。通常读者的想法是这样的，优秀的诗人只有通过知识去创造和描述事物才行。听他们这么说，我们就觉得他们是不是看到的是魔术师般的模仿者的作品了，不清楚作品远离真实，或是在不知真实的情况下制造出的作品，上了他们的当？也或许，优秀诗人描述的确实是真实的（许多读者觉得他们描述得不错），读者的话也还是有点道理的呢？

格：我们一定要好好考察一下。

苏：那么，一个既能造东西又能模仿东西制造影像，他还会把毕生的最高目标限定于制造影像的工作吗？

格：我不这么认为。

苏：如果他能够认识自己模仿的事物的真实的话，那他定不会只献身于模仿事业，他只会献身于真的东西。创造自然的事物是他热心做的事情，这些都用来作为自己身后的纪念。他宁可被人羡慕也不愿羡慕他人。

格：我赞成。这么做，他也会获得较高的荣誉和较大的利益。

苏：因此，我们不会要求荷马或其他诗人回答我们提出的这些问题，例如，无论过去还是现在，他们中的谁不只是模仿医生而是真正的医生，帮助过某人摆脱疾病恢复健康的呢，像阿斯克勒比斯那样，还是他们曾经像阿斯克勒比斯传授门徒那样，在医术上给学生开堂授课呢？这些技艺我们都不谈，也不去问这些诗人，我们想和他们谈的都是些最重大最美好的事情，例如战争和指挥问题、城邦治理问题和人的教育问题。我想这么问他们应该会比较公道："亲爱的荷马，假设你就是我们说的那种制造影像的模仿者，但这影像并不同往常一样，和美德只有一层之隔吗？且如果你对如何教育训练他人使其变好或是变坏这一问题也十分熟悉的话，那我还想问的是，会不会有一个城邦因你的存在而治理得十分得当，其他大小不一的城邦也因为有其他立法者的存在也能得到很好的治理，就像是斯巴达因为有来库古那样？会不会有一个城邦将治理有序的功劳归功于你是他们的优秀立法者呢？就像意大利和西西里人将功劳授予了哈朗德斯，我们将功劳授予梭伦，谁会授予你这样类似的功劳呢？"你觉得荷马能回答得出这些问题吗？

格：我想他是答不上来的，即便是荷马的崇拜者也从来没提过荷马是个优秀立法者。

苏：那好，荷马在世期间，他曾指挥打赢什么战争吗？

格：从未听说过。

苏：那么，我们可不可以像期待米利都的泰勒斯和斯库西亚的阿那哈尔息斯[163]那样，去期待荷马犹如一个长于实际工作的智者般创造出什么实实在在的精巧的发明呢？

格：一项也没听说过。

苏：既然他未担任过公职，那你听说过他在世时像毕达哥拉斯那样创办了什么私人学校，开堂授课，死后还将荷马楷模传给后人吗？要知道，毕达哥拉斯的继承者到现在还把他的那种生活模式称作"毕达哥拉斯楷模"，以此来崇敬毕达哥拉斯本人，请问，荷马是否也是这样呢？

格：从没听说过这种事。苏格拉底啊，你应该知道，荷马的学生克里昂夫洛斯作为荷马教育的一个范本，他的可笑程度甚至更甚于他自己的名字[164]呢。如果荷马的传说真实可信的话，相传荷马在世时就看不起他。

苏：传说是真有的。不过，格劳孔，你仔细想想就会明白，荷马自己要是有真知而不只是有模仿术的话，他就能教育人提高人的品德，那该有多少年轻人会拜在他门下跟他学啊，你说是吧？像我们熟知的阿布德拉的普罗塔哥拉、开奥斯的普洛蒂卡斯和其他智者，他们都大兴私学，以此来教育人们如果不接受智者的教育，治理好国家就只能是空谈。人们因为这样而深深地热爱他们，崇敬他们的智慧，就差没把他们顶在自己的肩上走路了。同样的道理，如果荷马也能做到这些的话，人们定会将他视为超过黄金的宝贝，把他强行留在自己家中，无论走到哪里都有人在他后面追随，只为了得到他的教育，何至于流离颠沛，卖唱为生呢（赫西俄德也是一样）？

格：苏格拉底啊，我觉得你说得没错。

苏：所以，我们是不是就说自荷马以下的诗人都只在模仿美德和自己制造的其他东西，创造出影像罢了，他们对真实一无所知？这就像是刚才提过的画家一样，他们并不了解鞋匠的手艺，却可以画出与鞋匠相像的画像来，只要是他们自己和那些只懂得从形状和颜色上判断事物的观众觉得像就行了，不是吗？

格：是的。

苏：在我看来，诗人的特长在于模仿，他们能调用一切语言手段，例如韵律、音步和曲调出色地描绘各种技艺，无论是制鞋、指挥战争还是别的什么，虽然他们对此一无所知，但由于他们的听众也和他一样对这些事物一无所知，诗人的诗句是他们认识这些事物的唯一途径，因而他们总是赞叹诗人的描述那么精准和美妙。不得不慨叹，这些诗句当中的音乐性的成分的魅力实在强大，它们可以把平淡无奇的散文变成魅力无比的诗句，没有了它们，你想想诗人的语言将变成什么样子，想必你应该知道这些。

格：是的，这些我知道。

苏：说起来它们和那些只因年轻而显得好看，并非真正好看的脸孔并无差别，年华逝去，容颜尽失。

苏：你再考虑一下这个问题：那些创造影像的模仿者是不是只知道事物的外表而对事物的真实全然不知，是吗？

格：是的。

苏：我们继续说下去，不要半途而废。

格：请继续说下去。

苏：画家能画马缰和嚼子吗？

格：对。

苏：但是，制造这些东西的人应该是皮匠和铜匠吧？

格：当然。

苏：那画家知道缰绳和嚼子它们到底是什么样的东西吗？或者就算是制造它们的人也不一定就清楚吧，至于使用者才真正清楚吧？

格：完全正确。

苏：那这个道理能不能推及其他事物身上呢？

格：什么意思？

苏：我的意思是，无论什么东西身上其实都牵涉到3种技术，使用者的技术、制造者的技术和模仿者的技术，是吧？

格：是的。

苏：因此，世上任何器具、生物和行为它们的至善、美和正确都不只单纯关乎于它们的使用吧，尽管这是人们创造它们的唯一目的所在。

格：是这样的。

苏：所以我们说，任何事物的使用者对这事物是最有发言权的，他们会在事物使用中将性能的好坏传达给制造者，例如吹奏长笛的人会传达给制造长笛的人，哪些长笛在演奏中表现得出色，哪些表现得一般，并建议他们应当制造什么样的长笛以供他们使用，而制造者确实会根据他们的需要去制造长笛。

格：当然。

苏：于是，一类人通晓笛子的优劣并通报给另一类人，后者信任前者，并按前者的要求制造笛子。

格：是的。

苏：所以，对乐器的优劣有正确的信念的人是乐器的制造者（这是通过与对乐器有真知的人的交流获得的，在不得不听从他的意见时产生的信念），真正有知识的则是它们的使用者。

格：的确如此。

苏：模仿者对于自己模仿的事物是否美与正确这些真知能否从经验与使用中获取吗？或者他关于事物的正确意见是来源于他在和有真知的人交往中后者关于事物正确制造的要求呢？

格：都不是。

苏：也就是说，模仿者是无法评定自己模仿的优劣了，是吧？

格：显然是的。

苏：那作为一种模仿者的诗人，他们所创造的东西的智慧无疑是最美的了[165]。

格：一点也不美。

苏：就算他判断不了模仿的优劣，但他仍旧会模仿下去，且这些东西在无知的观众看来也依旧是最美的。

格：难道不是这样吗？

苏：显然，模仿就是场游戏，不可当真的，模仿者对自己所模仿的事物可以是一无所知的，因此，当一个悲剧诗人，无论他采用哪种方式写作，都不影响他作为一个模仿者的存在。这一点我们已经一致同意了，是吗？

格：是的。

苏：模仿不是和真理隔了两层的相关的第三级事物吗？

格：是的。

苏：那它模仿的是人的哪一部分的能力？

格：我不明白你的意思。

苏：我想说的是同样一个东西远看和近看大小就有了差异。

格：是不一样大的。

苏：还有，同一事物在不在水里视觉效果也不一样，同一事物由于视觉错误表面的凹凸看起来也不尽相同。此外，我们的心灵里也常常有诸如此类的混乱。绘画的魅力其实就是充分利用了人们心灵里的这一弱点，魔术师和其他善于模仿的艺人也同样如此。

格：真的。

苏：不过，我们不是可以用量、数和称这些方式来克服我们的弱点吗？它们可以有助于弥补因为“好像多或少”“好像大或小”和“好像轻或重”这些问题的缺漏，取而代之以数过的数、量过的大小和称过的轻重来成为我们观察事物的结果，是吗？

格：当然。

苏：能完成这些计量活动的只有心灵中的理性部分。

格：是由它们完成的。

苏：只不过，时常是看上去大了、小了或是相当的两个事物，称量后结果却并非如此，甚至恰恰相反。

格：是的。

苏：可是，你还记得吗，我们是不容许对同一事物有不同的两种看法的吗？

格：我们的话是对的。

苏：我们心灵里那个与计量结果相反的部分，还有那个认同计量结果的部分不会是同一部分。

格：当然不是。

苏：认同计量结果的部分就是最善的部分。

格：一定是的。

苏：与计量结果相悖的那个部分就是最低贱的部分。

格：必然的。

苏：最初我们说过，绘画以及一般的模仿艺术，是在利用远离心灵理性的那个部分工作，创造那些和真实离得很远的作品，它们是在以不健康和非真理为目的地在向这部分学习。这就是最初我们讨论的最终目的所在。

格：一定是的。

苏：所以，模仿术就好比是低贱的父母生的低贱的孩子。

格：看来是的。

苏：眼睛看到的东西适用这原则，耳朵听到的东西是不是也一样适用呢，比如诗歌[166]？

格：听的应该也适用吧。

苏：别只相信画出来的那些大概，我们要关注的究竟是心灵里低贱的部分被诗歌打动了，还是高贵的部分被打动了。

格：必须这样。

苏：那我们就这么说吧，诗歌模仿行为的人，他们因为这些行为交了好运或厄运（设想的），并感受到了苦或乐。除此以外还有其他的吗？

格：别无其他了。

苏：所有这些感受当中，人的心灵体会是统一为一个整体呢，还是也同看的方面一样，可以在同一事物上有多种分歧和相反的意见同时存在，在行为上也存在内部自我分裂和自我冲突呢？不过我回忆起来了，我们前面就已经认同了，其实人的心灵无论什么时候都充满了各类冲突，所以这个观点没必要再去寻求一致了。

2

格：对。

苏：对是没错，这里提到它只不过是前面给漏了，现在补上。

格：漏了什么？

苏：一个优秀的人物，一旦遭遇不幸，比如失去了儿子或是其他他心爱的东西时，之前我们似乎认为他比其他人忍耐这种痛苦的能力更强。

格：无疑的。

苏：那究竟是他不觉得痛苦呢，还是他总在克制自己的痛苦呢？这个问题需要好好考虑一下。

格：我觉得后者更符合情理。

苏：那还有个和他有关的问题我要向你讨教一下，在哪种场合他更能克制自己的悲痛呢，是公众场合还是独处的时候呢？

格：自然是当着众人的面时克制得多些。

苏：我认为，他在独处的时候说的话更多是不愿意让别人听到的话，做的事也是不愿意让别人知道的事。

格：是这样的。

苏：他之所以克制的理由是理性与法律，而感情本身会怂恿他对悲伤让步，不是吗？

格：是的。

苏：对待同一事物的两种相反态度一下子同时出现，让我们不得不怀疑，他身上必定存在着两种不同的成分。

格：当然是的。

苏：其中一个是用来指引他听从法律的指引，不是吗？

格：请你深入解释一下。

苏：法律的准则会以某种方式告知他，至善的做法是当遇到不幸时，尽量克制自己的悲伤，保持冷静不急躁诉苦。因为法律认为悲伤对弥补坏事的结果无济于事，事情的好坏总不得而知。生活中的事情本来就不要太过重视，况且这悲伤情绪只会对我们尽快取得我们所需要的帮助起到妨碍作用呢！

格：你指的是什么帮助呢？

苏： 就是缜密思考发生的事情呀！依据理性指示下一步的行动，就该像掷骰子时在骰子落下后决定如何应对掷出的点数那样，这才是最善之道。我们绝不能跟小孩子一样遇到事情啼啼哭哭，白白浪费时间，而不去让心灵养成救死扶伤的习惯，以求消除痛苦。

格： 你说的这帮助着实是应对不幸事的最善之道。

苏： 因此，我们心灵的最善部分是愿意接受理性指导的。

格： 显然是的。

苏： 那么只是一味指引大家向痛苦哀叹，却不能给予帮助的那个部分，就是无理性的无益的部分，是同懦弱为伍的部分，是吗？

格： 是的，我们可以这么说。

苏： 正是这个部分的不冷静，才给了模仿提供了大量的素材。而那个理智的平静的部分几乎是亘古不变的，因而难以被模仿，即便是模仿了也不容易被看懂，特别是不被那些在剧场里的乱七八糟的人所理解。毕竟这种模仿的对象本身就是他们所不理解的感情。

格： 那是一定的。

苏： 很显然，诗人的性格是暴躁的、多变的，而他模仿的本质也与之相关，原因就在于这个部分易于模仿，同时，这种模仿还能为他迎来众多观众的好评。而那些心灵上最善的部分他们是不会去的，他们也不会为了讨好这个部分而去模仿它们。

格： 这是显而易见的。

苏： 至此，诗人也让我们很公正地归到画家一类里了，你也知道，诗人创造出的作品的真实性与画家都一般低，另外，他们与画家的另一个相同点就是他们的创作都是和心灵的低贱部分打交道的。这样一来，我们这治理有序的城邦就完全有理由拒绝让诗人进入，他那激励、培育和加强心灵的低贱部分的作用是会毁坏心灵的理性部分的，这就好比把权力交给了坏人，让其用这权力去迫害好人一样。此外，作为模仿者的诗人还容易通过创作出远离真实的影像，来讨好心灵那无辨别能力、反复无常的无理性的部分，最终给城邦里的每个人心里都建起一个恶的制度。

格：那倒是。

苏：其实，诗歌还会腐蚀最优秀人物，极少能幸免于难，这是诗歌最大的罪状，到现在为止，这种可怕的力量我们还没来得及控诉呢。

格：它要是真有这样的力量，就真的很可怕。

苏：你听我说，当我们听荷马或某一悲剧诗人长时间模仿某一英雄受苦的场景，又是悲叹，又是吟唱，甚至还捶打自己的胸膛，即便是我们当中最优秀的人如此热切地听下去也会因此着迷，因此喜欢它。随之，这样一个能够以强有力手段打动最优秀人物的诗人就会被我们拿来称颂。

格：我知道，是这样的。

苏：可真正在生活中，我们的态度是与之相反的，当我们遇到不幸，总会保持平静，克制自己的情绪，并认为这才是男子汉的做法，以此为傲。而上述的那种在剧场中被我们所称道的行为，现实中我们只会认定是一种妇道人家的行为。

格：是的，这个我也知道。

苏：那你说，那种被现实中的我们所鄙夷的行为发生在舞台上时，却被我们所称颂，这做法对吗？在剧场里我们不排斥这行为反倒称赞的做法有道理吗？

格：说实话，是没什么道理。

苏：特别是如果你站在这样一个角度来思考问题的话。

格：怎样思考？

苏：请你这么思考。舞台上的诗人的表演实际上是让我们被强行压抑的悲伤情绪得以释放，最终得以发泄。此时，我们心灵理性的部分，就是受到教育的那个最优秀的部分，放松了对悲伤的监督。之所以放松，是由于观看他人的苦难，同情和怜悯一个会宣扬自己的美德却又表演出苦痛的人，并不是什么可耻的事情。此外，它[167]还认为获得这种快乐全然是件好事，因此它是绝对不同意因为反对全部的诗歌而失去这种快乐的。只不过，几乎没有人会意识到，设身处地去感受他人的感情也将不可避免地影响自己的感受，在那种场合我们充分发挥出来的怜悯之情，等到了自己受苦时也就不容易被克制住了。

格： 极为正确。

苏： 喜剧当中的笑和悲剧的怜悯不也是一样的道理吗？尽管你羞于插科打诨之类的事情，但在观看喜剧表演或是听日常的滑稽笑话时，你却忘却他的粗鄙反倒感觉异常的快乐。这和同情别人的痛苦不是一样的道理吗？原因也是一样的，生活中的你说笑的本能由于受到理性的克制，大多时候保持平静，总不至于被他人说成小丑，而到了剧场，则一切随你自便了，久而久之，说笑的本能就越来越强了，不知不觉的，你也就在自己的生活中成了一个爱插科打诨的人了。

格： 确实是的。

苏： 所以，模仿人们情感的诗歌对我们的类似爱情和愤怒，还有其他各种欲望和苦乐这些与生活中的一切举止行为相关联的情感所起的作用几乎都是这样。它总能在它们快被理性给遏制住的时候唤醒它们，当我们为了让生活更幸福，掌握足够的能量去主宰这些情感的时候，诗歌却让它们主宰了我们。

格： 这点我没有异议。

苏： 因此，格劳孔，你要是碰见那些称赞荷马是希腊的教育者的人，听到他们说应当向荷马学习，因为他在管理人们生活和教育方面有很高的成就，我们应当按照他的教导来选择自己的生活方式。请记住，你必须爱护和尊重持这种观点的人，请原谅他们就只有这样的认识水平，甚至你还必须在他们面前承认，最高明的诗人和第一个悲剧家确实就是荷马。但是你必须事先清楚，我们的城邦原本是不允许甜蜜的抒情诗和史诗进来的，歌颂神明的赞美好人的颂诗才会获得许可进入，可一旦越过界，那么我们城邦里的那些公认是至善之道的法律和理性原则就要被苦乐这些情绪所取代，后者将主宰城邦。

格：说得很对。

苏：好了，现在我们就结束关于诗歌的这一轮讨论，进入下一步的申述理由吧。我们申述的理由是既然诗有这样的特点，那我们当初不容许诗进入我们的城邦的理由就越发显得充分了。正是各种论证的结果需要我们这么做。为了防止它[168]责备我们的做法过于简单粗暴，我们可以再一次向他们强调，哲学诗歌之争古已有之，我们可以举出。例如，什么“对着主人狂吠的爱叫的狗”，什么“痴人瞎扯中的大人物”和什么“统治饱学之士的群盲”，还有什么“缜密地思考自己贫穷的人”[169]等，这一系列不胜枚举的说法可都是我们这一说法的证据。不过，我们也会告诉他们，只要他们可以证明任何一个治理有方的城邦需要这些只为娱乐而创造的诗歌和戏剧的话，那我们也会欣然接受它们的，毕竟证明有利，那对我们的城邦而言也是个有利的事物。不过，背叛真理就是有罪的了。我的朋友，你觉得呢，难道你没发现当荷马在蛊惑你时，这些诗歌和戏剧所具有的力量吗？

格：的确是的。

苏：那如果诗歌申辩了自己的理由，那采用抒情诗歌或是其他的一些格律创造的诗歌还能重新被公正地看待吗？

格：当然可以。

苏：当然，我们也得让那些不写诗的诗歌爱好者和拥护者用无韵的散文申述理由，容许他们证明诗歌可以带给人快乐，还对有序治理城邦和人的全部生活有益的。我们必须善意地去倾听他们的申述，倘若他们可以证明他们的观点的话，那么诗歌对我们的好处也就不言而喻了。

格：怎样才能对我们有利呢？

苏：不过，我的好朋友，要是他们证明不了的话，那我们只能像那种发觉爱情对自己不利时即冲破情网的恋人一样放弃他们，尽管这么做总有太多的困难。就算是我们的那些美好制度[170]教会了我们对这种诗歌的热爱，可是我们依然希望他们提出强有力的理由来证明这种诗的善与真。要是做不到，那我们也只好还是默念自己从前的理由，来抵制诗歌的魅力，防止自己跌入那种幼稚的爱的陷阱中。显然，我们可以明白，诗歌是不能作为一种有真理作依据的正经事物看待的。另外，我们还要去警告诗的听众，一旦诗歌对他们的心灵产生不良影响时，他们就必须听从我们对诗的看法才行。

格：我完全同意。

苏：亲爱的格劳孔，这场哲学与诗歌的斗争太过重大，它的重要程度远远超出我们想象。我们不能轻易让诗歌像从前的荣誉、财富、权力蛊惑我们那样，诱使我们放弃正义和一切美德。

格：就刚才的论证来说，我赞同你的这个结论，我想其他人应该也不会不同意吧。

苏：不过，关于至善能带来什么样的报酬和奖励，我们还没谈到。

格：要是还有什么可以大过我们刚才说的那些话，那么这回你指的一定是一个无法想象的大东西。

苏：这么短的时间哪可能有什么大的东西出现！一个人从生到死一辈子放到时间总量里看也算不上长。

格：是不可能产生什么大东西的。

苏：那么，难道你认为不朽的事物关联的是这么短的时间，而不是时间总量吗？

格：那当然关联的是后者，不过你说的不朽的事物究竟是什么呢？

苏：你不知道不朽不灭指的就是我们的灵魂吗？

格（惊讶地看着苏格拉底）：天啊，我还真不知道，你的意思就是这个吗？

苏：是的，我就是这个意思，而且我认为你也应该认同我的观点，因为这对你而言太简单了。

格：不，这很难，不过，我很愿意听听你说不难的理由。

苏：那你听我说吧。

格：尽管说吧。

苏：你用“善”和“恶”这两个术语吗？

格：我用。

苏：你能和我一样理解它们吗？

格：你怎么理解？

苏：毁灭和破坏的就都是恶，能保存有助益的自然就是善。

格：我赞同。

苏：你觉不觉得任何一种事物都有它自身特有的善与恶，就比方说眼睛发炎，身体的疾病，粮食的发霉，树木的枯朽，铜铁的生锈，等等。事实上，上面我说的这些都应该是事物与生俱来的恶或病，对吧？

格：是的。

苏：既然如此，那么一个事物身上要是生了恶，那不就注定要整个变恶，直到崩溃毁灭吗？

格：当然。

苏：基于此，我们就可以说正因为每个事物身上都有恶，因此事物总是被它身上的恶所毁灭了，除此以外，别无他物。善是不可能去毁灭什么事物的，另外，介于善恶之间的“中”也是不会毁灭任何事物的。

格：当然不能。

苏：所以，我们若发现一种身上有恶的事物，却不至于毁灭崩溃，那是不是就可以说，具有这种天赋素质的事物一定不可毁灭，对吗？

格：看来是的。

苏：那有没有什么东西会让心灵变恶呢？

格：的确有。我们说过的那些，例如非正义、无节制、懦弱、无知都是。

苏：它们其中的哪个可以崩解和毁灭心灵吗？请注意，别误会一个非正义的人在为非作歹时被逮了就算是他被非正义毁灭了（非正义确实是心灵特有的恶）。所以我们要说身体特有的恶其实就是，那些通过不断削弱和毁灭身体而最终不再成为身体的恶。同理，在其他事物身上也是一样的，一个事物身上特有的恶也就是留在它身上毁灭它且使它不再成其为该事物的恶，是这样吗？

格：是这样。

苏：那就也用这种方式来讨论一下心灵吧。那些非正义及其他方面的恶，是否就是通过内在向上的途径对心灵进行破坏和毁灭，直到心灵死亡与肉体分离呢？

格：不管怎样也不可能。

苏：不过，认为事物的毁灭只与其他事物的恶有关，而非自身的恶所灭的观点是没有道理的。

格：是没有道理的。

苏：格劳孔，请注意，如果说人的身体是被霉烂腐败的食物的恶所毁灭的，这样的观点我认为并不准确。即便是因为人体的疾病是由于食物的恶，我也只能说身体毁灭的根源在于食物导致自身的疾病，因为我们永远不会认为身体（一物）会被食物（另一物）的恶所毁灭。

格：你说得很对。

苏：所以，如果灵魂不会因为肉体的恶而产生恶的话，那么我们就不会认为灵魂会因一个外来的恶（离开灵魂本身的恶）所毁灭，换句话说，一物不能被他物所灭。

格：这很合理。

苏：因此，关于一切疾病或是刀杀、碎尸等方式能使灵魂灭亡的观点我们要指出它的错误，并驳斥它，即便不去评判它，也必须坚持这一观点没有理由成立。除非有充分的证据证明灵魂确实因肉体上的痛苦而变得更不正义或更恶。无论如何，我们都不会认可，灵魂以及其他事物是因为它身上有其他事物的恶而自己灭亡的。

格：当然也就没人能够证明，弥留之际的人会因死亡而变得非正义的。

苏：但是那些不愿意承认灵魂不朽的人，会固执地坚持这个观点，他会坚持认为临死之际是会变得更恶更不正义的。如果他固执己见的话，我们就可以告诉他，要是他的观点是正确的，那就证明了非正义对非正义者来说是致命的，就像疾病致死一样。照他所说，非正义天生就会毁灭非正义者，那沾染上非正义的人必然死在非正义手上，而死得最快的就是不正义程度最高的人，不正义较少的人就会死得比较慢了。但当前的真实情况是，非正义者大多死于因干坏事所受的惩罚，并非是非正义本身。

格：的确是的。非正义如果对非正义者来说是致命的，那他就不会看起来那么可怕了，因为它如果能做到这点的话，就说明它也可以是个除恶的东西了。只不过，我们还宁可相信它所起到的作用正好相反，它不会杀死非正义者，而是给予非正义者充沛的精力，让非正义者更坚强地活着。

苏：你说得很对。那既然连特有的恶和疾病都不足以杀死灵魂，那灵魂的毁灭就更不可能因为那些本来就不是用来毁灭其他事物的东西了，它们只能专门用来毁灭专属毁灭他们的东西。

格：看来是更不能了。

苏：不管是外来的恶还是自身特有的恶都毁灭不了它，那灵魂就有可能永恒不朽啦。

格：必定是不朽的。

苏：那这个观点我们就这么确定下来了。这个观点一旦被肯定，你就会发现灵魂不但是永恒的而且数量也保持恒定，它们不会减少，因为无一消亡，同时也不会增加，不朽的东西要是随意增加的话，势必就成了可朽的，那还有什么事物是真正意义上的不朽呢？

格：你说得对。

苏：理性是不容许我们有这样的想法的。另外，我们也不能认为灵魂本质上是个内部有差异、斗争的事物。

格：你这话我要怎么理解呢？

苏： 如果一个事物内部的多个部分彼此不同，且组织无序的话，那它要做到不朽的难度就太大了。你试想一下，如果我们的灵魂如此，那还可能是不朽的吗？

格： 看来的确是不容易的。

苏： 所以，之前的所有论证以及其他的一切证据[171]都向我们证明了灵魂的不朽。不过从现在这种混杂着肉体的恶的角度来观察和认识灵魂的做法显然是不对的，我们不能这么做。认识灵魂是要依靠理性的帮助，单纯观察它的状态。这样的话，你就会发现灵魂的美，也就能够充分地分辨正义和非正义以及其他一系列我们讨论的概念的区别。不过，虽然我们前面已经提到了灵魂目前的“真实”状况，但这和我们看到的海神格劳卡斯像一样，它的本相我们并不清楚，因为它无法一目了然地分辨清楚。他肢体的各个部分都因海水的浸泡支离破碎了，身上蒙上了一层贝壳、海草和石块，它看起来已经不是原来的面目了，更像是个怪物。而这就是被无数的恶糟蹋后的灵魂的样子。格劳孔啊，我们的目光必须转向别处。

格： 什么地方？

苏： 爱智部分。你想想看，这部分与神圣、不朽、永恒事物之间的关系甚是密切，它与这些事物间的交往和理解要经历多长的时间。再有，假如它在这种力量的指引下，从目前沉没的海洋中升起，除去身上的石块和贝壳，它靠着这些被认为是能带来快乐的俗物过日子，从而周身裹满了此物。当它升上来以后，人们大概就可以看到它变化后的样子，也就是灵魂的样子，无论它的形式是复杂还是单一，也或许是其他的什么样子。到此为止，关于灵魂在人世生活中的感受和形式，就已经描述得差不多了。

格： 的确是的。

苏： 因此，论证的其他要求我们也已经满足了。我们没有你们说的像赫西俄德和荷马那样，去祈求正义的报酬和美名，不过我们已经充分证实了正义对灵魂本身是有益的这一观点。为人就应当正义，不论他是否拥有古各斯的戒指，或是哈得斯的隐身帽[172]。

格：你的话十分正确。

苏：因此，格劳孔，假设正义和美德获得了我们给予的各种报酬的话，那么拥有正义和美德的人生前与死后就可以从人和神那里获得这些报酬，那他们还会有反对意见吗？

格：一定不会再有了。

苏：那么，你现在愿意把在讨论中借去的东西还我吗？

格：你指的是什么？

苏：此前，因为你们认为事实是瞒不住神和人的，所以我允许你们提出，正义者被误解为非正义，非正义者是正义的。难道你不记得了吗，我们为了讨论的继续深入，为了辨清真正的正义和非正义，我们做出了适当的让步了。

格：赖账是不公道的。

苏：既然我们界定清楚了正义与非正义，那我要求你把正义从人神处获得的荣誉归还给正义，而且我还要求你和我都要同意这么做，这样它才会收集一切因正义而赢得的奖品，再授予正义者。显然，我们已经证明它确实有能力把来自善的利益赠给那些真正探求正义的正义者。

格：这个要求很公正。

苏：你要还的第一件东西，就是实际上神是不知道正义者或非正义者的性质的吧？

格：我们归还的就是这个。

苏：既然他们是瞒不住神的话，那必然有一种人为神所爱，另一种人则是为神所憎的。这一观点我们一开始就取得一致了。

格：是这样的。

苏：我们还一致认为，来自神的一切都将尽可能地造福神爱的人，除了那些前世有罪孽而受到惩罚的人，是吧？

格：当然。

苏：所以，我们要坚信，正义者无论是遇到贫困、疾病，还是别的什么不幸，最后这些不幸都将被证明对他有益，无论是生前还是死后。因为神是不会忽视这种热切地追求正义的人，且在他力所能及的范围内践行神一般的美德的人。

3

格：这种像神一样的人，神自然不会忽视的。

苏：那非正义者呢，我们的看法是不是应该与之相反呢？

格：理所当然。

苏：所以，这就是正义者从神那儿获得的胜利奖品。

格：至少我是这么认为的。

苏：那么，正义者从人间能得到什么呢？如果说真实情况的话，那不是就如同一场跑步比赛，非正义者总像那种前半段速度很快，后半程体力不支的运动员吗，他们起跑速度惊人，但很快筋疲力尽，最终只能得到嘲笑谩骂，也得不到奖品。而真正的运动员跑到终点后能够获得奖品夺得花冠。正义者不是和真正的运动员很相似吗，他们的所有行为举止的结局，就是会因此得到光荣、取得奖品？

格：的确是的。

苏：那现在你同意把原来你们授予非正义者的好处归还给正义者了吗？因此，我认为正义者不断成熟之后，只要他愿意，他不但可以治理自己的国家，还可以跟自己喜欢的人结婚，攀儿女亲家，等等。从前那些非正义者享受的好处我都要给正义者。还有，非正义者即便年轻时没被人识破，但大多数到了人生的最后终究是会被捉住和嘲弄的，他们的晚年就更加凄惨了，他们会遭受外国人和本国同胞的唾骂。他们会被鞭笞，受到处罚，这些都是被你正确地称之为野蛮的那些，还有拷问、烙印。你就预先假定我已经把他们所遭受的一切都说过了。不过你考虑一下要不要再听下去。

格：当然要。因为你的话是很公正的。

苏：这些奖品、薪俸和馈赠就是正义者在世的时候可以从神与人处得到的（除正义本身赐予的福利以外）。

格：这是一些美好的回报。

苏：然而，和正义者、非正义者死后他们所得到的东西相比，这些东西无论是数量还是质量都算不上什么了。你先听一个和他们两种人有关的故事，就会很清楚他们最终都会得到他们应得的报应，这些都是我们论证过的。

格：请讲吧，我觉得没什么比这让我更愿意听的了。

苏：这个故事没有奥德修斯对阿尔刻诺斯讲得那么长，但也是一个关于勇士的故事[173]。这个勇士叫厄洛斯，是阿尔米纽斯的儿子[174]，来自潘菲里亚种族。他在一次战斗中被杀死，死后的第十天尸体被找到运回家去，死后第十二天举行葬礼。可当他的尸体被放上火葬堆时居然复活了。复活后的他叙述了一些自己在另一个世界里的所见所闻。他说，他的灵魂离开躯体后，就与其他鬼魂结伴同行。先是到了一个很奇妙的地方。他们看到地上有两个并排的洞口，正对着这两个洞口的天上也同样有两个洞口。而法官们就正坐在这天地之间。法官们判决一个人，如果是正义的，胸前贴着判决证书，从右边上天；非正义的，背上标明生前恶行的标记，命令他从左边下地。厄洛斯说，他自己接近那地方时，法官派给他的任务却是给人类传递消息，要他向世间的人类描述这个世界的情况，于是吩咐他要仔细听、仔细看这里发生的一切。接着他看到，经过判决后的鬼魂有的跃上天的洞口，有的跳下地的洞口。与此同时，还有从一个地洞口爬上来的一些风尘仆仆、形容污秽的鬼魂，而另一个天洞口下来的鬼魂却都是干净纯洁。源源不断的鬼魂仿佛是经历了长途跋涉，欣欣然到了这片草场，准备搭下帐篷过节。在他们之中，熟人见面互致问候，彼此问候，地下的询问天上的情况，天上的也询问地下的情况，彼此诉说自己的经历。来自地下的人哭诉自己在地下行程中受到的苦难（他们的一趟就是一千年），说着说着，他们就悲叹痛哭。而天上来的人说起他们在天上的生活，则是说不尽的美和幸福快乐。格劳孔啊，说完这些全部要花去不少的时间。简言之，厄洛斯的目的就是要告诉人们，生前作恶死后要十倍奉还。

如果一百年算是人的一世的话，那就是每百年受罚一次，也就是说受到的惩罚将十倍于他生前的罪恶。例如，如果有个人曾害死许多人，或是投敌后叛变让他人被俘，或是干过别的罪恶勾当，这每一件罪恶他死后都要十倍奉还。同样的道理，假如一个人为了公正、虔诚做了好事，他死后也会得到十倍的补偿和报酬。厄洛斯的故事里还提到了夭折了的婴儿，这些我就不在这里赘述了。厄洛斯还提到，尊重神灵，孝敬父母的人会得到最大的报酬，受到的报酬更大，反之，那些忤逆神明和父母的人也会遭到最严重的惩罚。他说他曾目睹，有人问道，“阿尔蒂阿依俄斯大王在哪里？”你知道，这个阿尔蒂阿依俄斯就是一千年前潘菲里亚某一城邦的暴君。据说，他曾杀死自己年迈的父亲和哥哥，不仅如此，生前他还做过不少伤天害理的事情，作恶多端。所以，回答这一问题的人说：“他没来过这里，大概也来不了了。在我们的苦受到头即将出洞的时候，我们看到了一件最可怕的事情，那是我们突然看见了他，还有其他的一些人。那些人和他一样，应该大多是暴君，只有小部分是因为在私人生活上犯了大罪的。洞口是不会容许他们通过洞口而出的。但凡罪不容赦的，还有惩罚还不够的人想出洞，洞口就会发出吼声。另外，还有一些看起来凶神恶煞的人守在洞旁，他们能听懂吼声。于是，他们抓走了其中的一些人，而阿尔蒂阿依俄斯这帮人，则是被他们捆住手脚头颈，丢在地上拖着，剥他们的皮，用荆条抽打，此外，在打的同时还不时地告知路过的人们他们受这种折磨的缘由，以及将要被抛入塔尔塔洛斯地牢的事告知不时从旁边走过的人们。”

他说，尽管在那个世界，他们碰到了众多各式各样的让人害怕的事情，但最可怕的还是担心出去时洞口发出吼声。要是没听见吼声，就再幸运不过了。审判和惩罚就如上述一般，而正义者的报酬和荣誉则与之相反。第八天，那些在草场上已经住了七天的鬼魂就被要求动身继续上路了。又过了四天，他们来到了另一个地方，他们在这里看见了一根笔直的光柱，贯通天地，有着虹一般的颜色，却也比虹更明亮更纯净。他们接着又走了一天，走到了光柱所在地。他们走到光柱中间，看到了从天而降的光线的末端。其实，这光柱是诸天的枢纽，形似海船的龙骨，系着整个旋转的碗形圆拱，而其中推动所有球形天体运转的那个“必然”如纺锤似的吊挂在光线的末端。光柱和它上端的挂钩是好铁铸成的，只有圆拱是好铁和其他金属合金铸成的。这个圆拱很有特点，它有点像人间的圆拱，只不过厄洛斯把它描述成最外边的是一个中空的大圆拱，然后从外往内第二个拱比第一个小，恰好可以放在第一个拱的中间；第三个比第二个小；放在第二个中间。第三个里面再放进第四个，依次排列，直到最后一个第八个，套起来就像是从小到大套起来的一套碗。八个碗形拱彼此内面和外面契合得很好，从上面望下去它们的边缘都呈圆形，在光柱的周围环形形成一个单一的圆拱连续面，就这样光柱笔直穿过第八个碗拱的中心。外层的碗边从窄到宽依次是第一个，第六个，第四个，第八个，第七个，第五个，第三个，最窄的是第二个。直到第一个最宽。最外面的那个碗边颜色最丰富；而第七条边最亮，第八条边的颜色是反射第七条的亮光，同它一样；第二条和第五条边颜色相同，但比第七和第八条要黄些；第三条边颜色最白；第四条边偏红；第六条边稍白。旋转起来的话，整个的纺锤体是作为一个整体在运动，但是实际上，里面七层转得偏慢，方向也和整体的运动相反，只有第八层运动得最快，第七、第六、第五彼此一起转动，运动速度仅次于第八层，他们觉得有返回原处现象的第四层运动速度第三，然后是第三层，再下来就是第二层。[175]

每个碗拱边上都站着一个海女歌妖[176]，随着纺锤跟着一起转，每个人发出一个音，八个音合起来就是个和谐的音调。此外，还有三个女神彼此保持相当的距离，坐在自己的座位上围成一圈。她们是“必然”的女儿，身着白袍头束发带，被称作“命运”三女神[177]，她们分别叫作拉赫西斯、克洛索、阿特洛泊斯，她们也在和海女歌妖们一起合唱。拉赫西斯唱的是过去的事，克洛索唱的是当前的事，阿特洛泊斯唱的是将来的事。与此同时，克洛索的右手还会不时接触纺锤外面，协助它转动，阿特洛泊斯则是用左手也在用相同的方法帮助它的内部转动，拉赫西斯双手交替着帮两面转动。

厄洛斯一行的灵魂走到这个地方时，他们径直来到了拉赫西斯面前。这时突然他们被走出来的一个神使排好了次序和间隔，然后这个神使又从拉赫西斯膝上取下阄和生活模式，登上一座高坛向众人宣布：“请听‘必然’的女儿拉赫西斯的神意：‘你们这么多一日之魂，新一轮包含着死亡的轮回又要开始了，神不决定你的命运，由你们来选择。谁抓阄抓到第一号，就是第一个选择自己将来命运的人。美德则是个人自由自取，至于将来大家有多少美德，全凭他对美德的重视程度来决定，过错也由自己负责，与神无关。’”话音刚落，神使就把阄撒到他们之间，每个鬼魂都就近拾起一个，只是神不让厄洛斯去拾。拾起来以后，大家都要看清自己拾的号码。随后神使又在他们面前的地上放上了比他们人数还多的各种不同的生活模式。生活模式种类多样，有多种动物的生活和不同人的生活，其中也包括僭主的生活。这里的僭主有终身在位的，也有中途垮台因而变成穷人的，被放逐的和成乞丐的。当然也有因貌美的，体壮的，勇武的，父母高贵的，或是靠祖先福荫的名人的荣誉生活。也不乏各种名声不好的男人和女人的生活模式。并没有对灵魂的状况进行选择，因为选择了不同生活模式就注定了是不同的个性。至于其他一些事物则是和富裕或贫穷、疾病或健康以各种程度不一的方式混合在选定的生活模式中。亲爱的格劳孔，就这个时候看每个人都是处于危险之中，因此每个人必须先拜师访友，宁可轻视别的学习，必须先由他们指导大家如何辨别善与恶，然后才能在任何时候任何地点分辨出最善的生活。现在，我们必须对我们所讨论的这些进行估算，算算它们（一起或分别地）对善的生活的影响。从而了解美貌和贫困结合或是与富裕结合，也就是说美貌结合着不同的心灵习惯会对善或恶有什么影响；再了解出身贵贱、社会地位、职位高低、体质强弱、思想敏捷或迟钝，这一切先天及后天彼此联系的心灵习惯又对善有什么影响。思考完这些问题后的人就能专注于自己灵魂的本性了，分辨出让灵魂本性正义的为善，反之则是恶，且能理性地在二者中作出选择，不去考虑其他的。因为我们已经知道，这个选择于生于死都是最好的。就算是死后，这个信念也必须带到冥间去，这样才不容易被那里的财富或其他此类的恶所迷惑，避免陷入僭主的暴行或诸如此类的行为而遭受更大的苦痛。有了这些问题的答案以后才能明白该如何在现在和以后的来世的所有选择中选择中庸之道避免两种极端，这才是一个人的最大幸福所在。

厄洛斯告诉我们，神使在大家选择生活模式前告诫大家："只要选择是明智的，他今后的生活是努力的，即使是最后一个选问题也不大，他还是有机会选到他满意的生活模式的。因此，希望第一个选择的人慎重对待，最后一个选择的人也不要灰心。"神使说完，拿着第一号的鬼魂走上来选了。他挑中了一个最大僭主的生活。出于愚蠢和贪婪他没有全面地考察这生活，没发现这生活还包括吃孩子等可怕的命运时，就作了这个选择。等到他冷静下来想了以后就后悔了，于是他开始捶打自己的胸膛，放声痛哭。他忘了神使给他们的警告：无论什么不幸都是自己选择的过错。可是他怪了命运和神，几乎所有的事物就是没怪自己。这可是一个前世生活规规矩矩的，已经在天上走了一趟的灵魂，不过他的善不是从哲学而来，大多是风俗习惯的结果。说实话，大多数做这种选择的人来自天上，没有吃过苦头，受过教训，反倒是那些来自地下的灵魂受过苦，也见过别人受苦，选择的时候就不会那么草率了。所以因为这个原因，到最后除了少数的偶然性以后，大多数灵魂的善恶出现互换。我们同样相信，只要这个故事可信的话，那么那些在人间能忠实追求智慧，且抓阄时不是拿到最后一号的人今生也是可以获得快乐幸福的生活的，死后以及下次轮回后的生活也会是一条平坦的天国之路，不会是崎岖的地下之路。

厄洛斯还说，有些灵魂选择生活模式的情景是让人惊奇的、可怜的而又可笑的。他们中的大部分人都根据前生的习惯来选择。譬如，他看见死于妇女之手的俄尔菲[178]的灵魂选择的是天鹅的生活，这由于他恨一切妇女而不愿再诞于妇女。赛缪洛斯[179]则是选择了夜莺的生活，当然同时也有天鹅夜莺等歌鸟选择人的生活的。第20号特拉蒙之子阿雅斯的灵魂选择了雄狮的生活，他不愿下世为人，只因他忘不了关于阿克琉斯的武器归属的判定[180]。接着就是阿伽门农了，他选择了鹰的生活，自然也和他受过苦难怀恨人类有关[181]。选择进行了差不多一半的时候，轮到阿泰兰泰[182]了，当她看到运动员的巨大荣誉时就忍不住选择了运动员的生活。在她之后是潘诺佩俄斯的儿子厄佩俄斯[183]，他选择下世是有一门精巧手艺的妇女。在远远的后边，滑稽家赛尔息特斯[184]的灵魂选了一个猿猴的生活模式。而最后一号竟是奥德修斯[185]的灵魂。他还记得自己前生的辛苦劳累，于是，他抛弃了雄心壮志，他花了很多时间寻遍各处，只为找一个只要关心自己的普通公民的生活方式，直到这时候他终于发现了，它被遗落在不被人注意到的角落里。他找到这生活模式时，高兴地说就算自己拿的是一号选的也会是它。另外，还有动物选择成为人的，一种动物选择成为另一种动物的。非正义者变成野性的动物，正义者变成温驯的动物，以及一切混合的和联合的诸多变化，等等。

总之，当所有的灵魂按照次序选择完自己所要的生活模式后，列队走到拉赫西斯跟前。她派给每个灵魂一个监护神[186]，去指引他们下世完成自己的选择。第一步监护神领着灵魂到了克洛索处，在她的手下方在纺锤的旋转中批准了每个灵魂所选择的命运。之后，监护神再领着灵魂到了阿特洛泊斯旋转纺锤的地方，从此不可更改自己的命运之线，最后每个灵魂再头也不回地从“必然”的宝座下走过。要所有的灵魂都过来聚齐了才能一起上路。他们从这里走到勒塞[187]的平原，那里没有树木和植物，因而他们经历了可怕的闷热。傍晚他们宿营于阿米勒斯河[188]畔，可惜谁都没有瓶子去盛它的水。他们被规定饮水只能有一定的量，其中一些缺乏智慧的人轻易就超量了，要知道，这水一喝就忘了一切了。渐渐地，他们都睡着了。睡到半夜，只觉得雷声隆隆，天摇地动起来，所有的灵魂突然全部抛起，像流星一般散开去各处重新投生。厄洛斯本身是被规定不能喝这水的，可他也不知道怎么就回到自己的肉体上来了。他只知道，自己睁开眼睛时，天亮了，而他正躺在火葬的柴堆上。

格劳孔啊，于是这个故事就这样没有亡佚地被保存了下来。只要我们相信它，它就能救助我们安全地渡过勒塞之河，而不被这个世界玷污了灵魂。只愿大家无论如何听一听我的话，灵魂是不朽的，而且它能忍受一切恶和善。就一直这样追求正义和智慧吧，走着向上的路。一直这么做我们就可以得到自己的和神的爱，无论活着还是死后，都会如竞赛胜利者领奖一样，得到相应的报酬。我们才能因此在今生以及将来我们描述过的一千年的旅程中诸事顺遂。

注 释

[1] 比雷埃弗斯港，距离雅典西南 7 公里的重要港口。

[2] 这里提到的女神指的是色雷斯地方的猎神朋迪斯。

[3] 索福克勒斯（公元前 495—公元前 406 年），古希腊三大悲剧诗人之一。

[4] 色弥斯托克勒（约公元前 514—公元前 449 年），雅典知名人士。希波战争初期在雅典推行改革，改变贵族会议成分。

[5] 品达（约公元前 522—公元前 422 年），古希腊著名的抒情诗人。

[6] 西蒙尼得（公元前 556—公元前 467 年），古希腊著名的抒情诗人。

[7] 奥德修斯，《荷马史诗》里的主要英雄人物之一，《奥德赛》的主人公。

[8] 毕阿斯（生卒年不详，约为公元前 6 世纪中叶人），古希腊“七贤”之一。

[9] 皮塔科斯（生年不详，公元前 569 年卒），古希腊“七贤”之一。

[10] 赫拉克勒斯，古希腊神话中的英雄。

[11] 色拉叙马霍斯是古希腊著名的诡辩派哲学家。

[12] 这里说的正义与非正义的定义就是下文提到的正义和非正义的本质问题。

[13] 这里说的作用就是下文提到的对心灵的影响。

[14] 参见埃斯库罗斯悲剧《七将攻忒拜》574。

[15] 参见赫西俄德《工作与农时》232 以下。

[16] 参见荷马《奥德赛》XIX109 以下。

[17] 参见赫西俄德的《工作与农时》287-289。

[18] 参见荷马《伊利亚特》Ⅸ 497 以下。译者注：此处柏拉图的引文与现行的史诗版本有一定出入。

[19] 格劳孔和阿得曼托斯的父亲名为阿里斯同，阿里斯同在希腊文里是最好的意思。

[20] 希腊文中的警犬和卫兵谐音。

[21] 这里指对智慧有一定的爱好。参照希腊文“哲学家”一词，意指“爱好智慧的人”。

[22] 该品质是作为后天接受教育的基础品质。

[23] 古希腊最重要的文化生活方式就是听民间艺人弹竖琴演说史诗故事了。所以这里提到的“音乐”的概念包括音乐和文学，相当于现在所提到的“文化”一词。实际上，文中关于“音乐”的探讨一直延续到了第三卷。（译者注：柏拉图并没有为《理想国》一书分卷，分卷是几个世纪以后的后人所为。）

[24] 当时古希腊盛行的一种在托儿所里进行的按摩推拿类的保育方法。

[25] 参见赫西俄德《神谱》154，459。

[26] 参见《伊利亚特》Ⅰ 586 以下。

[27] 参见《伊利亚特》ⅩⅩⅣ 527–532。译者注：此处引文与先行版本的作品原文有一定出入。

[28] 参见《伊利亚特》Ⅳ 69 以下。

[29] 古希腊神话中法律的女神。

[30] 参见埃斯库罗斯，轶诗 160。

[31] 参见《奥德赛》ⅩⅦ，485–486。

[32]“真”和“假”是对立的。

[33] 这里指的是心灵上的。

[34] 参见《伊利亚特》Ⅱ，1–34。

[35] 参见埃斯库罗斯残诗 350。

[36] 参见《伊利亚特》ⅩⅩ 64。荷马认为神分成两个派别，一

派站在古希腊人一边，另一派站在特洛伊人一边。神亲自参战，以至于地动山摇，吓坏了冥王哈德斯。他担心地面被震裂，让人和神一起看到了阴间的恐怖情景。

[37] 参见《伊利亚特》XXⅢ 103。阿喀琉斯梦见了自己的朋友派特罗克洛斯鬼魂，想去拥抱他，但鬼魂却躲开了，阿喀琉斯由此发出了感叹。

[38] 参见《奥德赛》X 495。女神刻尔吉叫奥德修斯到地府去向先知泰瑞西阿的鬼魂打听自己的前程。据她说，这位先知虽然死了，冥府王后波塞芳妮让他仍然保持着先知的智慧。

[39] 古希腊人认为，人死了以后便不再知道人世间的事情，连亲人都不记得了，只有在受祭的时候吃了牺牲的血才会记住活着的人。另外，奥德修斯游地府的时候遇到阿喀琉斯的灵魂时，说了些安慰阿喀琉斯的话，称赞他死后还是英雄，阿喀琉斯却表达了好死不如赖活着的意思。

[40] 关于派特罗克洛斯的死，参见《伊利亚特》XⅥ 856，关于赫克托的死，参见同书XⅫ第36页。

[41] 参见《伊利亚特》XXⅢ 100。阿喀琉斯梦中看到派特罗克洛斯的鬼魂像一阵烟一样地消失了。

[42] 参见《奥德赛》XXⅣ 8。求婚子弟都被奥德修斯杀死。这里描写他们的鬼魂在神使赫尔墨斯引领下去地府时的情景。

[43] 参见《伊利亚特》XXⅣ，10–12。主要描写的是阿喀琉斯思念亡友派特罗克洛斯时的情景。

[44] 同上。

[45] 参见《伊利亚特》XⅧ 23。描写的是阿喀琉斯第一次听到派特罗克洛斯战死的消息时的情景。

[46] 参见《伊利亚特》XⅫ 414。主要描写的是年老的特洛伊国王知道自己的儿子赫克托战死后，悲痛欲绝，要大家放他出城去赎回儿子的尸体的场景。

[47] 参见《伊利亚特》XⅧ 54。阿喀琉斯的母亲，女神特提斯的话。

[48] 参见《伊利亚特》XⅫ 168。主神宙斯说了关于赫克托的话。

[49] 参见《伊利亚特》XⅥ 433。

[50] 诸神看着赫淮斯托斯瘸着腿来回奔忙，给众人斟酒，滑稽可笑。实际上是笑话他多管闲事，在奥林匹斯山上给众神们斟酒的应该是青春女神赫柏的事情。

[51] 参见《奥德赛》XⅦ 383。

[52] 迪奥米特对斯特涅罗斯说的话。阿伽门农责备迪奥米特和斯特涅罗斯作战不力，迪奥米特虚心地接受了元帅的批评。当斯特涅罗斯反驳阿伽门农的批评时，迪奥米特制止他这么做，要他尊重和理解元帅。

[53] 参见《奥德赛》Ⅲ 8 和Ⅳ 43。

[54] 参加《伊利亚特》Ⅰ 225。阿喀琉斯骂阿伽门农的话，骂他没有勇气亲自上前线作战，同一处还有其他骂他的话。

[55] 参见《奥德赛》Ⅸ 8。奥德修斯对阿吉诺王说的开头几句话。

[56] 参见《奥德赛》Ⅻ 342。在存粮吃尽的时候，奥德修斯的伙伴尤吕洛科说的话。

[57] 参见《伊利亚特》XⅣ 294–318。诗句见同书XⅣ 28。

[58] 参见《奥德赛》Ⅷ 266。

[59] 参见《奥德赛》XX 17。奥德修斯回到家时看到家中混乱的情况，对自己说的话。

[60] 参见《伊利亚特》Ⅸ 515 以下。菲尼克斯讲话的主要目的还是要打动阿喀琉斯的心，求他出战，其实没有不轻饶的意思。

[61] 参见《伊利亚特》XⅨ 278。在荷马笔下，阿喀琉斯并不是一个特别贪财的人，他和阿伽门农和解并答应出战是为了给派特罗克洛斯复仇。

[62] 参见《伊利亚特》XXⅣ 502，555，594。这件事指的是特洛伊老王普里阿摩斯送给阿喀琉斯许多礼物，赎回爱子赫克托的尸体。

[63] 参见《伊利亚特》XⅫ 15。

［64］参见《伊利亚特》XXI 130。阿喀琉斯见河神斯卡曼德洛斯。

［65］参见《伊利亚特》XXIII 151。阿喀琉斯的父亲曾给斯玻尔克斯河神许愿：如果阿喀琉斯能平安地从特洛伊回到家乡，就把阿喀琉斯的一卷长发和 50 头羊作为祭品献给这位河神。可现在阿喀琉斯知道自己命中注定要死在特洛伊，回不去了，所以愤怒地把长发剪下献给亡友。

［66］传说，提修斯曾在佩里索斯的协助下抢劫海伦，还曾和佩里索斯一起企图诱抢冥后波塞芳妮。提修斯的故事曾是一些史诗和索福克洛斯与欧里庇得斯失传悲剧的题材。

［67］诗出埃斯库罗斯失传的悲剧《尼俄珀》。

［68］参见《伊利亚特》I 15。阿凯亚人就是希腊人。阿特瑞斯的两个儿子就是阿伽门农和他的弟弟墨涅拉俄斯。

［69］诗人既用自己的口吻叙述，又用角色的口吻叙述，后者是诗人讲故事的一种方式，也是另一种叙述，换言之也可以成为“模仿”。

［70］这里的音乐指的是文艺教育。

［71］古希腊一曲完整的诗歌，包括诗词、节奏和和声。所谓“和声”或“和谐”是一种高低音音调系统，即我们现在所说的歌的“曲调”和“调子”。

［72］阿波罗代表理智，所用乐器为七弦琴；马叙阿斯是森林之神，代表情欲，所用乐器为长笛。

［73］公元前 5 世纪的著名音乐家。

［74］柏拉图常常用字母或元素来说明知识的获得、元素和复合物的关系、分类原则和理念论。

［75］柏拉图的基本原则之一认为，真实与事物的大小等看上去似乎重要的特性无关。

［76］黑海通往地中海的海峡口，即现在的达达尼尔海峡。

［77］特洛伊战争中古希腊军中的医生。

［78］译者按：柏拉图大概是凭着自己的记忆去引用荷马史诗的。这里的说法和现行的史诗版本记录有些出入。《伊利亚特》XI624 处

说的是赫卡莫得把酒调给马卡昂和温斯托尔喝的。

[79] 柏拉图是不赞成这样对待疾病的，这里带有揶揄嘲讽的口气。

[80] 或译为“有了钱以后”。

[81] 有钱人自然是“吃饱饭以后”的。

[82] 在《高尔吉亚》篇（464B），医术就被认为是体操。

[83] 译者按：柏拉图这里的引文有出入。《伊利亚特》Ⅳ 218处说的是，给墨涅拉俄斯疗伤的是马卡昂。因此这处都应该用“他”而不是“他们”。

[84] 同上。

[85] 古希腊神话中的佛里其亚国王。他贪恋财富，曾祈求神明赐给他点石成金的法术。

[86] 参见《伊利亚特》ⅩⅦ 588。

[87] 这里都包括一个大前提，即全部时间都用来搞音乐文艺教育，全然放弃体育锻炼。

[88] 同上。

[89] 原文是“决定”“意见”的意思。这里译为“信念”更为妥当。

[90] 这里原文应为“意见”，也译为“信念”，是同一个意思。

[91] 退化的国家类型有四种，不过这里说到的和好的国家正好相反的类型是僭主。

[92] 这是一句带有揶揄口吻的反话。

[93] 参见《奥德赛》Ⅰ 352。

[94] 参照《法律篇》，那里警告人们不要轻易在孩子的游戏中翻新变革。

[95] 古希腊神话中的怪蛇，九个头，斩去一个头会又生出两个头。

[96] 译者按：这里是在玩弄逻辑上的推理。

[97] 这里的“自然”和后文提到的“本性”“天性”，在希腊文中都是一个词，也表示同一个意思。

[98] 那个时期的古希腊人，常常用草木灰泡水而得到的碱性水

来洗衣服。

［99］参考亚里士多德《尼可马各伦理学》1103a–b。道德方面的美德是“习惯”的结果，没有一种道德方面的美德是由于自然而产生的，是要用过运用的实践才能获得的。而立法者是通过让公民养成习惯才让公民向善的。

［100］是介于理智和欲望间的一种品质。

［101］依照柏拉图的意思，只要不是被不好的教育带坏的，本质上它都是理智的伙伴，但从字面的理解上看，也可能是属于无理性的部分。因此，照格劳孔的暗示，它应该和欲望同类。

［102］从苏格拉底的语气来看，很明显是要以正确的分工作为正义的定义。

［103］古希腊男子健身时都是裸体。健身房一词的原意就是裸体操练的地方。

［104］参见希罗多德《历史》第1卷第24节。

［105］参见品达残篇209。柏拉图这里对文字进行了改动。

［106］这是个比喻。

［107］这里的扶助者包括统治者在内。

［108］参见《工作与农时》191以下。

［109］这里说的本身，指的是柏拉图说的理念。

［110］这里的有和无也译为存在和不存在。

［111］这个谜语的谜面是一个男人（又非男人）见（又非见）鸟（又非鸟）停在一根树枝（又非树枝）上，用石块（又非石块）打它。谜底是太监瞥见一只蝙蝠停在一根芦苇上，用一块轻石片去打它。

［112］这种快乐指的是物质上的、肉体上的快乐。

［113］虽玛摩斯，古希腊神话里的一个神，专挑诸神的毛病。

［114］这里的“我们”指的是对话双方。

［115］这里说的事情指的是有学问的人向没学问的人表示敬意。

［116］这里的意思是关于哲学家无用的问题已经讨论过了。

[117] 这里的诡辩家，柏拉图指的是像苏格拉底和他自己一类的私人教师，与所谓的公众诡辩家不同。后者指的是那些在公共场合激情雄辩演说的活动家或野心家。

[118] 诡辩家最初是指教人修辞和辩论术的职业教师，并无贬义，也有译成“智者”的情况。后来才渐渐沦落成一批指黑为白的人。

[119] 这里的必然指的是“迪俄墨得斯的必须”或“迪俄墨得斯的强迫”。这是一句俗话，暗指佛拉吉亚的比斯同人的国王迪俄墨得斯的故事。传说这位国王曾强迫自己的俘虏和自己的女儿们同居。

[120] 同上。

[121] 这里译为“本身”的希腊文作为哲学用语，通常指的是从一般的抽象的意义上理解的事物，即事物的“本质”“实体”或是“理念”。译者按：本文中根据需要有多种译法，同为一个意思。

[122] 这里把哲学比作一个妇女。

[123] 赛亚格斯其人见柏拉图《苏格拉底的申辩》一书 33E，以及伪托的《赛亚格斯》篇对话，他是苏格拉底的学生。

[124] 见第尔斯辑录 i、3，原书 78 页，残篇 6。参见亚里士多德《气象学》ii、2、9；卢克莱修《物性论》第 V 卷 662 行。

[125] 柏拉图在这里用艺术家画画来比喻哲学家治国。

[126] 这里提到的最大的学习有时也译为最重要的学习，最高的学习，都指的是学习善的理念。

[127] 柏拉图这里还是用画家来比喻哲学家。

[128] 当他们被质问所谓的“快乐”是什么的时候，他们只好说这是关于善的快乐。这也就等于变相地承认了还有恶的快乐。

[129] 这个希腊词有众多词义，包括了孩子和利息，这里用这个词一语双关。

[130] 柏拉图那个年代的科学观念大概认为不存在介质。

[131] 重要的。

[132] 前文和这里连接别的感觉的纽带的说法似乎有一定的出入。

［133］这里说的“小”，类似我们常说的君子小人中的小的含义。

［134］两种生活指的是哲学生活和生活。

［135］体操与变化世界相联系。

［136］这里的意思是习惯或意见，与真实的知识相对。

［137］也称之为“理性本身”。

［138］也可以译为“生灭世界”“可变世界”。

［139］这里是借用了阿里斯托芬的措辞。详见喜剧《云》17a。

［140］学习辩证法要先学数学、天文学等学科，就好比法律正文之前有个序文一样。

［141］这里的影像指的是比喻中的物体。

［142］同上。

［143］前者指的是眼睛，后者指的是太阳。

［144］柏拉图在这里神秘地使用了几何数关系，主要是为了说明天道有常。在有利时节生的孩子才会有智慧和好运，将来才可能统治国家造福人民。

［145］古希腊人传说财神是个盲人。阿里斯托芬的剧本《财神》中有描述。

［146］参见《奥德赛》Ⅸ 82 以下。

［147］指的是上文提到的“虚假狂妄的理论和意见”。

［148］同上。

［149］参见埃斯库罗斯《残篇》351。

［150］谚语：“有这种女主人，就有这种女仆人。”

［151］吕底亚国王，以富有著称。

［152］参见希罗多德《历史》i，55。

［153］参见《伊利亚特》ⅩⅥ，776。赫克托的驭者克布里昂尼斯被派特罗克洛斯杀死后，张开长大的身躯四肢躺在地上。

［154］这些行为在古希腊风俗和法律中都被视为是罪大恶极的行为。

［155］例如吃东西的快乐在获得之前就是饥饿的痛苦。

[156] 斯特锡霍洛斯传说认为，真正的海伦还留在埃及，被带到特洛伊的只是她的幻影。

[157] 柏拉图这句话的含义不够明确。毕达哥拉斯派的费洛劳斯主张，一年有 $364\frac{1}{2}$ 个白天，夜晚的数量大致也差不多，$364\frac{1}{2}\times 2=729$。费洛劳斯还相信一个有 729 个月的“大年”。柏拉图不一定完全当真，但是这种数字公式对于他而言，和对许多希腊人一样永远具有一定的魅力。

[158] 克迈拉为一狮头羊身蛇尾怪物，能喷火，见荷马史诗《伊里亚特》vi179—182；柏拉图《费德罗》篇 229D。斯库拉为一海怪。见史诗《奥德赛》xii85 以下。克尔贝洛斯，为守卫地府的狗，蛇尾，有三头，一说有五十个头。见赫西俄德《神谱》311—312。

[159] 安菲拉俄斯的妻子接受了玻琉尼克斯的贿赂，让自己的丈夫参加七将攻忒拜的战争，她的丈夫因此送命。

[160] 前面列举出来的诸如木匠制造的床。

[161] 这里说的床指的是本质和理念上的床。

[162] 比喻型用语，这里的王者有最高的、本质的、真理的意思。

[163] 参见第奥根尼 · 拉尔修《名哲言行录》i，105，传说他是锚和陶轮的发明者。

[164] 他的名字从字面上来看是“吃肉氏族的人”。据说是一位出身开俄斯岛的史诗作家。亚当引过他的诗：“我是一个伟大的食肉者，我相信那对我的智慧有害。”（《第十二夜》i，3，90）

[165] 这是句挖苦讽刺的话，应当反过来理解它的意思，不过格劳孔的回答是很认真真诚的。

[166] 古希腊的诗歌主要有两种形式，史诗和悲剧，都是吟唱方式的，因为算是听的东西。

[167] 这里的它指的是心灵的理性部分。

[168] 这里用的拟人的手法，它指的是诗歌。

[169] 这些话的出处不明，但可以看出，第一句和第三句主要是来骂诗人的，最后一句是用来讽刺哲学家的。

［170］这里说的是反话。

［171］这里说的其他的一切论证指的是《斐多》和《费德罗》等。

［172］参见《伊利亚特》V 845。

［173］见史诗《奥德修纪》IX－XII。奥德修斯用一个长篇故事对法埃刻亚国王阿尔刻诺讲了自己遇险的经历，后来这故事成了长故事的代名词。

［174］和厄洛斯读音相近的词是“英雄”或“战士”之意。

［175］这实际上是柏拉图的宇宙构想图。

［176］用歌声来诱杀航海者的女妖。在荷马史诗中只有两个，但在柏拉图的笔下有八人，可是这里没有害人精的意思。

［177］命运三女神中，拉赫西斯决定人的命运，克洛索在三姊妹中年最长，为纺生命之线者，阿特洛泊斯年最幼，被叫作“不可逆转的阿特洛泊斯”。

［178］宗教歌唱家，死于酒神崇拜者的一群妇女手下。

［179］另一宗教歌唱家。由于向缪斯挑战比赛唱歌，结果失败，被罚成了盲人，并被剥夺了歌唱的天赋。参见《伊里亚特》ii，595。

［180］参见索福克勒斯悲剧《阿雅斯》。

［181］阿伽门农，史诗《伊里亚特》中希腊远征军统帅。出征之初以女儿祭神。战争结束回国，自己又被妻子所杀。

［182］阿卡底亚公主，是优秀的女猎手。传说向她求婚的人得和她赛跑，输给她的人就得被杀。

［183］是著名的特洛亚木马的制造者。

［184］参见《伊里亚特》ii，212 以下。

［185］史诗《奥德修纪》的主人翁。

［186］这里指的是个人命运之神。

［187］“忘记”女神。

［188］冥国一河名，意为“疏忽”。在后世文学作品中就被叫作勒塞（“忘记”）之河了，如《伊涅阿斯纪》vi，714 以下。

附：柏拉图年谱与大事记

柏拉图出生（前 427 年）

柏拉图出生于雅典附近的埃伊那岛。父亲据说是雅典最后一个君主科德罗斯的后裔，母亲的远祖则可推溯到古希腊大立法家梭伦。

柏拉图有两兄一姊（或妹，待考）。

柏拉图年幼丧父，母亲改嫁后生有一子，即柏拉图之弟。

柏拉图 7 岁（前 420 年）

进狄奥尼索斯学校接受识字等启蒙教育。

柏拉图 12 岁（前 415 年）

相传柏拉图原名叫阿里斯托勒斯，他的体育教师看他一副虎背熊腰、肩宽胸阔的样子，就给他取名“柏拉图”，希腊语意为“平坦、宽阔”。

柏拉图 18 岁（前 409 年）

据说在前 409–404 年间，柏拉图参加过三次战役。

柏拉图 20 岁（前 407 年）

柏拉图在剧场听到苏格拉底的说教，自愧不如，将自己的悲剧作品投入火中烧掉，从此成了苏格拉底的学生。

此前曾向克拉底鲁学习赫拉克利特哲学；向赫莫根尼学习巴门尼德哲学。

柏拉图 23 岁（前 404 年）

伯罗奔尼撒战争结束。雅典建立寡头政权“三十僭主”，其中有不少柏拉图的亲朋故旧。柏拉图对这个政权由期望变失望，没有加入。

柏拉图 28 岁（前 399 年）

苏格拉底受审（柏拉图在场）并被处死。苏格拉底死时柏拉图因病不在。

苏格拉底之死，对柏拉图是一个巨大的精神打击。之后，他写了一批缅怀其师的著作，颂扬苏格拉底的人格和学识，由此逐渐形成了柏拉图独特的风格，以苏格拉底为主角阐述其师和他本人的早期思想。同时开始考虑政治变革的其他出路。

柏拉图 29 岁（前 398 年）

苏格拉底死后，柏拉图离开雅典到外地游历。之后几年间，柏拉图陆续撰写了《游叙弗伦》《苏格拉底的申辩》等著作。这些柏拉图的早期著作包含对苏格拉底在世时谈话情形的生动描绘，因此也被称作“苏格拉底的对话篇”。

柏拉图 39 岁 –40 岁（前 388 年 – 前 387 年）

柏拉图的第一次南意大利、西西里之行。相传他是应叙拉古僭主邀前去的。不久柏拉图言谈间得罪僭主，被作为奴隶送给斯巴达使节，幸得友人为之赎身，悻然返回雅典。

这期间，柏拉图通过自己的经历得出认识：除非哲学家成为治国者或现在有政治权力的人学习哲学，否则人类将难以避免灾难。这就是后来他在《理想国》中提出来的“哲学王”思想。

柏拉图 40 岁（前 387 年）

柏拉图回到雅典创办“阿卡得穆学园”，即柏拉图学园。不过有观点认为柏拉图大约在七年后才建立有固定校址的“阿卡得穆学园”。

学园以培养“哲学王”的治国人才为目的，向学生讲授柏拉图的理念论哲学，尤其是作为最高学科的“辩证法”。

柏拉图在这期间撰写了一大批著作，其中包括《理想国》。这一时期是柏拉图一生中最安定、最少动荡的时期。

柏拉图 42 岁（前 385 年）

雅典人意识到苏格拉底的悲剧，为他举行悼念活动，并立起了一尊苏格拉底雕像。指控者受到惩罚。

柏拉图 43 岁（前 384 年）

哲学家亚里士多德、演说家德摩斯梯尼出生。

柏拉图 60 岁（前 367 年）

柏拉图第二次去西西里的叙拉古，为新继位的狄奥尼索斯二世辅佐政事。但柏拉图对狄奥尼索斯二世是否热心于哲学将信将疑。

柏拉图 61 岁（前 366 年）

柏拉图看到狄奥尼索斯二世无心哲学，怅然返回雅典。

柏拉图 66 岁（前 361 年）

柏拉图应狄奥尼索斯二世邀请第三次前往西西里的叙拉古，此行主要目的是为解决狄翁（柏拉图至友、狄奥尼索斯二世的姐夫）和狄奥尼索斯二世间财产的纠纷。但无意中卷入纷争，险些丧命。后辗转返回雅典。

柏拉图 71 岁（前 356 年）

柏拉图放弃政治活动，全身心投入著述。同年，亚历山大大帝出生。

据推定，从第二次西西里之行直到去世前，柏拉图撰写了一大批著述，《法律篇》被认为是其晚年最后的著作。有人认为《伊璧诺米篇》是《法律篇》的续篇，但刚开篇柏拉图就去世了。

柏拉图 80 岁（前 347 年）

柏拉图与世长辞。据西塞罗所记，柏拉图是在写作中去世的；第欧根尼 · 拉修斯则说他死在参加婚礼的宴会上。无确切考据。

柏拉图葬于阿卡得穆学园内。遗嘱明确用作校舍的房产不准出售、转让。留下四个家奴，财物若干。

柏拉图死后四五年，狄奥尼索斯二世被推翻，亚里士多德成为亚历山大的老师。

简明参考书目

作者小说列表

OxfordClassicalTexts：Plato，Vol. IV，ed. J. Burnet.（Oxford，1962）

R. L. Nettleship，LecturesontheRepublicofPlato（Macmillan，1963）

W. D. Ross，Plato'sTheoryofIdeas（Oxford1951）

R. H. S. Crossman，PlatoToday（2nded.；London，1959）

T. L. Heath，AristarchusofSamos，（Oxford，1913）

J. L. E. Dreyer，HistoryofAstronomy，ThalestoKepler（DoverPubs.，1953）

A. E. Taylor，Plato：theManandhisWork（1926）

C. Ritter，TheEssenceofPlato'sPhilosophy（trans. A. Alles，1933）

G. C. Field，PlatoandhisContemporaries（1949）

吴献书译《理想国》（万有文库本），商务印书馆（1957）

郭斌和、景昌极译《柏拉图五大对话集》，商务印书馆（1934）